网店运营与管理

邵小利　郭宝丹　赵晓丹　主编

清華大学出版社
北　京

内 容 简 介

本书立足于电子商务领域的新变化与新需求，并基于电子商务人才培养的职业素质和专业技能要求进行编写，旨在帮助企业和社会培养优质的电子商务运营与推广人才。

本书共 8 章，包括网店运营基础知识、店铺开设与商品管理、店铺的装修与设计、店铺推广、店铺日常运营与管理、客服与会员管理、店铺物流与仓储管理、网店运营数据分析。本书总结了电商创业者在实际经营中遇到的问题，详细讲解了如何利用淘宝免费资源和 SEO 优化增加店铺流量，如何利用淘宝宣传推广工具“直通车”打造爆款，如何利用各类社交平台和短视频平台进行流量推广，如何选择最佳物流以降低成本，如何完善客服以提升网店服务品质，以及如何进行店铺的数据化运营与管理。

全书内容层层深入，结合案例引导读者学习，并配套了丰富的教学资源。本书既可以作为高职高专电子商务、网络营销等相关专业的教学用书，也可供网络创业者和电子商务从业人员学习和参考。

图书在版编目（CIP）数据

网店运营与管理 / 邵小利，郭宝丹，赵晓丹主编 .— 北京：清华大学出版社，2024.5

ISBN 978-7-302-65964-8

Ⅰ.①网… Ⅱ.①邵… ②郭… ③赵… Ⅲ.①网店—运营管理 Ⅳ.①F713.365.2

中国国家版本馆 CIP 数据核字（2024）第 068292 号

责任编辑： 吴梦佳

封面设计： 常雪影

责任校对： 李 梅

责任印制： 杨 艳

出版发行： 清华大学出版社

网　　址： https://www.tup.com.cn，https://www.wqxuetang.com

地　　址： 北京清华大学学研大厦A座　　**邮　　编：** 100084

社 总 机： 010-83470000　　**邮　　购：** 010-62786544

投稿与读者服务： 010-62776969，c-service@tup.tsinghua.edu.cn

质量反馈： 010-62772015，zhiliang@tup.tsinghua.edu.cn

课件下载： https://www.tup.com.con，010-83470410

印 装 者： 三河市君旺印务有限公司

经　　销： 全国新华书店

开　　本： 185 mm × 260 mm　　**印　　张：** 14.25　　**字　　数：** 327 千字

版　　次： 2024 年 6 月第 1 版　　**印　　次：** 2024 年 6 月第 1 次印刷

定　　价： 48.00 元

产品编号：102493-01

前　言

近十几年来，随着信息技术和网络技术的迅速发展，电子商务日趋活跃。电子商务运营作为一种新型的经营方式正在被越来越多的企业接受和应用，已成为21世纪推动社会、经济、生活及文化发展的重要动力。它对传统的生产运作模式、经营管理模式和商务流通模式产生了前所未有的影响，为传统的经济管理理论和实践注入了新的内涵。

电子商务在现代社会经济发展中发挥着越来越重要的作用，推动着经济全球化、贸易自由化和信息现代化的发展。伴随着“互联网+”行动计划的实行，传统领域迎来了巨大的改变和创新。在“大众创业、万众创新”的大潮下，电子商务必将成为经济增长的新动力，成为21世纪撬动传统行业的杠杆，成为促进我国消费升级、经济社会转型、构建国家竞争新优势的重要推动力。因此，培养适应社会经济发展所需的、有实践能力的电子商务运营与推广人才越来越重要。

本书是为满足企业对电子商务运营与推广人才的现实需要及高职教学的需要而编写的，力求在系统介绍基本理论的同时，突出实践应用技能训练，强调理论与实践相结合。本书紧跟电子商务的发展步伐，围绕新媒体推广方式、跨境电子商务运营等新兴电子商务运营模式展开详细的介绍。

全书共8章，内容由浅入深，由点到线，由线到面，循序渐进，希望能带给读者尽可能多的思考和运营指导。

第1章主要介绍电商及电商运营的背景和概念性内容，以及网上开店需要做的相关准备，同时对全书进行总体说明。通过这部分内容，读者可以对电商运营有一个基本的认识。

第2章和第3章侧重店铺的开设与商品管理以及店铺装修的方法。通过这部分内容，读者可以结合实际运营进行应用。

第4章和第5章是本书的重要组成部分，主要讲解电商运营的推广方法和店铺的日常运营与管理，这对提升电商运营的综合效率具有很大的帮助。我们发现，电商运营做得较好的企业都具有非常独特而且成熟的电商运营和管理体系。

第6章主要讲授客服的工作内容与会员管理的方法。本章结合案例进行详细阐述与说明，对实际的运营工作也会起到非常大的指导作用。

第7章讲述当前电子商务最重要的主题——物流与仓储，帮助读者更深入地了解电商物流以及物流公司的选择和商品的出入库管理。

第8章涉及店铺的数据，可以帮助读者转变思维方式，分析店铺的流量数据、交易数据等，只有正确分析数据，店铺才能良好运营。

电子商务是一门生动、有趣的学科，既来源于实践，也应回归于实践。本书在突出实践性的同时，力求体现简明、新颖、易学的特色与风格。

（1）实践性。重视实务教学，选择具有代表性、应用面较广的大平台，以及时效性强、通用性高的解决方案为教学素材，努力与电子商务实践的最新发展保持同步。多年来，我们一直以电子商务业界主流的商务平台，如阿里巴巴、淘宝、易贝（eBay）、各种短视频平台等作为教学载体，实施电子商务完整交易流程中各环节的实训教学，保持教学与实践的高度融合，真正实现工学结合、学中做、做中学的教学改革理念。

（2）简明性。遵循经学致用的原则，理论阐述力求简化，重要的理论知识点则论述充分，并穿插实例予以佐证、解释；教学内容表述图文并茂，生动形象，深入浅出，便于各类读者理解掌握。

（3）新颖性。书中资料、数据、实例等教学内容，紧跟电子商务业界的发展现状和趋势，除旧布新。同时，将编者多年从事电子商务教育、科研和社会服务的成果融入其中，每小节都加入思政小课堂，与时事政治紧密结合。

（4）易学性。本书设有知识链接、课程思政等栏目，并在章末设置思考与练习，有利于学生学中做、做中学。

（5）本书配套教辅资源丰富，配有电子课件、课后习题答案、期末试卷及答案、电子教案等教学资源。

本书由邵小利、郭宝丹、赵晓丹主编。由于编者水平有限，书中难免存在不当之处，敬请专家和广大读者批评指正，以利于修订本书时能做得更好。

编　者

2024 年 1 月

目　录

第 1 章　网店运营基础知识　/　1

1.1　电子商务认知　/　1
1.2　网上开店前的筹备工作　/　12
1.3　电子商务团队建设与管理　/　16

第 2 章　店铺开设与商品管理　/　22

2.1　淘宝店铺注册　/　22
2.2　店铺商品结构规划　/　43
2.3　商品卖点的提炼与设计　/　45
2.4　商品价格的制定　/　48

第 3 章　店铺的装修与设计　/　58

3.1　商品图片的拍摄　/　58
3.2　商品详情页设计　/　71
3.3　商品标题的设置与优化　/　80
3.4　店铺装修色彩设计与策划　/　85
3.5　店铺文案的规划与设计　/　89
3.6　网店首页的设计　/　94

第 4 章　店铺推广　/　101

4.1　淘宝 SEO　/　101
4.2　打造爆款　/　106
4.3　利用站内免费流量推广　/　110
4.4　利用站内付费流量推广　/　116
4.5　利用站外流量推广　/　127

第5章　店铺日常运营与管理　/　139

5.1　交易管理　/　139
5.2　商品优化管理　/　143
5.3　物流管理　/　145
5.4　促销设置　/　148

第6章　客服与会员管理　/　154

6.1　客服管理　/　154
6.2　客户关系管理　/　177

第7章　店铺物流与仓储管理　/　183

7.1　店铺物流管理　/　183
7.2　仓储管理　/　193

第8章　网店运营数据分析　/　203

8.1　网店运营数据分析的意义和流程　/　203
8.2　使用“生意参谋”分析网店数据　/　206
8.3　店铺数据分析　/　212

参考文献　/　221

第1章 网店运营基础知识

学习目标

- 掌握网上开店前的筹备工作；
- 掌握电子商务网络调研分析方法；
- 掌握电子商务的运营团队建设与管理。

1.1 电子商务认知

1.1.1 网络调研分析

任何一种有效的市场行为决策都源于对现实的认知和分析，网店运营工作亦是如此。作为一名称职的网店运营人才，在网店项目开始之初，首要任务就是通过市场调研对所做项目形成一定的市场认知，这包括熟悉网络市场认知的方法和途径，洞悉所做项目的行业、商品、市场情况。在此基础上，进行细致入微的网络市场趋势分析、容量分析、竞争程度分析、商家利润分析等。

网络调研与传统市场调研在方法和原理上基本类似，下面主要从网络调研的目标、特征、方法等方面入手认识网络调研。

1. 网络调研的目标

网络调研的目标主要分为两个：一是初级目标，二是深度目标，如表 1-1 所示。

表 1-1 网络调研的目标

目 标	内 容
初级目标	清晰地认知商品、行业、市场，为后续运营奠定坚实的行业基础
深度目标	准确把握网络市场容量、发展趋势、商家竞争、盈利情况，助力网店运营决策；掌握竞争商家营销策略和消费者特征，辅助推进网店营销计划

2. 网络调研的特征

由于服务市场环境和市场主体不同，网络调研与传统市场调研存在明显的差异，其特征如下。

微课1

（1）调研目的：服务于网络运营决策。

（2）调研对象：以网络市场为主体。

（3）调研过程与效果：便捷、准确、高效。

3. 网络调研的方法

（1）网络文案调研法。网络文案调研法主要用于行业、市场、商品等初级资料的收集、整理和分析，主要工具包括以百度为代表的搜索引擎、百科平台、电商平台、行业网站、代表性企业网站、中国知网等，企业通过网络文案调研迅速了解行业、商品与市场的基本情况。

（2）人物访谈法。人物访谈法主要用于行业、商家深度经营情况收集、整理与分析，主要通过电话、网络视频连线以及实地采访的方式，和业内人士进行交流沟通。这种方法对调研者的人脉资源要求较高。

（3）网络数据工具调研法。网络数据工具调研法是指企业利用系统、成熟的网络数据工具进行市场资料收集、整理、分析，主要工具有搜索指数、电商数据系统，如百度指数、阿里指数、淘系生意参谋、京东商智、多多参谋及看店宝、生意经等，这些系统工具中的数据全面、及时、准确，便于调研者深度把握网络市场容量、趋势和竞争对手、客群情况。需要注意的是，不同的零售平台对各种工具的适用程度存在差异。

（4）其他方法。其他方法包括网络在线问卷调查、传统市场走访，或到图书馆、资料室查找相应的行业年鉴、报告、专业书籍，或者借助问卷星调研问卷等工具，这些方法可以对市场调研起到资料补充的作用。

1.1.2 商品、行业与市场调研认知

俗语说“隔行如隔山”，每种商品、每个行业都有着类别庞杂的信息。作为一名新手，要想得心应手地运营一类商品、经营一类行业，必须准确把握商品和行业信息。

1. 商品分类及其参数与性能

（1）商品分类。了解商品分类是认知一个行业的起点。下面以健身器材行业为例进行说明。

① 按商品大小进行分类，健身器材可分为小型健身器材（如哑铃、握力器、拉力器、仰卧板等）和大型健身器材（如跑步机、举重床、综合训练器等）。

② 按应用室内外环境进行分类，健身器材可分为室内、室外健身器材，如室内的跑步机、健身车、仰卧板等，室外的单双杠、扭腰盘等。

③ 按应用场合进行分类，健身器材可分为企业、健身房用的使用频率高、性能强的商用健身器材和家庭用的性价比较高的家用健身器材。

④ 按消费者的运动状态进行分类，健身器材可分为有氧健身器材（如跑步机、健身车、踏步机、椭圆机等）和力量健身器材（如举重床、杠铃、综合训练器等）。还可以根据锻炼部位不同分为全身型健身器材、局部型健身器材。

（2）商品参数与性能。商品分为不同的型号和规格，这主要是由商品的各种参数决定的，包括商品的材质、尺寸、生产工艺、外观设计、功能，正是商品的这些差异带来了商品应用性能的不同。以跑步机为例，其参数有品牌、屏幕类型、跑带宽度等，每个参数的不同都影响着消费者的使用体验。要想清晰地认知一个行业，需要对行业中每类商品的地位及每类商品的参数有全面的认知，而不是局限在一类或一个款式的商品。

2. 商品调研方法

商品知识属于初级内容，比较适合网络文案调研法，可以通过百度百科（图 1-1）、企业网站、电商平台（图 1-2）进行综合学习，掌握商品的范畴、分类、规格、参数、技术和工艺，并了解网络市场最新的商品动向。

图 1-1　百度百科

图 1-2　购物平台

3. 行业和市场认知

（1）行业认知。行业是指按同类商品或者同类服务划分的经济活动的总和。认知一个行业不仅需要认知行业中林林总总的商品特征，也需要认知一些相关情况：①需要认知与行业商品相关的研发、生产、工艺流程，以及包装设计、营销情况；②需要了解与行业相关的上游原材料、功能设计、外观设计情况和相关厂商及聚集地情况；③需要认知与行业下游相关的营销推广渠道乃至市场情况；④更为全面一些的还需要了解该行业在国内外的发展历史、发展现状、相关政策等情况。

以室内大型健身器材为例，这类产品主要包括跑步机、举重床、综合训练器等商品，其国内制造商主要集中在山东、江苏、浙江、福建等地，代表企业有老牌的澳瑞特、汇祥、军霞、舒华等，也有新兴的亿健、启迈斯等；在国际上有BH、爱康等品牌。不同的制造商，其历史积淀不同、品牌影响不同，国内外的营销渠道各有所长。例如，汇祥作为国内起步较早的跑步机制造商，其商品主要集中在跑步机领域，其市场主要为国内市场；而军霞的健身器材产品线比较多，包括跑步机、综合训练器、举重床等，在面向国际市场的同时也在国内市场耕耘多年；亿健、小乔、立久佳则是借助国内网络市场兴起的品牌。

图1-3所示为淘宝网搜索“跑步机”后呈现的品牌。从大型健身器材行业的上游原材料配件、研发设计上看，其主要耗材为钢铁，来源于全国各地；跑步机中的控板、屏幕则主要来源于广东、福建、深圳等区域；其下游的策划公司、营销公司多聚于北京、上海和广州；其经销商遍布全国各地。与国外健身器材市场相比，国内健身器材市场尚处于成长阶段，市场认可度、认知度、专业度都有待提高。

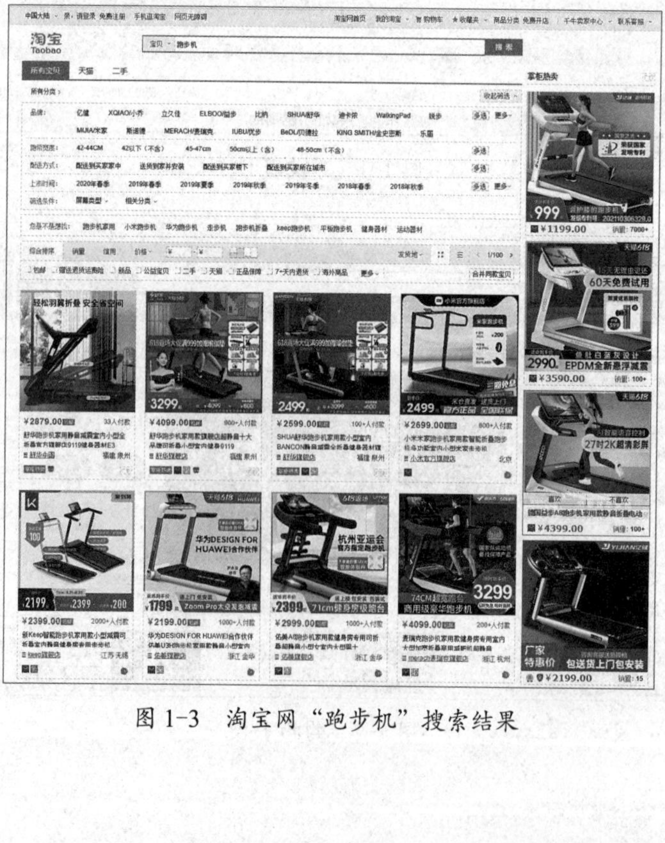

图1-3　淘宝网“跑步机”搜索结果

（2）市场认知。体育健身产业在我国属于处于成长期的新兴产业，是一项前景广阔的朝阳产业，具有巨大的市场潜力。前瞻产业研究院发布的《2017—2022 年中国训练健身器材行业市场需求预测与投资战略规划分析报告》显示，2018 年我国健身器材行业年销售额仅为 192 亿元；截至 2020 年，我国健身器材行业年销售额达到 480 亿元；预计到 2023 年，健身器材销售额将达到 670 亿元。中国的健身器材行业拥有广阔的发展空间和市场潜力。

从政策角度来看，健身娱乐市场可以有效地拉动居民消费，符合国家拉动内需、刺激经济发展的政策。2014 年，国务院发布《关于加快发展体育产业促进体育消费的若干意见》，预计 2025 年，体育产业总规模将超过 5 万亿元。2019 年 9 月，国务院办公厅印发《关于促进全民健身和体育消费推动体育产业高质量发展的意见》，提出“全民健身”与“体育消费”并重，推动体育产业发展。2019 年 12 月，中央经济工作会议提出要推进体育健身产业市场化发展。

从居民在健身娱乐方面的消费趋势来看，人们对健康的需求正逐步从被动的治疗型向主动的预防保健型转换。从目前来看，消费者对户外小型健身运动的认可度比较高，国内室内健身正逐步被大众接受，且专业健身人群刚刚出现。城市居民对体育用品的消费已经从低档向中高档为主方向发展。农村居民尤其是已经进入小康生活标准的农村地区，对中低档体育用品的消费将逐步形成新的需求。随着农村地区收入的增加，健身市场的潜力将得到大规模释放，我国健身器材市场的年销售额将逐年增长。

从全球范围来看，目前健身器材行业的主要市场为欧美国家，但受成本等因素的影响，世界主要健身器材生产地正逐渐从欧美向亚洲转移。随着居民健身意识的普及以及收入水平的提高，全球健身器材市场已形成相对稳定的市场竞争格局。

4. 行业和市场调研方法

行业和市场问题多属于中观、宏观层次，因此类似这样的调研，我们应该去行业网站学习一些行业报告、政策，如前面提到的前瞻产业研究院，以及中国知网（图 1-4）等。当然从网络市场认知角度而言，1688 网站（图 1-5）也为大家提供了了解国内行业分布的途径。

图 1-4　中国知网

图 1-5　1688 网站

知识链接

网店运营人员的任职要求

一些网站或者淘宝店铺在招聘运营人员时，任职要求各有不同。

总体而言，任职要求都是围绕商品的推广、销售设定的，下面简述网店运营人员需要具备的专业知识与能力。

- 熟悉网店的运营环境、交易规则和推广渠道，负责网店的推广工作。
- 熟悉网店的各种营销工具，精通网络推广，熟练掌握直通车、淘宝客等推广技巧，熟悉各类社区的状况以及可利用的资源。
- 熟练掌握软文推广、邮件推广、SNS（social networking service，社交网络服务）推广、论坛推广、交换链接及其他推广方式。
- 拥有良好的语言沟通能力，掌握沟通技巧，洽谈能力强。
- 熟悉生意参谋、看店宝、店侦探等数据分析工具，懂得利用数据分析、指导并检验推广计划。
- 踏实认真，好沟通，执行力强、抗压能力强，有团队合作精神。

课程思政

中华人民共和国商务部电子商务和信息化司是电子商务行业的行政管理机构，主要职能如下。

（1）制定我国电子商务发展规划，拟订推动企业信息化、运用电子商务开拓国内外市场的相关政策措施并组织实施；支持中小企业电子商务应用，促进网络购物等面向消费者的电子商务的健康发展。

（2）推动电子商务服务体系建设，建立电子商务统计和评价体系。

（3）拟订电子商务相关标准、规则；组织和参与电子商务规则和标准的对外谈判、磋商和交流；推动电子商务的国际合作。

1.1.3 网络市场竞争程度分析

除了网络市场趋势、市场容量影响着市场的选择，网络市场竞争程度也是影响卖家对市场进行判断与抉择的重要因素。判断市场竞争程度最直观的依据是卖家数量及价格情况。一般而言，卖家越多，行业竞争越激烈，价格战越激烈，则市场竞争程度越高。下面以生意参谋为例，分析跑步机行业市场的竞争情况。

1. 卖家数量分析

在计算机端打开生意参谋，单击“市场—市场大盘”按钮，在页面左上角选择对应的二级类目运动/瑜伽/健身/球迷用品—跑步机/大型健身器械，查看当下页面子行业分布，可以清晰地看到当下目录中各个子行业的卖家数、父行业卖家数占比、有交易卖家数、父行业有交易卖家数占比等数据。

分析市场竞争程度还可以查看卖家概况下的区域分布，在页面左上角选择对应的二级类目运动/瑜伽/健身/球迷用品—跑步机/大型健身器械，然后选择三级类目跑步机。

2. 价格情况分析

可以通过分析行业客单价变化趋势来判断竞争程度。如果行业整体客单价趋势是下降的，一般说明行业竞争比较激烈；如果客单价变化不大或者呈上升趋势，说明行业竞争空间比较大。这种方法主要是通过获取生意参谋市场大盘三年的交易指数和客群指数，用指数换算工具把对应的数据转化为大盘交易金额和成交人数，再通过计算得到行业客单价情况。当然这种方法也要结合行业是否存在技术更新或者细分市场变化造成的价格下降等情况进行综合分析。

1.1.4 网络市场营销策略调研分析

在网络市场调研分析中，商家除了完成对商品、行业、市场认知、项目决策等因素的分析外，在真正的运营过程中，还需要进行客群分析和竞争对手营销策略分析，以辅助网店营销策略的实施。

1. 客群分析

客群分析就是多行业类目客户消费行为特征的分析。在生意参谋市场分析部分有详细的数据可供参考，其中客群洞察、机会洞察、搜索洞察是分析客户消费行为特征的重要依据。目前生意参谋市场大盘数据支持三年内以日、周、月为单位的数据分析。

（1）客群洞察。客群洞察主要包括客群透视和行业洞察。由于客群透视是基于行业洞察下多维度的深度分析，所以在这里主要介绍行业洞察。行业洞察主要展现当前类目下选择周期内的客群趋势、属性画像、购买偏好、下单及支付时段偏好、支付偏好等。

客群趋势：主要包括支付转化指数、客群指数、交易指数，对应指数换算后分别是类目平均转化率、类目成交客户数量、类目成交规模，其中支付转化指数可以作为日常运营行为的参考，后两个指标主要用于行业分析。

属性画像：主要包括该类目下的客户性别分析、年龄分析、职业分析、区域分析以及在此基础上的支付转化指数、客群指数、交易指数情况，商家通过分析这些客户的性别、年龄、职业、区域特征可以为日后运营选品、广告定向投放提供参考。

购买偏好：主要包括品牌偏好、类目偏好，这有助于商家为日后店铺规划做指导，同时为拓展类目经营范围甚至店铺联盟合作做指导。

下单及支付时段偏好：主要展示了24小时内客户的购买时间分布，便于商家在对应时间做好定向推广和客服工作。

支付偏好：主要展示了不同支付金额价格段的客群占比，以及不同支付频次的客群占比，可以指导商家选品、商品定价及客服工作。

（2）机会洞察。机会洞察包括属性洞察和产品洞察，其中属性洞察主要展示了近30天该类目产品热销属性及不同热销属性组合的数据；产品洞察的数据结构目前还不成熟，参考价值不大。商家通过属性洞察便于分析近期热销的产品属性和不同属性产品的支付特征，可为日常经营分析做参考，虽然是近期属性，但同样能为商家选品提供一定的参考。

（3）搜索洞察。搜索洞察主要包括搜索排行、搜索分析、搜索人群，生意参谋支持近30天的数据查询，这部分主要展示了近30天该类目下客户常用的搜索词、长尾词、品牌词、核心词、修饰词及这些热门词的数据情况。尽管只有30天的数据，但对这些词进行深度分析后便能发现市场上哪些商品更受欢迎，对商家选品和后期搜索优化、关键词推广都有长远的意义。

2. 竞争对手营销策略分析

在了解竞争对手的市场营销策略前，企业需要先明确自己的竞争对手是谁。这些竞争对手可以是同行业的企业，也可以是提供相同产品或服务的企业。企业需要根据自身特点和行业需求找到与自己竞争最激烈的竞争对手。

了解竞争对手的市场营销策略需要收集相关的信息，包括竞争对手的宣传广告、营销活动、网站内容、社交媒体等各个方面。企业可以通过搜索引擎、社交媒体、产业论坛等多种途径了解竞争对手的市场营销策略，获取更加全面、详尽的信息。

通过对收集的信息进行分析可以深入了解竞争对手的市场营销策略。企业可以从多个维度对收集到的信息进行分析，如品牌形象、产品特点、宣传方式等方面。这样可以找出竞争对手在市场营销方面的优劣势，发现自身的不足之处，并优化自身营销策略。

根据分析结果，企业需要制定应对策略。这些策略应该符合市场趋势和客户需求，同时需要兼顾市场竞争格局，如调整产品或服务定位、改进宣传方式、增强品牌形象等。制定好应对策略后，企业需要不断跟进市场变化，不断优化和调整策略。

1.1.5 网上开店的平台

经营者需根据实际需要选择网上开店平台，如个人用户适合在淘宝网、易趣网等C2C（consumer to consumer，个人与个人之间的消费活动）平台开设店铺，商家、企业等既可以选择 C2C 平台，也可使用京东商城、天猫商城等 B2C（business to customer，企业对消费者的电子商务模式）平台。

1. 淘宝网

淘宝网由阿里巴巴集团在 2003 年 5 月创立，是受众非常大的一个网购零售平台。近几年，随着规模的不断扩大和用户数量的快速增加，淘宝网逐渐由原本的 C2C 网络集市变成了集 C2C、团购、分销、拍卖等多种电子商务模式于一身的综合性零售商圈。

淘宝网为淘宝会员打造了非常全面和完善的网上交易平台，操作也比较简单，非常适合想要开设网络店铺的个人卖家。图 1-6 所示为淘宝网首页。

图 1-6 淘宝网首页

2. 天猫商城

天猫商城原名淘宝商城，是一个综合性购物网站。天猫商城是淘宝网打造的 B2C 电子商务网站，整合了众多品牌商和生产商，为消费者提供 100% 品质保证、7 天无理由退货，以及购物积分返现等服务，其中天猫国际还为国内消费者直供海外原装进口商品。图 1-7 所示为天猫商城首页。

3. 京东商城

京东（JD.com）是中国最大的自营式电商企业，京东集团旗下设有京东商城、京东金融、京东智能、O2O（online to offline，在线离线 / 线上到线下）及海外事业部，其售后服务、物流配送等方面的软、硬件设施和服务条件都比较完善。京东商城与天猫商城一样，是 B2C 类型的电子商务网站，入驻京东必须具备基本的条件。图 1-8 所示为京东商城首页。

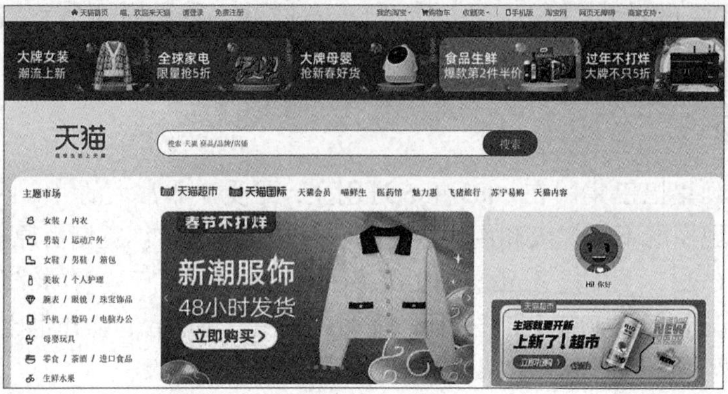

图 1-7　天猫商城首页

图 1-8　京东商城首页

4. 其他开店平台

与淘宝网、天猫、京东等电子商务网站类似的平台有很多，如易趣网、当当网、苏宁易购、国美在线等。下面分别进行介绍。

易趣网：易趣网于 1999 年 8 月在上海创立，2002 年与 eBay 结盟更名为 eBay 易趣，发展成为国内在线交易社区。易趣网不仅为卖家提供了网上创业平台，也为买家提供了物美价廉、品类众多的商品。

当当网：当当网是知名的综合性网上购物商城，由国内著名出版机构科文公司、美国老虎基金、美国 IDG 集团、卢森堡剑桥集团、亚洲创业投资基金（原名软银中国创业基金）共同投资成立。从 1999 年 11 月正式开通，当当网已从早期的网上卖书拓展到网上卖各品类百货，包括图书音像、美妆、家居、母婴、服装和 3C 数码等几十个大类，数百万种商品。在物流方面，当当网在全国 600 个城市实现“111 全天达”，在 1 200 多个区县实现了次日达，货到付款覆盖全国 2 700 个区县。

苏宁易购：苏宁易购是苏宁云商集团股份有限公司旗下的 B2C 网上购物平台，覆盖了传统家电、3C（China compulsory certification，中国强制性产品认证制度）电器、日用百货等众多品类，目前位居中国 B 2 C 市场份额前三强。

国美在线：国美在线原身为国美电器网上商城。2012 年 12 月初，国美电器整合旗下国美电器网上商城和库巴网两大电商平台，实现后台统一管理和资源共享，并更名为国美在线，将其发展成为一个面向 B 2 C 业务的跨品类综合性电商购物网站。

1.1.6 淘宝网中的店铺类型

淘宝和天猫都是阿里巴巴旗下的网站，但是二者的店铺经营方式差异很大，按照商家经营性质、收费标准、入驻标准的不同，可将其划分为集市店铺（C 店）和商城店铺（天猫商城）。下面分别对淘宝和天猫的经营模式进行介绍。

微课2

1. 集市店铺（C 店）

集市店铺一般也被称为 C 店（C' customer），淘宝网中的店铺均为 C 店。C 店是淘宝网中的主体经营模式，收取费用较少，门槛较低，无论是公司经营还是个人经营，只需要进行身份认证就可以创建自己的店铺。由于 C 店经营和销售的成本控制具有较大的自由性，空间比较大，因此开设 C 店的个人或公司非常多。但是这种自由性也易导致刷好评、刷信誉等恶性竞争现象，使很多小卖家较难取得买家的信任。同时，也由于开设 C 店的卖家较多，C 店的竞争情况十分激烈。

C 店按照店铺功能可以分为普通店铺和旺铺。普通店铺是淘宝店铺最早的样式，页面布局较为简单，视觉效果不够丰富，因此逐步为淘宝旺铺所代替。淘宝旺铺分为旺铺专业版和智能版，两个版本的功能和模块存在一些差异，同时收费标准也不同。

C 店的信用等级可以划分为红心、钻石、蓝皇冠、金皇冠四个阶段，淘宝会员在淘宝网每使用支付宝成功交易一次，就可以对交易对象做一次信用评价。评价分为“好评”“中评”“差评”三类，每种评价对应一个信用积分，“好评”加一分，“中评”不加分，“差评”扣一分，其信用度分为 20 个级别，如表 1-2 所示。

表 1-2 淘宝卖家信用等级

所积分数 / 分	等级图标	信用等级
4～10	♥	一星
11～40	♥♥	二星
41～90	♥♥♥	三星
91～150	♥♥♥♥	四星
151～250	♥♥♥♥♥	五星
251～500	◆	一钻
500～1 000	◆◆	二钻
1 001～2 000	◆◆◆	三钻
2 001～5 000	◆◆◆◆	四钻

续表

所积分数 / 分	等级图标	信用等级
5 001～10 000		五钻
10 001～20 000		一皇冠
20 001～50 000		二皇冠
50 001～100 000		三皇冠
100 001～200 000		四皇冠
200 001～500 000		五皇冠
500 001～1 000 000		一金冠
1 000 001～2 000 000		二金冠
2 000 001～5 000 000		三金冠
5 000 001～10 000 000		四金冠
10 000 001 以上		五金冠

2. 商城店铺（天猫商城）

阿里巴巴旗下的商城店铺即指天猫商城。天猫商城是由淘宝网打造的在线 B2C 购物平台，相对于集市店铺而言，天猫商城更容易让买家产生信任，但是投入也相对较高。天猫商城的入驻流程大致分为提交申请、审核、完善店铺信息和开店四个阶段。天猫商城只接受合法登记的企业用户入驻，不接受个体工商户、非中国大陆企业入驻，入驻前还需提供天猫商城要求的所有相关文件。

天猫商城的店铺类型主要分为旗舰店、专卖店和专营店三类。

（1）旗舰店：商家以自有品牌（商标为 R 或 TM 状态），或由权利人独占性授权，入驻天猫商城开设的店铺。

（2）专卖店：商家持他人品牌（商标为 R 或 TM 状态）授权文件在天猫商城开设的店铺。

（3）专营店：经营天猫商城同一经营大类下两个及以上他人或自有品牌（商标为 R 或 TM 状态）商品的店铺。一个招商大类下只能申请一家专营店。

在天猫商城中，不同类目的商品，入驻要求也不一样，想要入驻天猫商城，商家需要仔细阅读相关规定和资费说明。

1.2 网上开店前的筹备工作

1.2.1 网店运营规划

完成市场调研及网店规划后，就进入具体执行环节，包括选品（商品选款）、定价、渠道选择、制订推广促销计划等工作。目前网店运营是一个系统性工程，需要将调研、规划、营销策略有机融合在一起，进入项目实施环节后，商品的选款、定价就是首先需要考虑的工作，前期做好了选品、定价工作，后续运营就能达到事半功倍的效果。

1. 商品选款

商品选款包括四种：一是商家根据目前市场需求变化情况，确定市场经营类目；二是根据当下网络发展需要确定流量款、利润款、形象款、活动款商品；三是根据市场季节变化推出季节款；四是根据长期商品市场变化推出当前款、培育款。

（1）部分款式的含义包括以下三点。

①“流量款”商品即通常所谓的爆款商品，面向目标客户中的大众客户，是主推的、流量来源最大的，毛利率趋于中间水平的，转化好的商品。与竞品相比，流量款商品在价格或其他方面有明显的优势，后期可带来较大的跟进流量。

②“利润款”商品即利润回报较高的商品，面向目标客户中的小众群体，注重他们对款式、风格卖点的需求，销售目的就是盈利，偏精准推广。商家一般通过定向数据进行测试，或者通过预售方式进行商品调研，以做到供应链的轻量化。

③“形象款”商品即高品质、高客单价的极小众的商品，适合目标群体里的细分人群。形象款商品只占商品销售额中的极小部分，商家可以仅保留线上商品处于安全库存中，目的是提升商家的品牌形象。

（2）商品选款实战。商品选款应充分结合市场需求、趋势、竞争对手情况，以及商家自身优势、预期利润等情况，进行综合判断，然后结合上述款式分类进行最终选择。例如，经过对行业市场和商家情况进行分析，康力源最终确定：在商品经营类目上，以家用综合训练器为主，以举重床为辅，以跑步机和仰卧板为补充；在款式选择上，以市场较容易接受的新开发单人站综合训练器为流量款，以利润空间相对较大且有一定市场需求的新开发三人站综合训练器为利润款，同时根据受众和市场定位的不同再逐个定价。

需要注意的是，在定价的过程中不能忽略网络促销活动因素，要为促销活动预留一定的空间。一般而言，活动组织方对参加官方活动的商品活动价格有苛刻的要求，如聚划算、淘抢购、天天特价等活动都要求商品活动价格在 15 天内保价。例如，2019 年天猫平台要求参加“双十一”活动的商品（包括正式活动商品及预售商品），其销售价格不得高于该商品在指定期间（2019 年 9 月 16 日 00:00:00 至 2019 年 11 月 26 日 23:59:59）内已生效或将生效的最低标价，且需在校验期（2019 年 9 月 16 日 00:00:00 至 2019 年 11 月 10 日 23:59:59）内最低标价的基础上让利至少 10%（部分类目除外）。除了上述成本因素、商品款式因素、促销活动因素，还需要考虑竞争对手的价格变化因素、商品的生命周期因素、消费者心理因素等。

2. 确定商品价格

经过充分的市场调研和利润核算后，康力源最终把流量款单人站综合训练器定价在 1 300～1 800 元，比照同行同类商品的利润款，以市场价格相对较高的多人站综合训练器、史密斯机、龙门架综合训练器和面向传统市场的综合训练器等商品为形象款，以企业库存商品、推新商品为活动款，同时对单人站和三人站商品在功能、色彩、模具方面重新进行开发和设计，力求从家庭应用的角度突出差异性和卖点。

3. 商品定价的考量因素

网络商品定价与传统商品定价需要考虑的因素较为接近，既要考虑成本因素，又要考虑商品款式因素、促销活动因素等。成本主要包括商品成本、人员成本、推广成本、包装成本、快递成本、天猫佣金、税收成本、拍摄成本等。由于当下电商人才匮乏和网店竞争相对激烈，在整个运营中，人员成本、推广成本会相对较高，一般各占营业额的10%左右，而天猫佣金为5%，税收成本为8%左右，因此商家完成商品定价后，起码要保证商品毛利润大于33%。而从商品款式划分上，由于流量款、利润款、活动款、形象款各自的市场品有明显的价格优势，引流款也就是我们通常所说的爆款，其主要作用是增加销售量，带动店铺的整体销售，提升店铺的流量和人气。爆款做得好，不仅能给店铺带来更多自然搜索流量，还能带动店铺销售额。有了引流款引来的流量，就需要一些商品来丰富顾客的选择，增加销量。通常选择高性价比的、容易冲击销量的商品作为利润款。通常爆款的商品是利润较小的甚至是零利润的，如果此时利润款商品没有准备好或者准备不到位，通过爆款引进来的流量处于"无货可买"的情况，店铺想要盈利就变得很困难了。店铺中除了爆款引流和利润款增加销量外，还需要有一定量的高价款来满足对产品要求高的消费人群的需要。这些消费者对于产品价格并不敏感，并且对自己所需的产品有清晰的目标。因此这类产品要从质量、包装、展示等方面与其他类型产品区分开，且多从利润款页面中进行引导。

4. 渠道选择

目前商家开展网店运营可以选择的渠道有很多，主要考虑因素如下。

（1）市场认可度因素。从网络零售的形式看，商家开展网店运营主要选择第三方网络零售平台或商家独立商城。由于独立商城存在认可度不高、技术要求高、引流成本高、网络诚信成本高等问题，而第三方网络零售平台具有整体网购市场认可度较高、流量大且交易环境成熟等优势，因此，一般而言，大多数商家会从第三方网络零售平台做起。例如，淘宝集市店、天猫商城、京东商城。

（2）平台特色及优势。各平台有各自的特色和优势，例如，天猫商城消费者流量大、经营类目丰富、商家后台系统完善；京东商城具有自营店铺口碑优势、物流体验相对较好、消费者质量相对高的特点。但与此同时，商家还需要仔细分析各平台的其他条件，如保证金、交易佣金、账期、商家入驻条件要求等。

苏宁商城、当当、国美等传统的第三方网络零售平台；当下比较流行的移动端渠道平台，如拼多多、微店、有赞店铺、抖音店铺、快手小店；闲置类电商平台，如闲鱼、转转等；新兴的京东京喜（京东拼购）店铺、淘宝淘小铺等。

（3）商家资质和入驻成本因素。考虑到商家资质和入驻成本等因素，商家可以选择在淘宝集市店开设店铺。这类店铺对商家资质要求不高，更重要的是，这类店铺前期不需要缴纳技术服务费和交易佣金，而且开店流程可以快速完成，但不足之处在于诚信指数比较低、价格战比较激烈，如果没有独特的经营卖点，商家会渐渐淹没在数百万不知名的店铺中。

（4）商家品牌和服务优势。考虑到商家品牌和服务优势，商家可以选择在天猫商城、京东商城、苏宁商城等平台开设店铺，在这里经营可以享受平台提供的品牌商家保障、消费者服务保障等一系列措施，同时消费者服务质量相对较高，比较利于商家的长期发展。只是商家要为此付出不菲的保证金和交易佣金。

1.2.2 确定商品及货源

货源的好坏与网店的动态评分有直接关系，并影响着网店的运营。因此，如何寻找货源、如何选择好货源，对于新手卖家而言至关重要。

1. 常见的货源渠道

（1）淘宝官方平台。淘宝官方平台包括阿里巴巴和天猫供销平台。

① 阿里巴巴。阿里巴巴批发网（1688）（简称“阿里巴巴”）是国内最大的线上采购批发平台，为数千万网商提供了海量的商业信息和便捷、安全的在线交易市场，也是网商互动的社区平台。目前阿里巴巴已覆盖原材料、工业品、服装服饰、家居百货、小商品等12个行业大类，提供原料、生产、加工、现货等一系列产品和服务。

阿里巴巴平台上商家众多、地区覆盖面广，各厂家的商品品质、供应链情况参差不齐。因此，在阿里巴巴平台挑选货源要看厂家的销量、评价和复购率，图片质量，是否为原图，网店单品和销售情况，响应速度和发货速度，诚信通年限，是否有金牛标志等信息。另外，还需要查看厂家的联系方式、地址等信息。

② 天猫供销平台。只有注册后才可以进入天猫供销平台，该平台提供的是品牌商品，商品品质相对较好，但厂家对销售商有一定的要求，如信用等级须达到一个钻的级别、好评率达到99%等，通常在厂家的招募书中可以看到详细的要求。另外，厂家对销售价格也有控制，因此利润空间有限。按“卖家中心”→“货源中心”→“分销管理”顺序可进入天猫供销平台界面。

（2）分销网站。除了淘宝的官方平台外，还有很多提供批发服务的分销网站，适合中小卖家选择货源，如购途网、爱买卖、四季星座网、杭州女装网、衣联网等。在这些平台上，应尽量选择满足以下条件的货源：提供图片或数据包，可以直接上传商品，价格有优势，可以一件代发，售后服务周到。

（3）产业带。产业带是一条带状的链条产业集中区域，是相关或相同产业的基地。在此区域内可以形成产业集聚效应，从而更好地壮大产业，如杭州的女装、扬州的毛绒玩具、深圳的3C数码产品、佛山的卫浴产品等。按阿里巴巴→“源头好货”的顺序查看“产地地图”即可看到不同类目、不同产品的产业带，以及每个产业带工厂的联系信息，感兴趣的卖家可以实地考察其产品质量、价格等情况。因此，在产业带工厂进货的优点是商品价格便宜、款式多，货源充足，供应链可控；缺点是要求订货量大，容易压货，多数厂家不愿意与小规模的卖家合作。

（4）线下批发市场。一些线下批发市场也是卖家寻找货源的不错选择，如广州流花服装批发市场、义乌小商品城等。批发市场商品更新快、品种多，但是容易断货，品质难以得到保障。

（5）其他货源。除了以上货源渠道外，还可以通过如下渠道找到合适的货源。

① 库存积压或清仓处理的商品。这类商品因急于处理，通常可以以较低的价格买下，然后零售给需要的买家，也能获得不错的利润。

② 外贸商品。在外贸订单剩余商品中有不少好货，这部分商品大多每款只有几件，常常是现在或将来流行的款式，而价格可能只有商场价格的一半左右，因此销售起来会很紧俏。

③ 国外打折商品。在重大的节日前夕，国外的一线品牌通常会推出力度很大的折扣活动，如果卖家可以在国外购买到折扣商品，然后适当提高价格在网上销售，也将获得一定的利润。

④ 当地的特色农产品。特色农产品在主要产地出产量大，方便直接和农户对接，从而容易得到一个合理的成本价。另外，通过网络平台对接各种农产品并进行销售，可以降低农村商业成本、扩大农村商业领域，也是发展农村电子商务的契机。

2. 选择货源的一般注意事项

选择货源时，一般应注意以下两点。

（1）稳定。好货源要稳定，不能经常断货。货源不稳定会影响销售，如果卖出的商品不能及时发货，一方面卖家可能面临退款问题，另一方面活动平台会对此有相应的处罚，如禁止参加活动一年等。

（2）有利润空间。有利润空间是选择货源的关键，只有存在利润空间，才可能进行后续的网上销售业务。

此外，货品质量应与价格相匹配。如果货源是品牌产品，需要得到授权，否则可能会被举报或被平台处罚。

1.3 电子商务团队建设与管理

1.3.1 运营团队建设

1. 确定一个核心的电子商务管理层

一个电子商务团队要有一个核心的电子商务管理层来领导并指导其运作。这个核心的电子商务管理层的能力将直接决定这个团队的整体执行能力。“兵随将领，草随风”讲的就是这个道理。核心的电子商务管理层要有计划能力、分析能力、执行能力和控制能力，这四者缺一不可。此外，核心的电子商务管理层还需要具备以下三种能力：①统御能力，即具备驾驭电子商务队伍的能力；②实战力，即用经验来归纳总结理论，从而进一步指导电子商务战略、战术的规划和执行；③电子商务理论力，在这个以市场、顾客为导向，以电子商务为核心的时代里，电子商务理论已经成为电子商务活动的必要依据和准则。没有理论力的规引，一个企业、一个团队就不会在电子商务事业的道路上走很远。

“一头狮子带领的一群绵羊，能够打败一头绵羊带领的一群狮子。”在团队建设中，应特别注重核心职业经理人的培养和选拔，同时要建立一种储备机制，在队伍中注重选拔和培养一批“帅才”，从而确保团队不会因组织人员的变故而陷于被动。

2. 构筑团队的支撑体系

核心的电子商务管理层是构筑团队支撑体系的基础。它的任务是指导这个支撑体系达成所设定的目标业绩。本支撑体系是整个电子商务直接的执行者。其执行力的强弱决定了团队电子商务活动能否有效地展开。

确定核心的电子商务管理层后，有效地构筑团队的支撑体系是电子商务工作的重点。这里所指的团队的支撑体系包括：电子商务业务执行层、电子商务政策、激励机制及考核机制等。电子商务政策、激励机制及考核机制是电子商务业务执行层最关注的问题，其能否有效执行是影响业务执行层的直接因素。激励机制和考核机制对于业务执行层的人员来讲也是一个利益保障问题。所以在构筑团队支撑体系时，应该考虑以下几个问题。

（1）所运行的机制能否保障团队的健康运行。

（2）电子商务执行团队是否把保障机制与自己的事业生涯规划联系在一起。

（3）电子商务执行团队是否具备学习能力，是否能推动公司和个人愿景向前发展。

（4）电子商务执行团队的素质结构是否与核心的电子商务管理层的需求相吻合。

从团队配置来说，需要具备以下三个条件。

① 电子商务团队的建设要以一定的经济为基础，即经济现状占主导地位。

② 要有专业的人才，并对这个行业有一定的兴趣。

③ 要有基础性设施，最简单的基础性设施包括计算机、网线、办公桌。

1.3.2 运营团队管理

准备好以上基础性设施后，方才建立一个“有肉”的团队。团队的“肉”有了，接下来就要组织团队的“血”，即团队的灵魂和精神。团队要做到什么样，才能算是一个真正的团队呢？

1. 不让团队中的任何一个人落后

团队就是要让团队中的任何一个人都不落后，主要包括以下几点。

（1）专业知识不落后。这就需要团队成员之间的交流与学习。公司也会请专业的人来给团队成员上课，团队成员也可以申请外出学习和交流。

（2）产品知识不落后。这点是不容忽视的，再丰富的专业知识没有产品知识做铺垫也是不行的。无论是网络营销还是线下营销，最后都要回归到产品上。

（3）表达能力不落后。自己知道了，不会说，一样是没有用的。有再强的能力，拥有再好的机会，出去与人交流时，说不出来，就等于什么都没有。

（4）为人处事不落后，做人是前提。

（5）精神和物质激励不落后。物质激励也许大家都会想到，容易忽视的往往是精神上的激励。一句鼓励的话，一个温馨的问候，都能改变一个人一天的心情和工作态度！

2. 团队的目标要一致

只有目标一致了，大家的方向相同了，才能够齐心协力向着同一个方向走。对于团队目标的一致性，在团队管理中，不同角色的成员具体目标是不相同的。项目主管直接面向客户，需要按照承诺，保质保量地按时完成项目目标。项目成员可能是抱着打工者心态：我干一天你要支付我一天的工资，加班要给加班费，当然干项目能学到新知识、新技能就更好了。团队中不同角色由于位置和看问题的角度不同，对项目的目标和期望值会有很大的区别。好的项目主管善于捕捉成员间不同的心态，理解他们的需求，帮助他们树立共同的奋斗目标，劲往一处使，使团队的努力形成合力。

3. 团队就是要不断分享

团队至少每周开一次交流会，交流这段时间各自工作的收获和心得，交流才是大家快速进步的方法。在交流中，团队成员可以收获别人的体会，也可以在交流中对自己做得对的和好的地方加以肯定，增强自信心，还可以在交流中发现自己的不足。交流的过程更是多项互动、多项学习的过程。对自己工作的总结和监督是很重要的。对于团队分享，我们可以通过以下两种方式进行。

（1）线上交流。主要是通过 QQ、旺旺等交流工具把在工作中遇到的问题、总结的技巧和大家及时分享，同时也能加深自己的印象。

（2）线下交流。定时开会，交流大家平时工作的情况、遇到的问题、好的想法和建议，集思广益，形成统一战线，时刻准备“战斗”。

4. 留住人才是团队管理的关键

“招人容易但留人难”以及“招到的人才不靠谱”是团队建设面临的最大痛点。调查发现，相当一部分的电商从业者频繁换工作，工作半年一换的比比皆是，这对应的正是局部公司超高的离职率。但也有不少公司的离职率很低，即便习惯换工作的员工也能在这类公司待很久。是什么造成了这种现象？对这些公司进行共性探索，成为我们学习电商团队组建的关键所在。

成就感、公司前景、员工培养、管理者的个人魄力、团队的活力，似乎这些就是我们要寻找的共性。我们发现，员工离开公司时惯用的理由，如待遇、空间、兴趣很少直接出现在这里。当一位员工对一个公司产生归属感的时候，一切都会朝好的方向发展，而待遇、空间、兴趣已经不知不觉融入公司的工作流程中。我们具体应该怎么做呢？

（1）不仅要薪资合理，还需要有合理的涨薪标准和鼓励机制。除了职位提升的奖励外，公司还应该主动嘉奖能力提升或者做出特殊奉献的员工。另外，新老员工的待遇问题最容易引起员工的不满，需要公正公平。

（2）培养公司的学习气氛比培养硬性的技能更重要，将员工的能力提升融入工作中并加以引导。另外，要树立典范，帮助脱颖而出的优秀员工规划职业路线，要有职位和能力两条提升路线。

（3）管理人员不能表现出明显的个人喜好，尤其不能把个人情绪带入工作中。同时，管理人员要懂得驾驭员工，对欣赏的员工不要太过亲密，保持一定的距离；对不喜欢的员工也要唯才是用，安排到适宜的位置。否决下属建议时，最好不要太过强硬，耐心指出建议的不足之处。

（4）权力下放需要把握尺度，循序渐进，给予基层管理人员一定的发挥空间和试错本钱，同时需要保持关注，及时纠错。

（5）工作流程尽量简化，重复性质的不必要工作是最容易引起员工反感的。

（6）开会尽量只通知必要的人参加，方向会议尽量少开，工作总结会尽量简短，探讨性会议提前确定主题和流程，发动会尽量提供物质奖励。

（7）竞争需要鼓励，但拒绝“办公室政治”，职责范围固定比较好。

（8）扩编需要谨慎，发展带来的常规扩编会很稳定，用扩编刺激发展容易造成很多管理问题。

（9）目标合理能让人充满干劲，虚夸的结果是草草应付乃至失去团队活力。

（10）团队核心的维护至关重要，很多人才换工作都是跟着部门领导或者工程组的师傅一起，这一类人是天生的领导者，他们有足够的人格魄力让员工对公司的忠诚变成对他们个人的敬服。

5. 各部门之间的沟通与配合

（1）团队建设需要一个重要的领导人，要公司高层领导重视、各个部门相互配合。网络营销不能拘泥于内容，而要掌握市场、掌握顾客的心理，要知道客户想看什么、想买什么样的商品。更多时候客户买的是一种感觉，感觉对了一切就都对了！

（2）时刻把握询盘情况、订单情况。根据不同季节不同客户的反馈，及时调整营销策略，围绕客户需要展开营销。

6. 统一管理，明确工作重点，量化工作

统一管理是指对每个人的工作要有人负责统筹管理，这样才能把握整体的工作情况，明确工作方向。

明确工作重点，可以这样理解：团队的分工是很明确的但又不失平衡。像网络营销这样的工作，总是做某方面的工作，很容易让人厌倦。

课程思政

《“十四五”电子商务发展规划》

2021年10月9日，商务部、中央网信办、发展改革委三部门联合发布《“十四五”电子商务发展规划》（以下简称《规划》）。《规划》分析了“十四五”时期

电子商务发展面临的机遇和挑战，明确了电子商务发展的指导思想、基本原则和发展目标，提出了电子商务发展的7大主要任务、23个专项行动和6条保障措施。

《规划》立足新发展阶段、贯彻新发展理念、服务构建新发展格局，聚焦电子商务连接线上线下、衔接供需两端、对接国内国外市场重要定位，提出“坚持守正创新、规范发展”等发展原则，形成明确的政策导向，确立了“十四五”时期发展目标和2035年远景目标，首次建立电子商务发展主要指标体系，确定三个规模发展指标和三个分领域发展指标。

技能实训

【实训题目】挑选货源。

【实训目标】

（1）能够通过教师讲解、案例讨论掌握相应的知识点。

（2）初步学习团队合作，发挥每个团队成员的能力，学习小组讨论、分析评价的方法，对讨论的问题进行记录并提交小结，完成案例讨论。

（3）能够形成初步的独立思考能力。

（4）能够培养初步的自主学习能力。

【实训内容与要求】

（1）由教师介绍实训的目的、方式、要求，调动学生参与实训的积极性。

（2）由教师布置模拟实训题目，题目如下：登录阿里巴巴批发网、天猫供销平台或常见的分销网站查看各个平台货源的特点。结合自己网店的定位，从以上平台中选择货源并试着发布到自己的网店中。

（3）对学生进行分组，确定各小组的组长和人员分工，学习小组学习方式，确定小组团队要做什么，要达到什么目的。

（4）由教师介绍如何挑选货源相关案例以及要讨论的话题。

（5）各小组对教师布置的问题进行讨论，并记录小组成员的发言。

（6）根据小组讨论记录撰写讨论小结。

（7）各组相互评议，教师点评、总结。

【实训成果与检测】

（1）成果要求。

① 提交案例讨论记录：教学分组按3～5名学生一组，设组长1人、记录员1人，每组必须有讨论、工作分工的详细记录，以作为考核的依据。

② 能够在规定的时间内完成相关的讨论，学习团队合作方式，撰写小结。

（2）评价标准。

① 上课时积极与教师配合，积极思考、发言。

② 认真阅读案例，积极参加小组讨论，分析问题的思路较为开阔。案例分析基本完整，能结合理论知识解答问题。

③ 团队配合较好，积极参与小组活动，分工合作较好。

思考与练习

一、填空题

1. 与传统商务相比，电子商务交易的特点是________、________、________。

2. 在电影《阿凡达》中，纳威人的辫子像USB接口，在很多地方都能即插即用，而潘多拉星球上那些摇曳的灵树种子，犹如人身体里的神经末梢，但是又仿佛每一个都拥有着自己的灵性，彼此间可以传递着情感，或愤怒或温馨或友善。这正契合了________的诉求，连接一切可连接的物体。

3. 电子商务实行________，可减少文件处理费用。

二、简答题

1. 简述电子商务的概念。
2. 简述电子商务的分类。
3. 简述电子商务的基本框架。
4. 简述电子商务的产生和发展及其对社会经济和企业的影响。
5. 描述电子商务在某一行业中的应用情况。

第2章

店铺开设与商品管理

学习目标

- 了解淘宝店铺注册的流程；
- 理解店铺商品的结构规划；
- 掌握商品卖点的提炼原则与方法；
- 掌握商品价格制定的方法与策略。

2.1 淘宝店铺注册

2.1.1 注册淘宝账户

登录淘宝网 http://www.taobao.com/，进入淘宝首页（图 2-1），然后单击“注册”按钮，注册成为淘宝会员。注册是免费的。

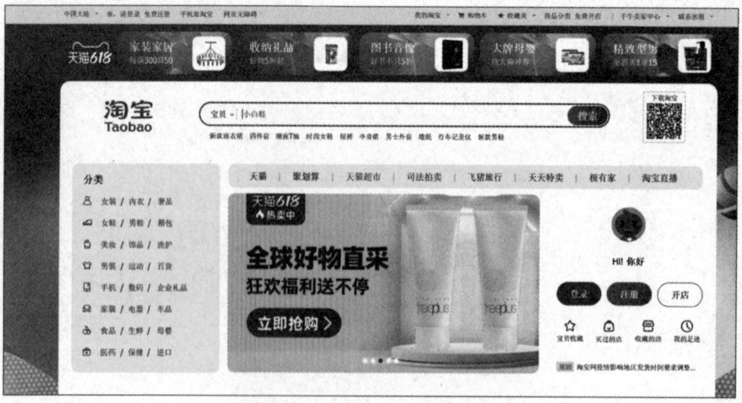

图 2-1　淘宝网首页

1. 设置用户名

（1）单击淘宝首页“注册”按钮，在打开的窗口中，首先弹出“注册协议”对话框，需要单击“同意协议”按钮才能继续进行注册，如图 2-2 所示。

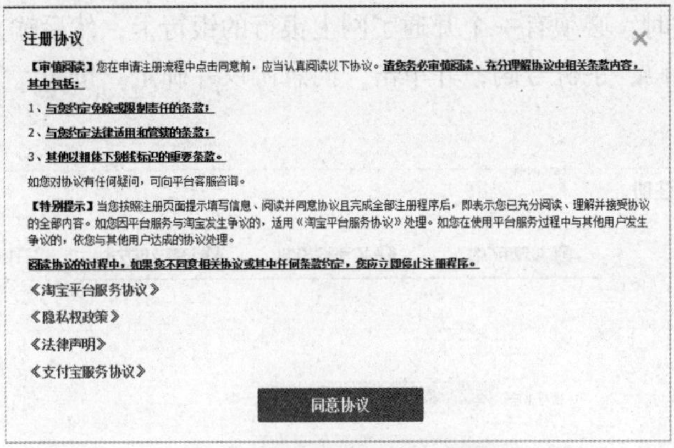

图 2-2　淘宝会员注册协议

（2）进入设置用户名页面，输入正确的手机号，并通过验证，单击“下一步”按钮，如图 2-3 所示。

图 2-3　淘宝会员注册之设置用户名

2. 填写账号信息

设置登录密码、会员名时需要注意，会员名一旦设置成功，无法修改。设置完成后，单击“提交”按钮，如图 2-4 所示。

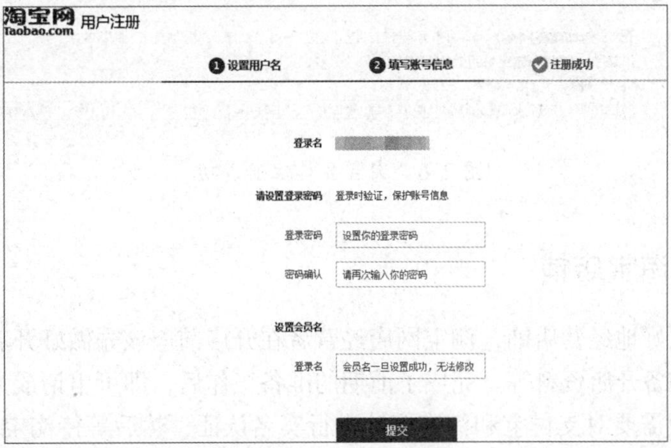

图 2-4　填写账号信息

3. 设置支付方式

设置支付方式时，必须有一个开通了网上银行的银行卡，然后输入银行卡号、持卡人姓名、身份证号码、手机号码，并单击“同意协议并确定”按钮，完成支付方式的设置，如图 2-5 所示。

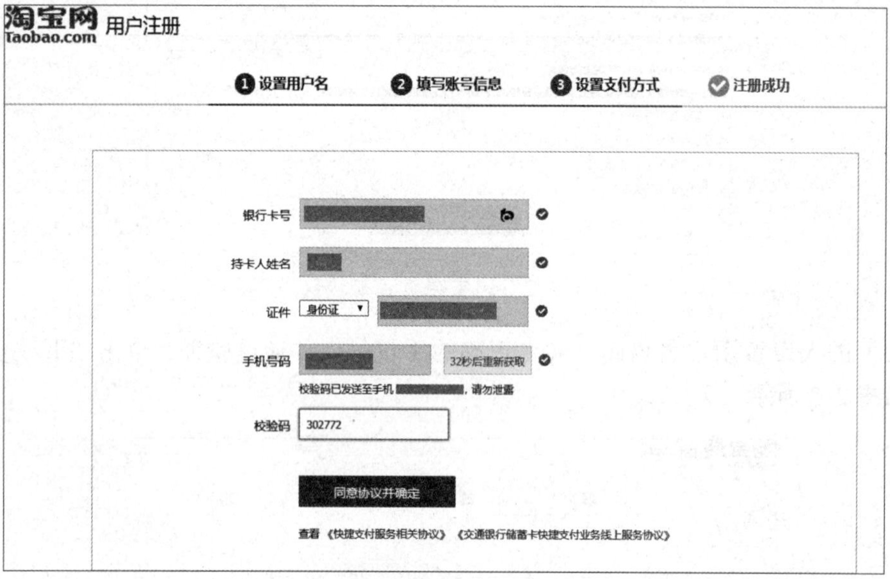

图 2-5 设置支付方式

4. 注册成功

支付方式设置完成后，提示注册成功，并显示用户的淘宝会员登录名、绑定手机号、银行卡的相关信息以及淘宝会员名，如图 2-6 所示。

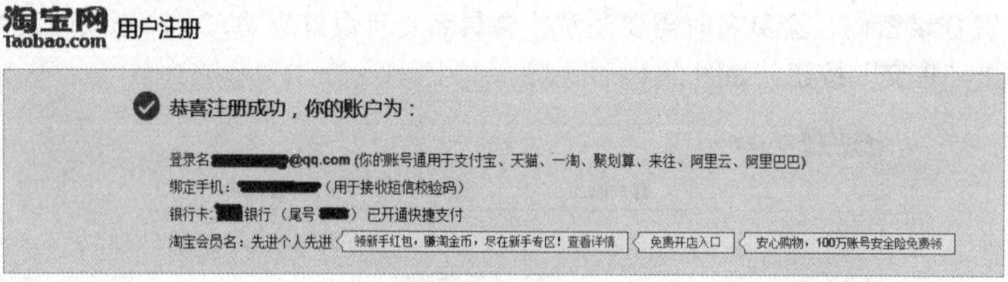

图 2-6 淘宝会员注册成功

2.1.2 开通淘宝店铺

为了能够更好地经营店铺，淘宝网店经营者在开店前应该先做好开店准备，包括店铺定位分析、准备开店资料等。完成了前期的准备工作后，即可申请成为淘宝卖家。申请淘宝店铺一般需要对支付宝和淘宝店铺进行实名认证，然后等待淘宝官方进行审核，审核通过即可创建自己的店铺。

1. 店铺定位分析

微课3

店铺定位分析是指对店铺所要经营的产品类型、产品用户群体、产品市场环境等因素进行分析，使经营者尽可能熟悉所选行业的行情，从而制定出有效的店铺发展策略。

（1）选择产品类型。网上店铺选择产品类型主要有两种方式，一是选择自己熟悉的行业产品，二是选择自己不熟悉的领域从头做起。如果选择前者，显而易见在店铺发展上将更为有利。如果选择后者，开店时则需要提前了解所选择的产品，包括行业环境、市场需求、买家特征和竞争对手等，然后对店铺做出准确定位。

（2）预测市场前景。市场前景预测通常是指通过各种手段获取该行业的大量信息，包括当前的社会热点、人们的生活方式以及经商者的商业行为等，通过分析数据对该行业在未来一段时间的发展趋势、供求变化进行预测。通过市场预测，经营者可以了解未来市场环境的变化情况，理性分析“朝阳”行业和“夕阳”行业，提前做出考量，抓住商机，更好地组织货源、扩展业务、顺应市场需求，提高经济效益。

（3）进行市场定位。市场定位是网店分析中较为重要的步骤。市场定位不仅需对行业市场进行分析，还需对自己的产品进行分析。一般来说，分析产品主要包括分析产品或店铺的优点和特色，了解自己的优势，选择最利于自己发展的产品定位，然后将优势作为推广重点，为店铺发展打好基础。同时，还需对竞争对手进行分析，了解竞争对手的优点、产品信息、数量、分布、营销策略等，根据分析结果制定适合自己店铺发展的策略，是选择参与竞争与其共享市场，还是选择避开竞争对手，单独开辟自己的市场。

（4）分析用户群体。用户群体是网店定位中非常重要的因素，产品只有拥有较稳定的用户群体，才能有更大的发展空间，同时不同的用户具有不同的消费观念和消费行为，分析消费群体可以帮助经营者更好地进行产品定位。

（5）确定店铺形象。确定了行业、产品等内容后，还需对店铺的形象进行合理规划。好的店铺形象可以突出自己的优势，让自己从竞争中脱颖而出。在树立店铺形象时，需考虑商品风格与店铺风格的统一性，同时选择正确的经营策略，在产品质量和服务质量上打造出自己的特色。

2. 前期准备

申请淘宝店铺前需做一些准备工作，主要准备工作如下。

（1）身份证。申请店铺时，需要进行支付宝和淘宝开店的实名认证，这两项认证都需要使用身份证。

（2）手机。在淘宝网中进行很多操作都需要通过手机接收验证码。不仅如此，申请淘宝店铺时，大部分验证工作也需要借助手机来完成，且手机必须具备扫描二维码和安装相关应用软件（App）的功能，如安装手机支付宝和阿里钱盾等。

（3）银行卡。开设淘宝店铺必须办理一张开通了网银功能的银行卡。

（4）商品资料。为了方便开店后可以快速发布商品，建议卖家提前准备好商品资料，包括商品详细属性信息及商品图片等。

3. 选择开店类型

做好前期准备工作后即可使用账号、密码登录淘宝网，进行店铺申请以及开店认证等。

（1）单击淘宝网右上角的“免费开店”按钮，如图 2-7 所示。

图 2-7　免费开店

（2）进入淘宝免费开店页面，单击“个人开店”按钮。一个身份证只能开一家店，通过支付宝实名认证的商家，可以创建个人店铺，如图 2-8 所示。

图 2-8　选择开店类型

4. 开店注册

确认自己符合个人开店的相关规定，如图 2-9 所示，不可以使用别人的身份证开店，不可以将店铺转租给他人，一张身份证只能开一个淘宝店铺，等等，单击“0 元开店”按钮。

图 2-9 淘宝开店须知

5. 开店认证

（1）首先进行支付宝实名认证，通过单击图 2-10 所示的“立即认证”链接打开支付宝实名认证页面。

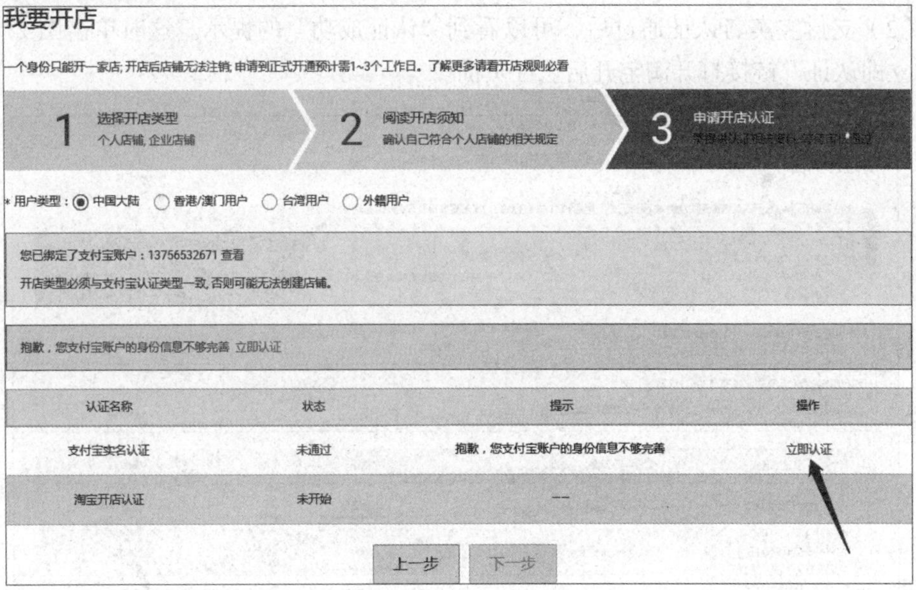

图 2-10 申请开店认证

按照图 2-11 给出的示例，上传个人身份证正面、背面照片，并填写证件有效期，同时勾选“同意将证件保存至卡包证件夹”复选框。要确保照片格式正确，这里仅支持 JPG、BMP 格式。单击“确认提交”按钮后，系统要进行证件审核，这时会出现一个提示页面，显示“你的证件已提交审核，预计 24 小时内完成，请耐心等待”。审核通过后，会有“你提交的证件已通过人工审核”的短信息通知发送至你的手机上。

图 2-11　支付宝身份验证

（2）支付宝实名认证通过后，可以看到“认证成功”的提示。这时单击图 2-12 所示“立即认证”链接打开淘宝开店认证页面。

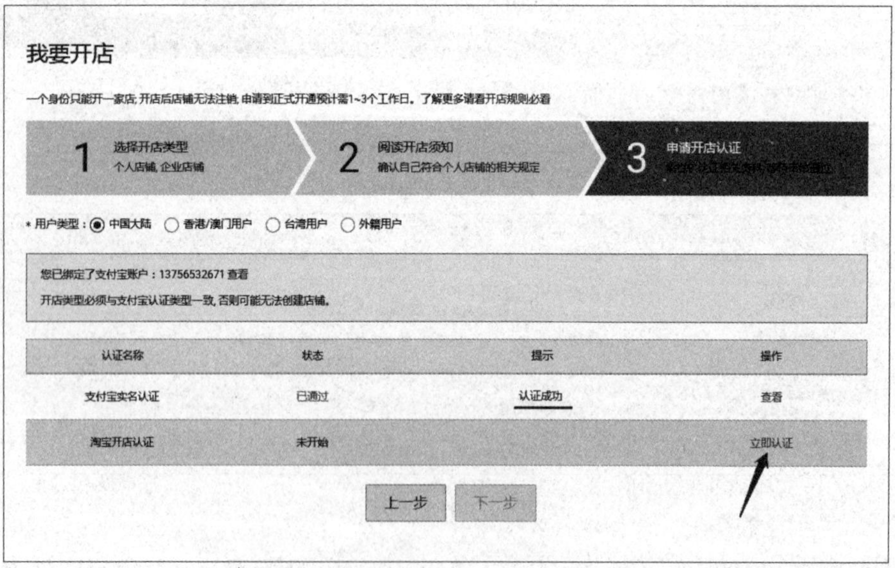

图 2-12　淘宝开店认证

（3）淘宝身份认证由阿里实人来完成，需要卖家使用手机淘宝客户端扫码进行认证（没有安装手机淘宝客户端的，需要先下载手机淘宝客户端）。认证操作按照图 2-13 所示的要求完成。

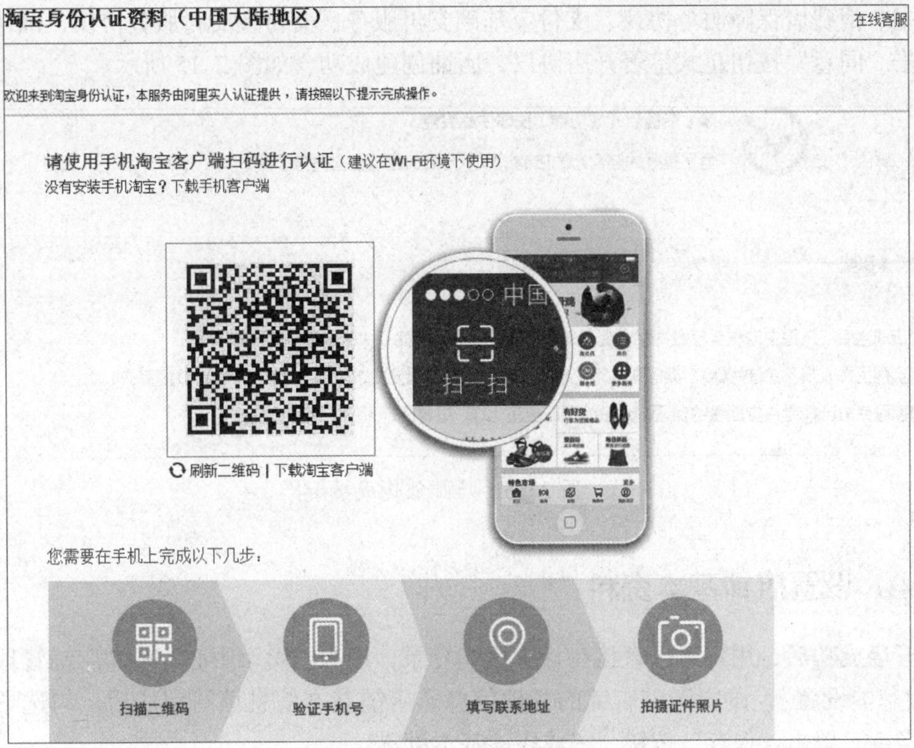

图 2-13　淘宝身份认证

（4）通过手机扫码、身份证拍照上传等操作进行认证后，此时可单击“创建店铺”按钮进入图 2-14 所示页面，可查看到淘宝开店认证已通过。

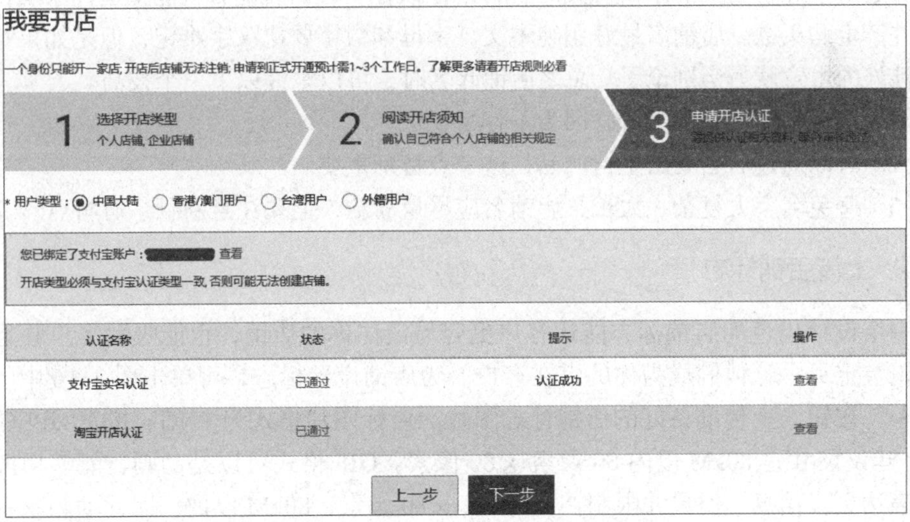

图 2-14　已通过淘宝身份认证

6. 签署开店协议

单击图 2-14 中的“下一步”按钮，阅读淘宝开店的四大协议条款，包括诚信经营承诺书、消费者保障服务协议、支付宝基础支付服务、支付宝支付服务协议，确认无误后单击“同意”按钮正式签署开店协议，店铺创建成功，如图 2-15 所示。

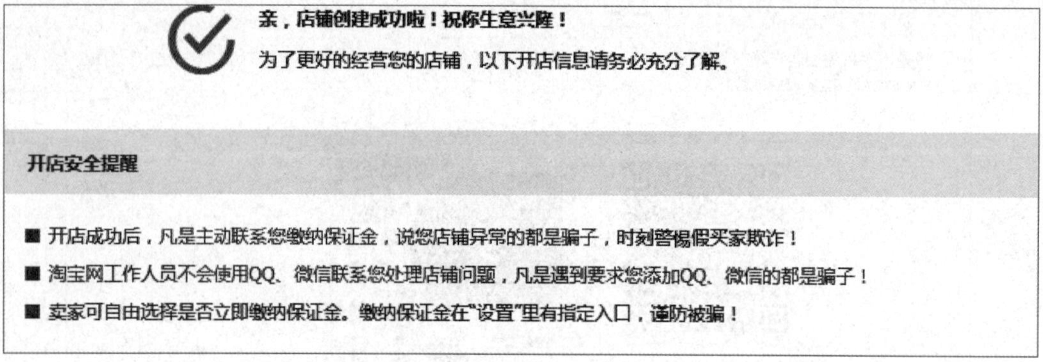

图 2-15　店铺创建成功

2.1.3 设置店铺基本资料

开店成功后，用户可以直接在计算机端登录，进入“卖家中心”→“店铺管理”→“店铺基本设置”，设置淘宝店铺的基础信息。店铺基本信息填写完成后，勾选“我声明”条款，单击“保存”按钮，完成店铺基本设置。

1. 设置店铺名称

淘宝名称将在店铺前台展示给买家，没有什么特别的要求，最主要的是让人记得住，要起一个和自己卖的东西有关的店名，让顾客一看到店铺名就能知道你家卖什么东西，并产生购买欲。店铺名最好用纯中文，字母和数字要比汉字难记，但是如果打算做一些涉外的生意就另当别论了。总之店铺起名时，可以掌握以下三个技巧。

（1）避免使用数字和字母，因为不容易记忆。

（2）可以通过店名看出主营产品，这一点特别重要。

（3）避免名字太复杂、太长，店铺名应尽量简洁，但要注意新颖、有特点。

2. 上传店铺标志

一个设计出色的店铺标志能让客户更容易记住你的店铺，也能吸引客户驻足浏览你的淘宝宝贝，让他们成为你的潜在客户。为店铺设置标志，可单击图 2-16 中的“上传图标”按钮，上传准备好的店铺标志图片。店标图片格式为 PNG、JPG、JPEG 或者 GIF，建议尺寸是 80kM 以内 80 像素 ×80 像素。GIF 格式可以是动画，能够切换多个画面表达更多信息。但尺寸限制在 80 像素 ×80 像素，80kM 以内，因此动画不宜太复杂，应简洁明快，醒目易记忆最好。

图片上传成功后，即可在图 2-16 的“店铺标志”后进行显示。

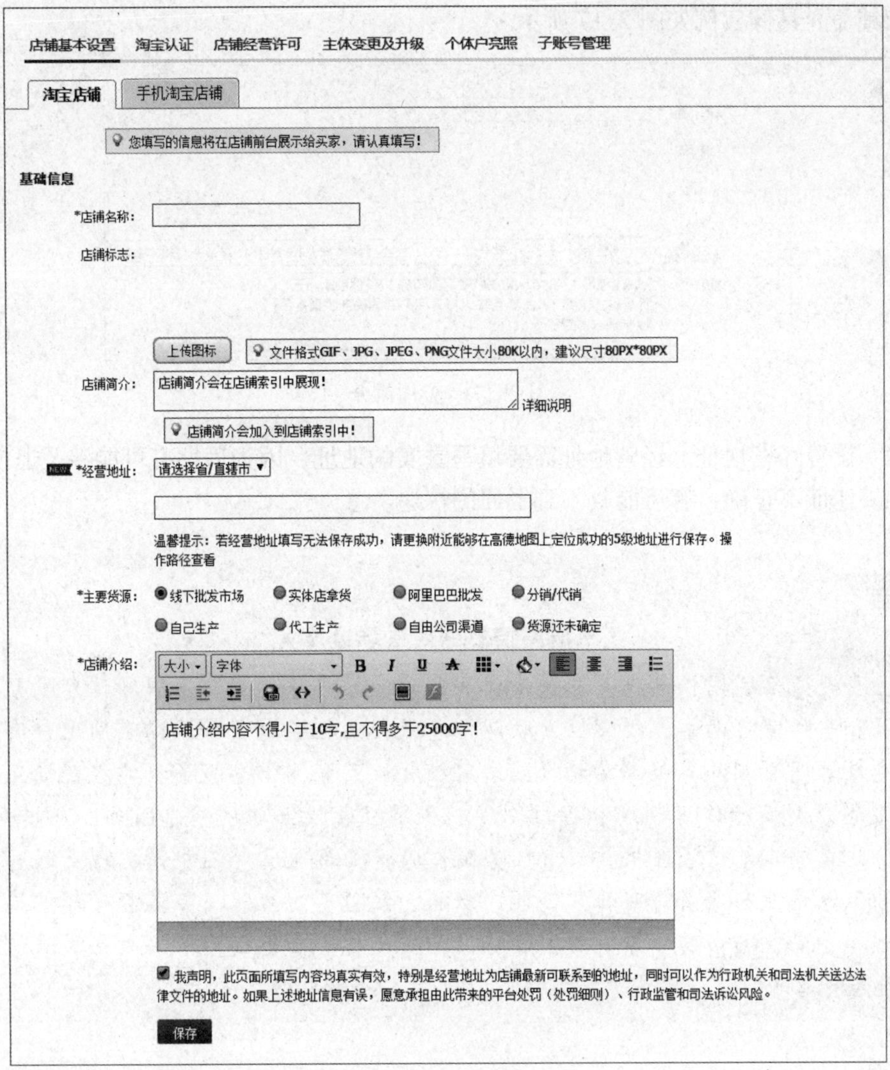

图 2-16　淘宝会员注册成功

3. 录入店铺简介和经营地址

（1）店铺简介。店铺简介会在店铺索引中显现，一般分为三部分：掌柜签名、店铺动态、主营宝贝。一份好的店铺简介必然会为卖家带来更多的收益。

① 掌柜签名。掌柜签名既可以是店铺的一种展示，也可以是店铺的口号，如包你满意、美人衣橱。

② 店铺动态。定时更新促销打折信息，如近期全场商品有几折优惠，有哪些宝贝在打折，几号有上新宝贝等信息，满 2 件包邮、全场五折、红包等你拿。

③ 主营宝贝。就是店铺的主要经营宝贝以及主要风格，如女装、女鞋，就属于主要经营宝贝，而民族、复古女装、森系女装等就是宝贝的主要风格。总之，要想尽一切办法把店铺主要宝贝的风格类型写出来。

店铺简介具体实例如图 2-17 所示。

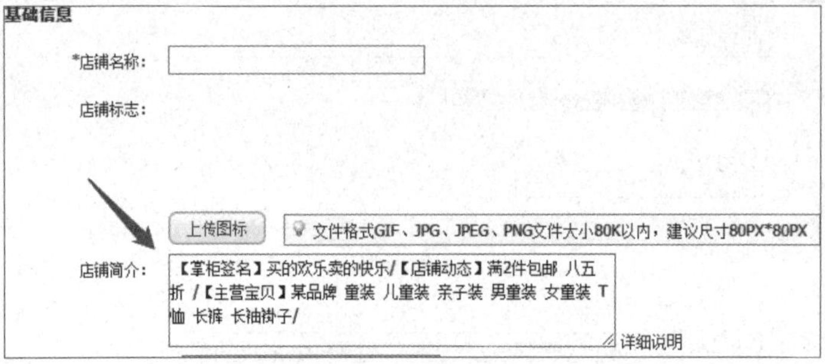

图 2-17　店铺简介

（2）设置经营地址。经营地址需要填写真实的地址，因为后期有可能涉及退换货服务，如果地址不正确，有可能收不到退回的快递。

课程思政

《互联网信息服务管理办法》

主要规范互联网信息服务相关主体和行为。该办法规定，互联网信息服务分为经营性和非经营性两类，经营性互联网信息服务是指通过互联网向上网用户有偿提供信息或者网页制作等服务活动。国家对经营性互联网信息服务和非经营性互联网信息服务分别实行许可制度和备案制度。从事经营性互联网信息服务，应当向省、自治区、直辖市电信管理机构或者国务院信息产业部主管部门申请办理互联网信息服务增值电信业务经营许可证。新闻、出版、教育、卫生、药品监督管理、工商行政管理和公安、国家安全等有关主管部门，在各自职责范围内依法对互联网信息内容实施监督管理。

4. 撰写店铺介绍

店铺介绍与店铺简介大致相同，只不过更详细一些，其内容不得少于 10 字，且不得多于 25 000 字。主要内容有店铺名字、主营产品、店铺产品优势和特点等。在编写时要注意以下几点：①文字精辟简洁；②内容不能与店铺相背离；③可适当加入一些产品关键字；④简单易懂突出品牌概念；⑤不要掺杂符号；⑥使用的图片要根据自己店铺的风格来定，不要乱搭配。以下是店铺简介的一些常用写法。

（1）简洁型的淘宝店铺介绍书写方式。只写上一句话或一段话，再加上淘宝平台默认名片式的基本信息和联系方式。例如：

① 欢迎光临本店，本店新开张，诚信经营，只赚信誉不赚钱，谢谢！

② 本店商品均属正品，假一罚十信誉保证。欢迎广大顾客前来放心选购，我们将竭诚为您服务！

③ 本店专门营销 ×× 商品，假一罚十信誉保证。本店的服务宗旨是用心服务，以诚待人！

（2）消息型的淘宝店铺介绍书写方式。就是将店铺最新的优惠活动发布到淘宝店铺介绍里，这种类型很有可能吸引喜欢优惠活动的新买家，如果是时间段优惠，还能促使买家下定决心，尽快购买。

（3）独特型的淘宝店铺介绍书写方式。可以把产品的优势、服务的优势或者店铺的特点写出来，自己创造广告语。比如写一首幽默的打油诗。

（4）详细型的淘宝店铺介绍书写方式。不可能知道每个买家到你的淘宝店铺介绍页面想了解什么，可以考虑把所有的内容都写进去。比如购物流程、联系方式、物流方式、售后服务、温馨提示等。但是一定要花时间好好排版。内容多，字号不能太大，正常字号就可以了，然后一段内容的标题要加粗或者加上颜色。比如将标题“售后服务”加粗，售后服务的内容则用正常字体，这样每段内容配上一个醒目的标题，买家一点进淘宝店铺介绍，第一眼看见的便是几个加粗的标题，能很快找到自己想了解的内容。

（5）参照别人的书写方式。多看一些皇冠店铺或者钻石卖家是怎样写店铺介绍的，或者有时间的话去街上逛逛，收集一些实体店的店铺介绍，再结合自己的情况，写出适合自己淘宝店铺的介绍。

5. 确定主要货源

在店铺的基础设置中，主要货源可以选择来自线下批发市场、实体店拿货、阿里巴巴批发、分销 / 代销、自己生产、代工生产、自由公司渠道。如果暂时没有确定货源渠道，也可以选择货源还未确定。

（1）分销平台。分销平台是淘宝提供的一个平台，供应商可以在这里招收代理，卖家可以在这里寻找商业伙伴。卖家需要做的是将商品信息从平台下载到店铺，进行标题修改，然后销售商品，无须发货，有买家下单后可直接到分销平台对供应商下单，省时省力。需要注意的是，选供应商是有技巧的，供应商选好了，你的店铺才可能做好，具体要注意以下几点。

① 商品图片上不要到处都是供应商的品牌名、标识、地址等内容，这类供应商的目的是宣传自己的品牌。

② 经常复制标题到淘宝搜索查看市场价，很多供应商有天猫店，如果拿货价跟天猫店的售价一样，或者利润极低，这类供应商就可以忽略不计。

③ 在淘宝搜索的时候查看宝贝的评价，一定要把质量差的宝贝过滤掉，否则店铺迟早会因评分过低而倒闭。

以上三点要求都满足的商品，需要到供应商的QQ群，或者通过其他方式，从其他代理商那里了解这家供应商的发货速度和售后情况。

（2）阿里巴巴。阿里巴巴作为国内第一大B2B网站，提供了海量厂家及商品供大家选择。在这里寻找供应商也需要通过销量、评价、价格等因素进行选择。有一点需要注意，购买产品之前如果自己没能力拍图片，先同供应商联系好，由他们提供图片。

（3）线下批发市场。在批发市场选货不能着急，要多去几次，每次多问几家。最好要有自己的主见，如果自己没主见，就找个业务行家多学习请教，选什么样的款，什么样的商品流行，这些自己都要清楚，不能完全相信批发商的推荐，详细了解之后再做决定。

（4）工厂代加工。如果有资本，工厂代加工是比较好的选择。找一些大品牌的代加工工厂，仅需支付一定的费用，几万元到几十万元不等，就可以生产出一批完全属于自己的品牌商品，无论是从质量还是从价格来说，都是比较占优势的。但是找工厂代加工要考虑的事情也很多，例如用什么布料好，每件衣服用多少布料，可以剩多少边角料，边角料如何废物利用……掌握好了可能就会是几万元的成本差。

2.1.4 发布商品

商品发布是新手开店必做的工作，商品发布要有固定的时间安排，切不可随心所欲地进行商品的上下架。如何发布商品才能快速出单？我们还需要详细了解商品上新发布的技巧、发布的流程和注意事项。

1. 确定商品类目

使用账号登录到淘宝，单击页面顶部右侧的“卖家中心”链接，进入千牛卖家工作台页面，在页面左侧找到“宝贝管理”选项，单击其后边的“＞”号，在弹出的菜单中单击“发布宝贝”选项，打开图 2-18 所示页面。类目选择一定要准确，发错类目会影响客户发现商家的宝贝，还有可能触犯淘宝规则，受到处罚。图 2-18 以女装为例，说明如何逐级确定宝贝发布的类目。设置完成后单击“我已阅读以下规则，现在发布宝贝”按钮进行后续设置。

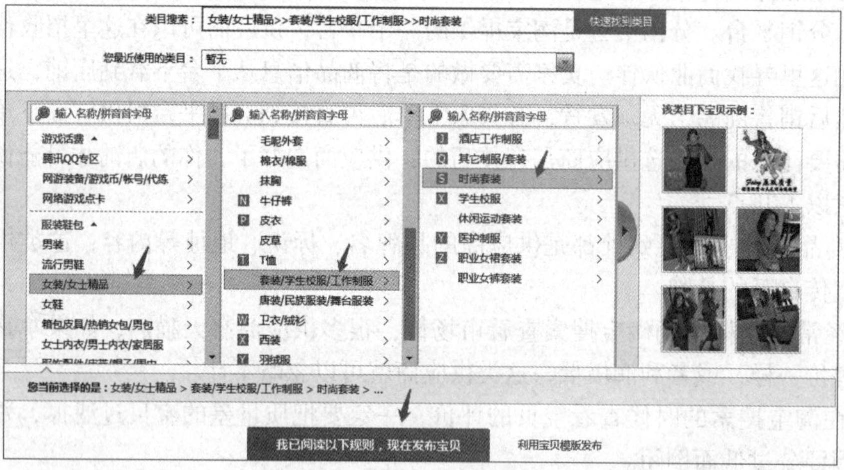

图 2-18 商品发布类目设置

2. 填写商品基础信息

填写商品信息时，要注意商品标题、属性填写准确完整，商品标题是信息内容的浓缩，表述清晰且包含关键信息的标题能让买家更容易掌握商品具体情况，所以标题要精心设计。但标题最长不能超出 30 个汉字，如图 2-19 所列出的标题“2019 春季新款韩版简约甜美小清新宽松牛仔外套 + 高腰半身裙两件套”，尽可能对商品进行描述，可以让买家在搜索时能够快速发现这款商品，并产生兴趣。

商品类型为全新或二手。类目属性可通过项目下拉菜单进行选择，菜单中没有列出的，可单击“申请”按钮进行申请加入，带红色“*”号的为必填项，材质、货号、上市年份/季节、成分含量等信息如图 2-20 所示。采购地也是必选项，可选国内、海外等。

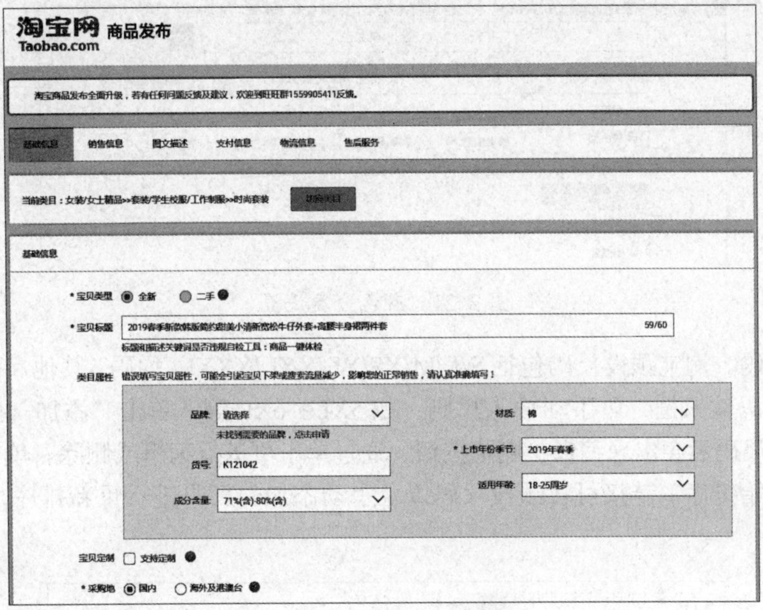

图 2-19　商品基础信息

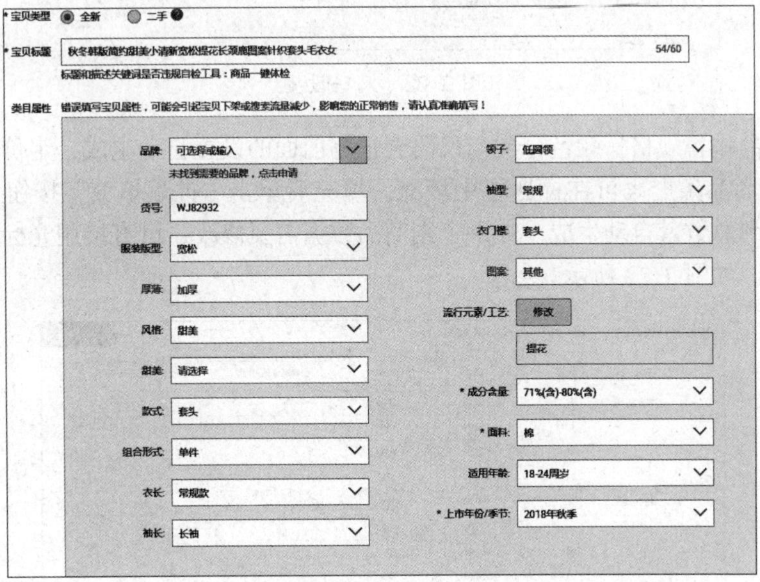

图 2-20　类目属性设置示例

3. 填写商品销售信息

（1）颜色分类。单击颜色输入框后，系统会自动出现色系分组，选择了色系之后，单击选择具体的颜色；单击备注框，填写补充说明，如偏深、偏浅等；单击“上传图片”按钮上传相应颜色的商品图片，要先把图片上传到空间里，本地上传也可以，如果是分销，则可以找分销商要图片。上传后的图片若不合适，可单击“删除图片”链接之后重新上传，如图 2-21 所示。

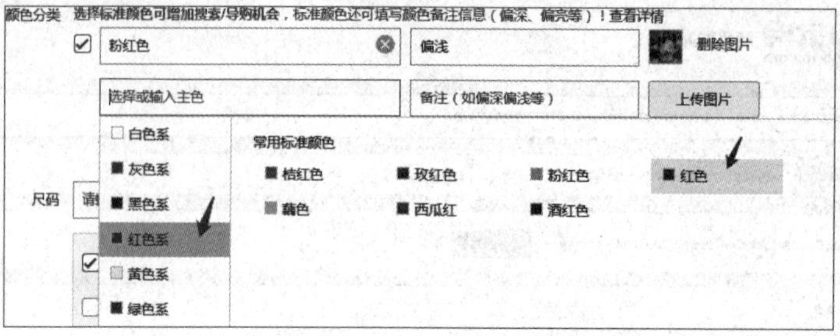

图 2-21 颜色分类设置

（2）尺码。淘宝预设尺码包括 S/L/M/XS/XL/XXL/XXXL/ 均码 / 其他尺码，单击可勾选；在尺码输入框，可手动输入尺码，如 5XL、6XL 等，单击“添加”按钮可添加尺码。添加尺码后会出现编辑、删除按钮，通过单击可进行编辑或删除。单击尺码设置底部的“开始排序”链接可将预设尺码以及手动添加的尺码进行重新排序，如图 2-22 所示。

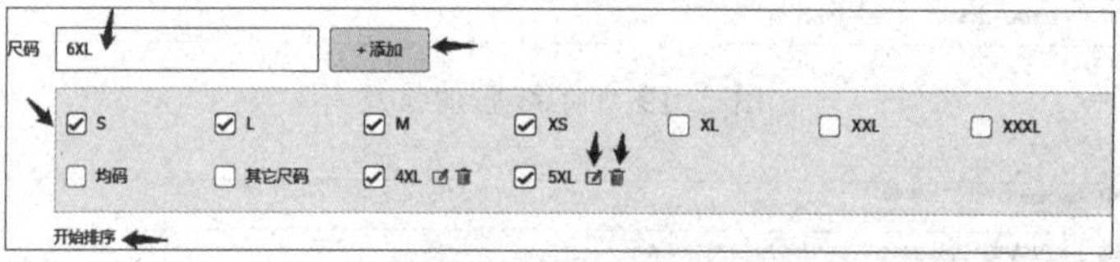

图 2-22 尺码设置

（3）商品销售规格。颜色分类与尺码会根据前面的设置自动生成，定价、数量、商家编码以及商品条形码可在标题栏中填充，填充后单击“批量填充”按钮进行全部填充，一口价和总数量自动生成。如果个别商品数据需要修改，可直接用光标选取相应数据进行修改，如图 2-23 所示。

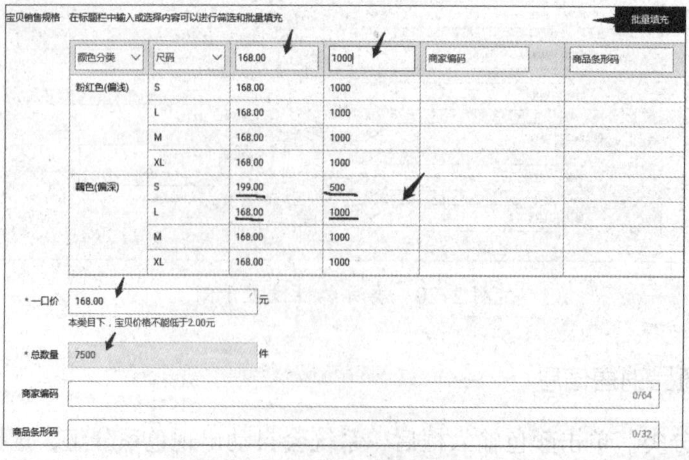

图 2-23 销售规格设置

（4）图文描述。图文描述包括以下几个方面。

①计算机端宝贝图片。前四张为宝贝主图，大小不能超过 3MB，700 像素 ×700 像素以上图片上传后宝贝详情页自动提供放大镜功能。第五张要求平铺白底图，商品白底图可增加手淘首页曝光机会，如图 2-24 所示。

图 2-24　上传宝贝图片

第五张商品白底图发布规范要求，示例如图 2-25 所示。

- 图片尺寸：正方形，图片大小必须 800 像素 ×800 像素，分辨率 72dpi；
- 图片格式及大小：JPG 格式，300k 以内；
- 图片中商品主体完整，撑满整个画面，不要预留边距；
- 商品是正方形的，四面顶边；
- 商品是长方形的，上下顶边，左右居中；
- 商品是横版的，左右顶边，上下居中；
- 背景必须是纯白底，最好将素材抠图、边缘处理干净，无阴影，不能有多余的背景、线条等未处理干净的元素；
- 无标识、无水印、无文字、无拼接、无“牛皮癣”；
- 不可利用模特拍摄，不能出现人体任何部位，如手、脚、腿、头等；
- 必须是平铺或者挂拍，不可出现衣架（衣架的挂钩也不可以）、假模、商品吊牌等；
- 商品需要正面展现，尽量不要侧面或背面展现，主体不要左右倾斜；
- 图片美观度高，品质感强，商品展现尽量平整，不要褶皱；
- 构图明快简洁，商品主体清晰、明确、突出，要居中放置；
- 每张图片中只能出现一个主体，不可出现多个相同主体。

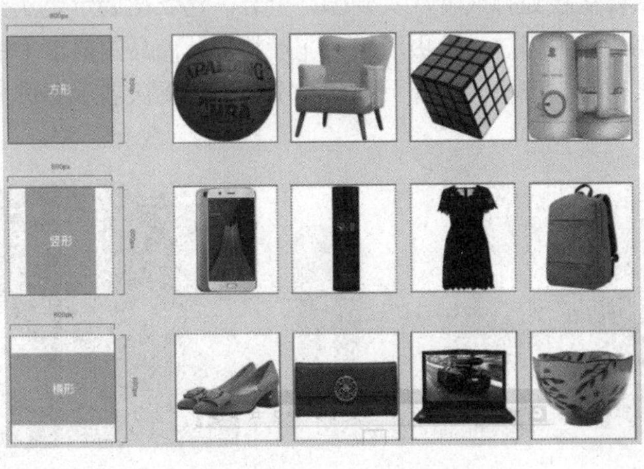

图 2-25　白底图发布规范

② 制作上传主图视频。将自由拍摄或从本地导入的视频选取好，对视频进行剪辑，视频上传到本地，单击图 2-26 中的“选择视频”进行视频上传。主图视频目前支持 3∶4、1∶1、16∶9 比例的视频；时长不大于 60 秒，30 秒以内短视频可优先在“爱逛街”等推荐频道展现；内容要突出商品 1～2 个核心卖点，不建议使用电子相册式的图片翻页视频。

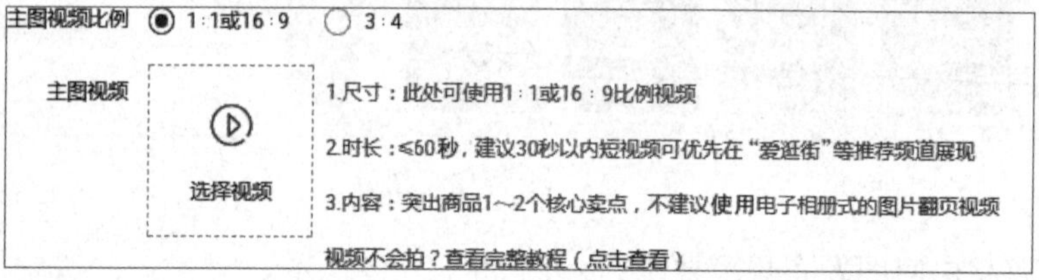

图 2-26　上传主图视频

③ 宝贝长图。长图横竖比必须为 2 ∶ 3，最小尺寸为 480 像素 ×720 像素，建议尺寸为 800 像素 ×1 200 像素，要求为实拍图片，无“牛皮癣”，无拼图，抠图 PS 需表现自然，不得出现水印，不得包含促销、夸大描述等文字说明，该文字说明包括但不限于秒杀、限时折扣、包邮、* 折、满 * 送 * 等。图 2-27 为宝贝长图上传后的效果。

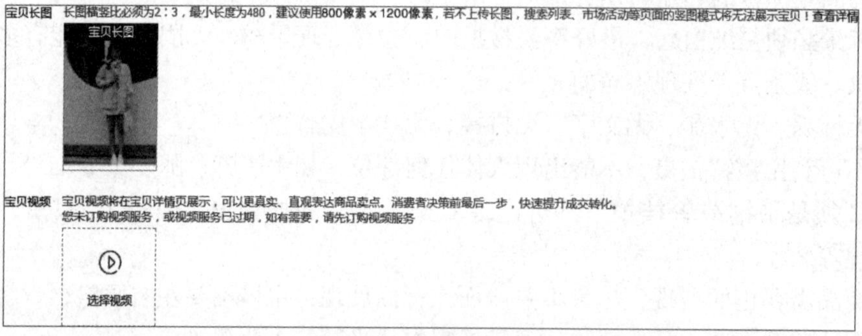

图 2-27　上传宝贝长图

长图可以是单人模特图（情侣装除外），要求模特居中、展示正脸、尽量全身展示，裤装、半身裙展示要从腰到脚或者从头到脚，上装、连衣裙展示要从头到脚或者从头到膝盖，套装展示要从头到脚。如拍摄风格为非模特图，商品图要求平铺不可以折叠。若不上传长图，搜索列表、市场活动等页面的竖图模式将无法展示宝贝。正确宝贝长图如图 2-28 所示。

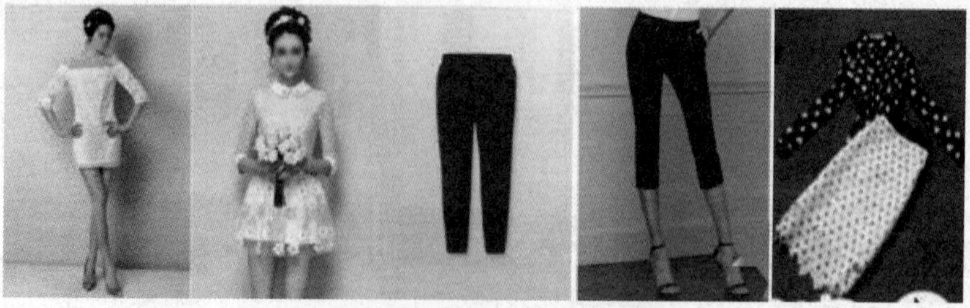

图 2-28　正确宝贝长图示例

④ 计算机端描述。商品描述分为计算机端和手机端两种类型。计算机端描述可以使用文本编辑、旺铺详情编辑器来完成。如图 2-29 所示为使用文本编辑的计算机端描述。计算机端描述能够编辑文本，设置文本格式、字体、文本大小等，还可以单击“插入图片”按钮插入图片。

图 2-29 使用文本编辑的计算机端描述

选择使用旺铺详情编辑器，进入如图 2-30 所示的淘宝神笔宝贝详情编辑器界面，单击“立即使用”按钮，可以使用大量免费模板，能够非常方便地对宝贝进行详情描述。

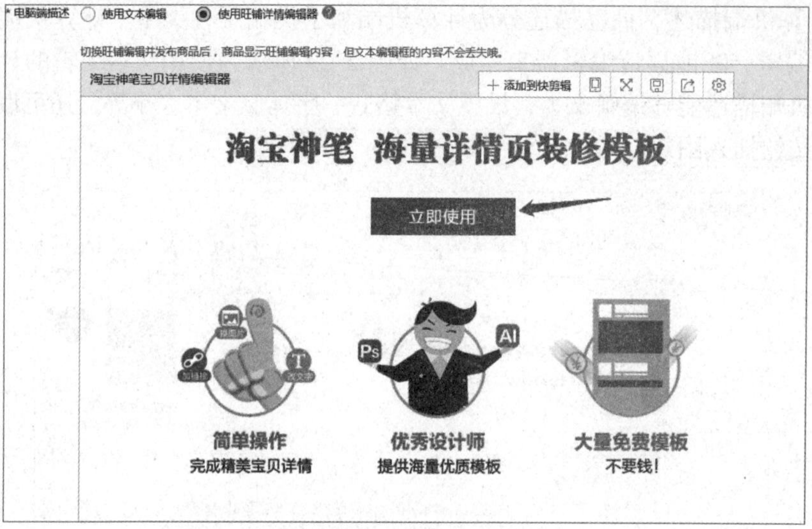

图 2-30 使用旺铺详情编辑器的计算机端描述

⑤ 手机端描述。手机端描述同样可以使用文本编辑和旺铺详情编辑器。图 2-31 和图 2-32 分别为选择使用文本编辑和旺铺详情编辑器的操作界面。

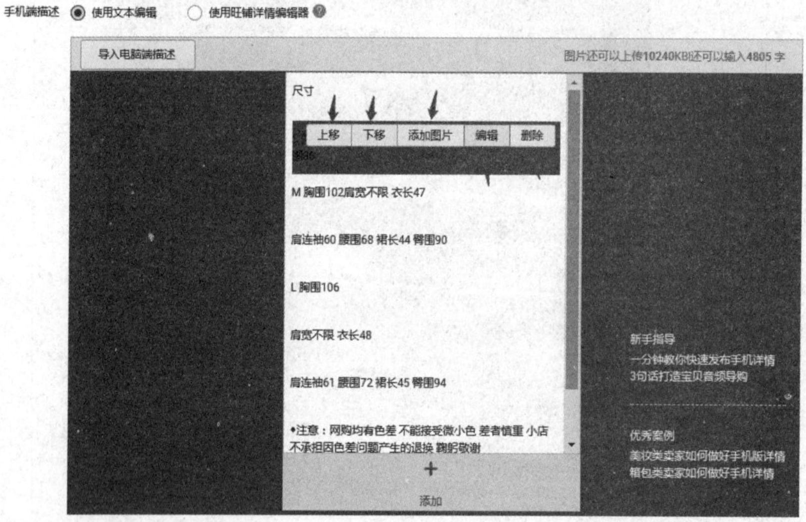

图 2-31 使用文本编辑的手机端描述

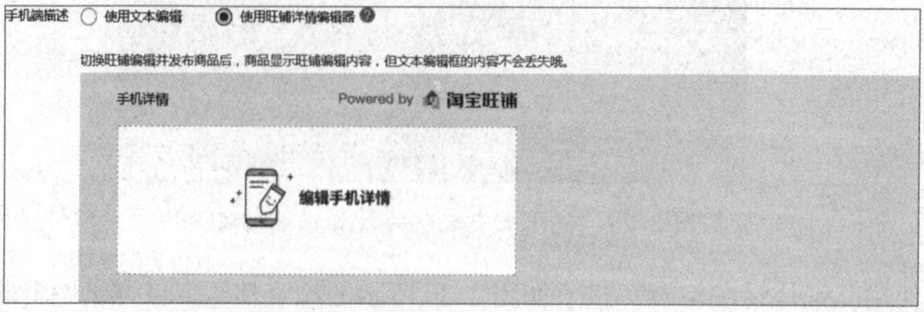

图 2-32 使用旺铺详情编辑器的手机端描述

⑥ 店铺中分类。最多支持选择10项分类，单击下拉按钮查看店铺分类并进行勾选，如图 2-33 所示。

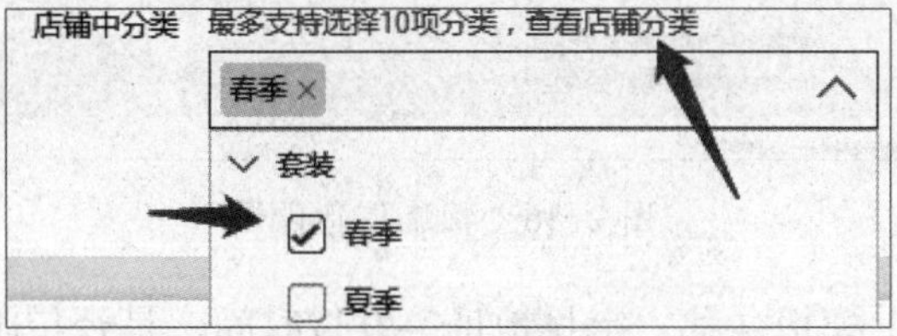

图 2-33　设置商品分类

如果没有进行分类，可单击“查看店铺分类”链接进入分类管理页面，进行添加分类，如图 2-34 所示。

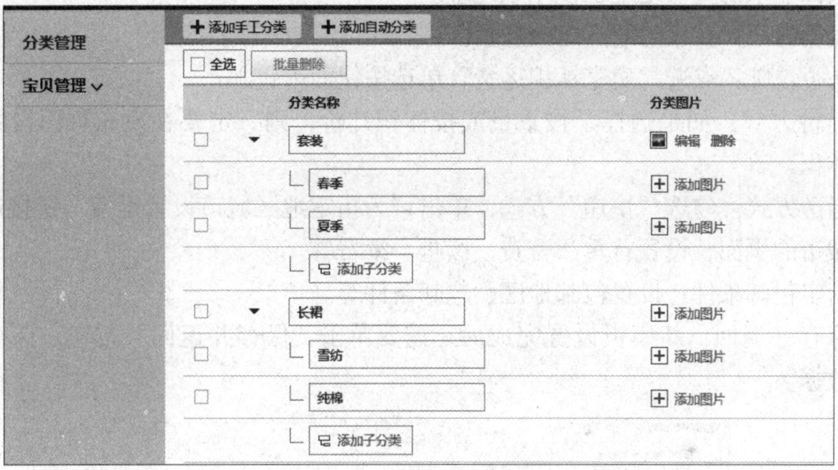

图 2-34　商品分类管理

⑦ 支付信息。付款方式选择为“一口价”，就是针对卖家的定价，人们觉得合适就买，不合适就不买，没有谈价的余地。淘宝预售就是通过消费者先支付卖家设置的定金，然后在一定期限内再付尾款，卖家就可以发货的一种销售方式。当然，如果买家付了定金但却没有付款，定金一般是不予以退回的。库存计数可选择为买家拍下减库存或买家付款减库存，如图 2-35 所示。

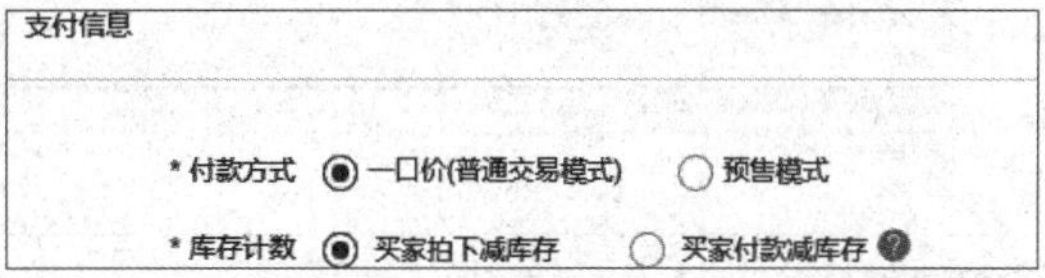

图 2-35　支付信息设置

⑧ 物流信息。勾选“使用物流配送”复选框，对运费模版进行编辑或自己新建运费模板。运费模板就是为一批商品设置同一个运费。当需要修改运费的时候，这些关联商品的运费将一起被修改。单击图 2-36 所示的“新建运费模板”按钮，可创建新的运费模板。

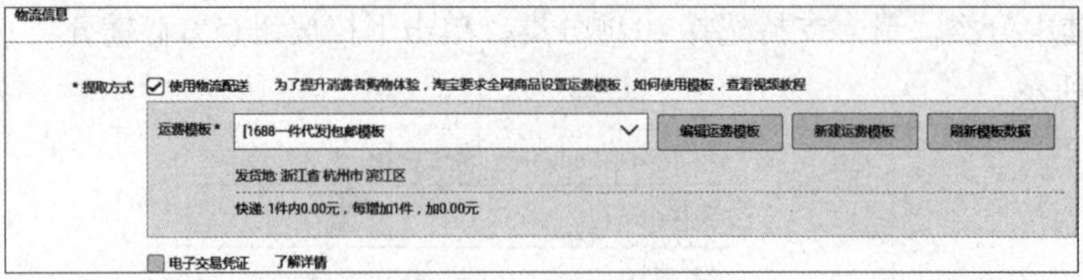

图 2-36　物流信息设置

新增运费模板时，模板名称、宝贝地址、发货时间、是否包邮、计价方式、运送方式等信息都必须填写，不能为空，如图 2-37 所示。

- 模板名称：用于识别不同的运费模板，对运费没有影响，只是一个名称。
- 宝贝地址：宝贝地址设置之后，宝贝详情页面运费信息处会显示该地址，且搜索页面显示的宝贝地址也使用该地址。
- 发货时间：在该时间点之内发货。
- 是否包邮：点选“卖家承担运费”单选按钮即为包邮。
- 计价方式：如果选择了按重量或按体积计价，则一定要在发布页面设置重量或体积。
- 运送方式：勾选“快递”方式，单击“为指定地区城市设置运费”链接进入编辑城市的页面，设置首重、首费、续重、续费等。
- 指定包邮条件：设置包邮地区、包邮条件等。
- 保存并返回：新模板设置完成后，需要单击“保存并返回”按钮，保存设置的数据。

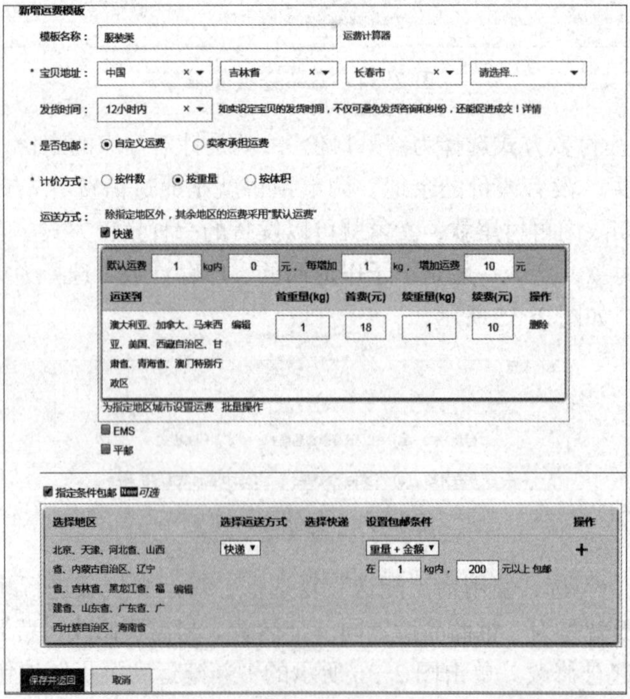

图 2-37　新增运费模板

在物流信息设置框单击运费模板下拉按钮，在下拉菜单中选择“服装类”选项，单击“刷新模板数据”按钮可以见到刚刚设置的物流数据，如图 2-38 所示。

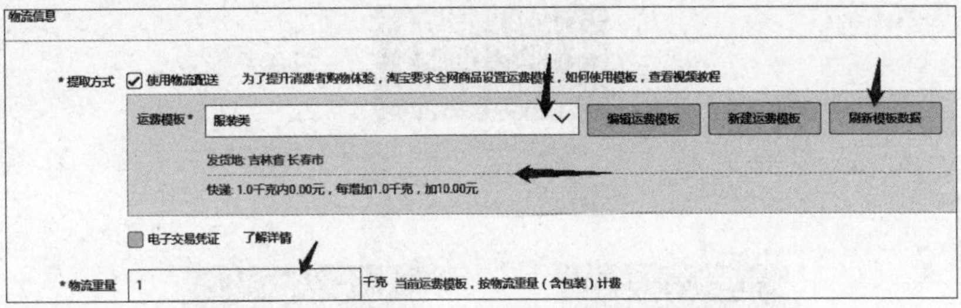

图 2-38　刷新模板数据

⑨ 售后服务。完善售后服务信息，宝贝上架时间可根据店铺实际情况选择立刻上架、定时上架或放入仓库，如图 2-39 所示。

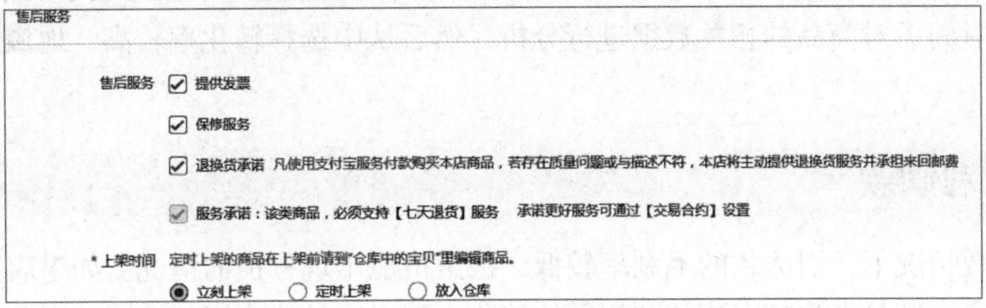

图 2-39　售后服务设置

2.2 店铺商品结构规划

在网店运营过程中，合理的商品规划是保证后续商品定价、营销推广等工作顺利开展的基础。卖家应该根据不同的目的对店铺内的商品进行合理的规划与分类，确定好哪些商品是带动店铺人气的，哪些商品是集中赚取利润的，然后对不同性质的商品采取不同的营销策略。

2.2.1 引流款

流量对网店的重要性不言而喻，高转化率、高销量的商品更容易在搜索结果中获得靠前的排名。店铺必须由每天销量较高的单品来拉动人气，帮助提升排名，以抢占更优质的搜索流量入口。这样的商品扮演的就是为店铺吸引流量的角色，即所谓的“引流款”。很多店铺在运营初期往往会陷入一种尴尬的境地，店铺的基础工作已经完成，商品也已全部上架，但商品就是卖不动，只有少量的订单。这时卖家就需要打造一个引流款来走出这种困境。引流款的主要作用是带动店铺的整体流量和人气，提升店铺销量，也就是我们通常所说的“爆款”。一般来说，一个店铺内至少要有一个引流款，具有一定实力的卖

微课4

家可以打造多个引流款，形成爆款群。引流款是目标客户群中绝大部分买家都能接受的商品，而非小众商品，它需要具备图 2-40 所示的特点。

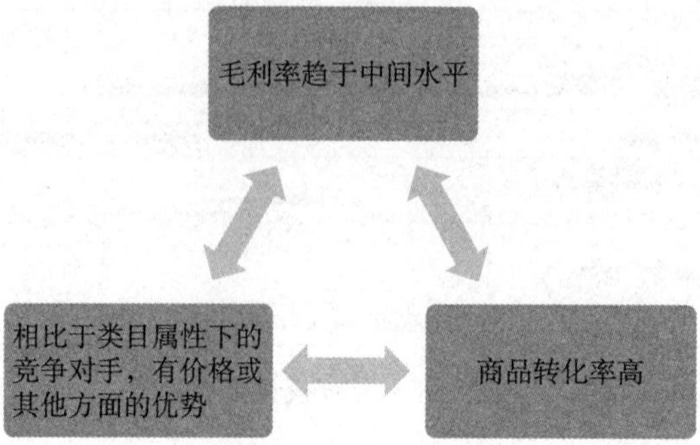

图 2-40　引流款的特点

在选择引流款时，卖家需对店铺内的商品进行测试。先给予商品较小的推广流量，销售一段时间后对商品的相关数据进行分析，然后从中选择转化率较高、地域限制较小的商品。

2.2.2 利润款

在多数情况下，引流款的毛利率较低，甚至可能出现亏损的情况。如果店铺内没有其他商品产生销量来弥补引流款利润低的缺陷，就很容易造成店铺亏损。因此，确定了引流款之后，店铺要有能与之配合的商品以获取更多的利润，也就是所谓的利润款。利润款的主要作用是帮助店铺提高盈利，这种类型的商品在店铺中可以多一些，以丰富店铺的商品线，让买家有更多的选择。利润款要拥有较高的性价比，这样即便这些商品的价格比引流款高，只要性价比高，高出的这部分价格也不会影响买家的购买决定。

利润款针对的是目标消费群体中特定的小众人群，可以采用人群定向推广。利润款在前期选款时对数据挖掘的要求会很高，卖家需要对这部分特定的小众人群的消费心理进行精准的分析，以掌握他们喜欢的商品款式、设计风格、价格区间、商品卖点等，进而选出符合其真实需求的利润款。

2.2.3 活动款

活动款就是店铺中用于做活动的商品。在确定活动商品前，卖家首先需要明白店铺开展活动的目的，是清库存、冲击销量，还是让买家体验品牌。如果店铺开展活动的目的是清库存，就可以选择一些款式陈旧、型号不全、销量不高的商品作为活动款。这样的商品必然会降低买家对品牌的体验，那么降低商品价格就是弥补客户心理的一种很好的方法，如一些品牌开展的“尾货 1～3 折抢购”活动。如果店铺开展活动的目的是冲击销量，完成相关业绩指标，那么在选款时，卖家要注意保证商品的品质，切勿让买家在活动中产生不良的购物体验。

如果店铺开展活动的目的是让买家体验品牌——这也是活动款最重要的作用，那么卖家可以参加聚划算、天天特价等各种活动。若店铺的复购率仍然非常低，造成这种情况的主要原因就是卖家没有选好活动款。以让买家体验品牌为目的的活动，卖家在选择活动款时应该选择大众款，且为买家提供一定的优惠。如果卖家希望通过活动款来获取利润，就很可能再次走入“非活动不走量”的窘境。卖家应该让活动成为买家感知店铺品牌的一个渠道，在活动期间要放弃商品的利润，让商品成为买家感知店铺品牌的媒介。此外，卖家还要做好后续的售后跟踪服务，这样更有利于提高活动后的复购率。

课程思政

《关于网上交易的指导意见（暂行）》

从网上交易及其参与方、网上交易的基本规则、各参与方的规范行为、网上交易促进等方面提出指导意见，以维护网上交易参与方的合法权益，促进网上交易健康有序发展。

2.2.4 形象款

形象款主要是提高店铺整体品牌调性的商品，通过塑造这种类型的商品，可以让潜在买家在浏览店铺时感觉这是一家专业的、有高端商品的店铺。

形象款的主要作用是满足对商品有较高要求的消费人群，这类人群对价格的敏感度不高，并且清楚地知道自己需要什么样的商品。因此，形象款要在质量、做工、包装、展示等方面区别于引流款、利润款和活动款。在塑造店铺整体视觉效果上，形象款通常可以从商品拍摄风格、商品定价来入手，营造出“大牌”的感觉。

在选择形象款时，卖家应当选择一些高品质、高调性、高客单价的小众商品。一个店铺内可以有 3～5 个形象款，它们针对的是目标客户群体中的细分人群。形象款应占商品销售中的极小部分，卖家可以仅保留线上商品处于安全库存状态，目的就是提升品牌的形象。

2.3 商品卖点的提炼与设计

要想让自己的商品从众多竞争商品中脱颖而出，卖家就要展示出自己商品独特的卖点。所谓卖点，指商品所具有的与众不同、别出心裁的特点或特色。这些特点或特色是买家购买商品的理由，而最佳的卖点就是买家最强有力的消费理由。为商品寻找、挖掘与提炼卖点，是每位卖家必须仔细研究的问题。

2.3.1 提炼商品卖点的原则

对电商平台经营者来说，竞争对手分析、目标人群分析和商品自身分析是数据分析的三个方面，运营过程中遇到的问题均可以从这三个方面寻找原因。例如，某款商品的流量明显下降，卖家就可以从以上三个方面进行分析：是由于竞争对手的价格更低、目标人群的需求量减小，还是商品出现了中差评。依照这样的思路进行分析，卖家可以快速找到原因并解决问题。同样，在分析商品卖点时，卖家也可以从这三个方面入手，如表 2-1 所示。

表 2-1 分析商品卖点的方法

卖点分析方向	分析角度	具体分析内容
竞争对手分析	竞争对手商品分析	对竞争对手的商品主图、商品描述、商品评价等进行分析
	差异化分析	寻找与竞争对手的差异之处，但不要因为差异而差异，要求同存异
目标人群分析	满足目标人群需求	尽可能满足目标人群的不同需求，同时要能够找到目标人群新的需求点或痛点
	符合目标人群特点	分析目标人群的年龄特点，示例如下。 18～22 岁学生：求新、求奇、求玩。 22～27 岁打工族：求实、求优。 27～33 岁白领：求质、精致、大气
店铺商品分析	体现商品优势	可以从以下几个方面寻找切入点：款式、花式、风格、配件、颜色、品质、功能、规格、结构、造型等
		寻找商品的创新点
	体现店铺定位	符合店铺档次
		符合店铺风格

由此可见，商品卖点需要具备三个特点，即提炼商品卖点的三个原则，如图 2-41 所示。

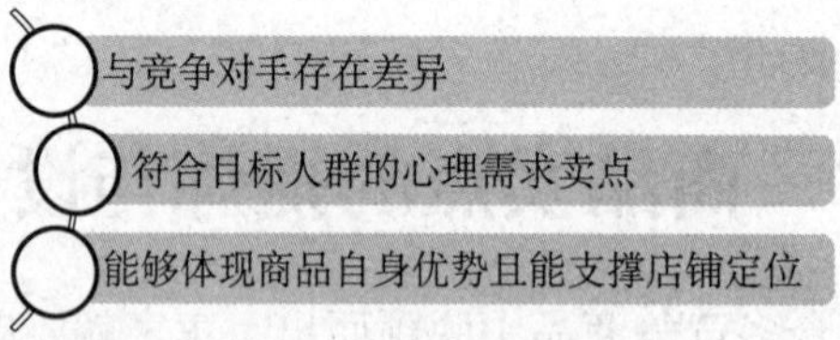

图 2-41 商品卖点

2.3.2 提炼商品卖点的方法

商品的卖点一定要能体现出商品本身的价值，而商品的价值由使用价值和体验价值构成，其中使用价值可以分为可用性和功能性，体验价值可以分为情感性和内容性。因此，可用性、功能性、情感性、内容性也就构成了商品的四个要素。在提炼商品卖点时，卖家就可以从这四个要素寻找切入点，如图 2-42 所示。

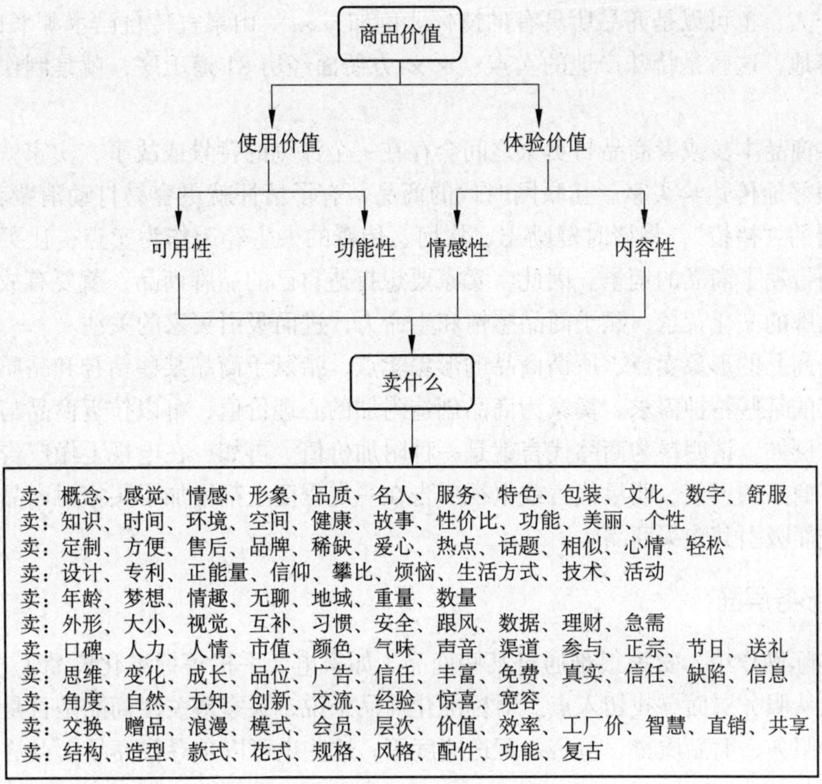

图 2-42　商品卖点提炼的要素

下面将从商品本身、服务层面和商品概念三个方面举例介绍提炼商品卖点的切入点。

1. 商品本身

对非标准化商品来说，来自商品本身的特点是提炼卖点的第一切入点，如商品的材料、功能、设计、背景、形象等。

（1）商品的材料卖点。商品的材料卖点指商品因制作材料、材质独特而形成的特色。例如，很多卖家销售的面膜，有的是蚕丝的，有的是纳米材料的，这就是材料上的差异和卖点。

（2）商品的功能卖点。买家购买某种商品主要为了获得该商品的某种功能，所以功能差异化是打动买家购买商品的关键因素。例如，衣服可以分为时尚、休闲、保暖、轻便等，面膜可以分为保湿、祛痘、美白、祛斑等。

（3）商品的设计卖点。商品的设计卖点指商品在风格设计、商品整体形象、外形包装等方面所具有的差异性。例如女装，针对不同的年龄阶段或不同的兴趣爱好，有古典、潮流、时尚、小清新等不同的设计风格，以满足不同的市场需求。

此外，在商品包装上体现出个性、时尚的风格，也可以成为商品的闪光点，让买家购买一次就能记住自己的商品，进而成为商品的核心卖点。

（4）商品的背景卖点。商品的背景卖点可以是特殊的产地、特殊的制作工艺、特别的制作人，也可以是商品所具有的情怀。例如，××山泉宣传自己水源来自长白山、千岛湖等地，这就是特殊产地的卖点；××方便面经历81道工序，就是制作工艺上的卖点。

一些商品本身或者商品与卖家之间会存在一个深刻的背景或故事，卖家就需要将这个故事很好地传达给买家。互联网时代的商品，有了情怀就更容易打动消费者。例如，曾经火爆的“褚橙”，将褚时健励志、坎坷、传奇的人生经历作为卖点，让买家产生共鸣，从而带动了商品的销量。因此，卖家要想打造自己的品牌商品，就要有故事，将故事作为品牌的文化背景，赋予商品感情和生命力，进而吸引买家的关注。

（5）商品的形象卖点。所谓商品的形象卖点，指赋予商品某些精神和品质形象，以满足买家的某些精神需求。卖家为商品创造附加的心理价值，可以拉近商品与买家的情感联系。例如，请明星为商品代言就是一种附加价值。再如，在电视上做广告也是向大众传达了商品的形象。明星代言或电视广告在一定程度上都增加了买家对商品品质的信任度，进而吸引其购买商品。

2. 服务层面

在实际操作中，卖家很难通过某些商品（如家电、手机等标准化商品）寻找卖点，这时可以从服务层面寻找切入点。对标准化商品来说，买家最关注商品是否是正品、售前与售后服务、商品质量、包装、配送速度等，这些也可以是寻找商品卖点的切入点。

3. 商品概念

如果从商品本身、服务层面都不容易找到卖点，那么卖家可以创造一种独特的概念（如王老吉的“凉茶”概念等），将自己与竞争对手区分开来。再如枸杞，大多数卖家宣传的卖点是个头大、味道甜、产地在宁夏等，但这些卖点的竞争非常激烈，卖家基本上都是靠价格竞争，所以这类商品很难卖高价。很多卖家在商品详情页中大多描述枸杞的产地、功效、果实大小、味道等，没有其他吸引点。于是有的卖家便另辟蹊径，从生产技术上入手，挖掘枸杞产品的新卖点。这款枸杞产品也是干果，却采取专利技术，让干果富有新鲜枸杞的口感，是一款具有鲜度的枸杞。同样，卖家还可以从其他方面挖掘卖点，如枸杞美容茶、枸杞养生茶等，有很多可发挥的余地。

2.4 商品价格的制定

对于网店商品而言，商品定价需要考虑多个因素，包括市场环境、销售策略、商品形象、经销路线和消费者心理等，技巧性的商品定价对转化率和销售额都会起到积极的影响。

2.4.1 商品定价需要考虑的因素

在不同的定价环境中，商品价格需考虑的影响因素也不一样，下面分别对各种因素进行介绍。

微课5

1. 市场环境

市场环境是对商品价格影响较持久的一种因素，消费环境、市场性质、商品发展等都会影响市场环境，市场环境的变化直接导致商品价格的变化。同时，商品价格在很大程度上影响着消费者的购买意愿和购买数量，很多卖家为了扩大市场会选择低价策略，这便造成了商品之间的定价竞争。但是无论是市场环境变化导致的价格变动，还是同行竞争引起的价格变动，商品本身的质量都是商品定价的基本前提。

2. 销售策略

商品价格通常具有多样性，部分商品的价格常年维持在一个平稳的区间，部分商品的价格却会随着销售环境的变化而变化。以电子产品为例，同一款商品，在推出初期时价格较高，随着时间的变化，会逐步调整其价格。

3. 商品形象和品牌

商品形象和品牌也是影响定价的重要因素，商品形象好，品牌知名、口碑好的商品在定价上有一定的价格优势，也容易被消费者接受。

4. 经销路线

商品从生产厂到消费者手中，中间可能经过一个或多个中间商，每一层中间商都会对商品进行加价，然而这种加价应建立在公平合理的基础上，涨幅不可过大。

5. 消费者心理

对消费者心理进行分析也是一种定价方式，如“整数定价”“尾数定价”“折扣定价”等都属于根据消费者心理而采取的定价策略。

2.4.2 商品定价策略

对商品定价时，卖家一定要做到“心中有数”，这样才能有效控制盈亏。因此，给商品定价也要讲究策略，这样才能借助巧妙的定价来吸引买家，提高转化率。

1. 组合定价法

组合定价指将店铺中相互关联的商品组合在一起来定价，而组合中的商品最好同属于一个大类别。例如，女装就是一个大类别，在它下面又有许多品类群，包括连衣裙、衬衣、裤子、T恤等，可以将这些品类群组合在一起定价。这些商品的组合定价会受到不同品类群中商品的成本差异，买家对这些商品的不同评价，以及竞争者的商品价格等因素的影响。商品组合定价可以细化分为以下三种类型。

知识链接

竞争对手营销策略分析

商家正式开展运营前，对竞争对手选品、定价、渠道推广、促销活动及店铺装修的分析也是非常重要的，可利用生意参谋和百度指数进行市场分析。

（1）商品大类组合定价。商品大类组合定价是指对一组相互关联的商品，依照每个商品的不同特色确定不同的价格。在定价时，一般要分析各种商品成本之间的差额、买家对商品的评价、竞争者的价格，如果此时这两个商品的成本差异小于原价格差额，店铺的利润就会增加。

商品大类组合定价的步骤：首先，确定某种商品的最低价格，它在商品大类中充当领袖价格，以吸引买家购买商品大类中的其他商品；其次，确定商品大类中某种商品的最高价格，它在商品大类中充当品牌质量和收回投资的角色；最后，对商品大类中的其他商品分别依据其在商品大类中角色的不同而设定不同的价格。在这个过程中，卖家要根据商品质量差别来使价格差别合理化。

学而思

店铺导航条的作用是什么？

导航条就是让顾客可以清楚、快速地找到自己所要找的东西的类目，而卖家可以把自己要表达的重要内容添加在导航条里，就像实体店里这边是日用品，那边是食品区，而另一边是促销品。

（2）连带商品组合定价。连带商品又称互补商品，是指需要与其他商品配合使用的商品。在运用连带商品组合定价的过程中，要有意识地降低连带商品中购买次数少、买家对降价比较敏感的商品价格，提高连带商品中那些消耗较大、需要多次重复购买、买家对其价格提高反应不太敏感的商品价格。以销售手机配件的店铺为例，其商品包括钢化膜、手机壳、数据线、移动电源等。相对来说，移动电源的需求量较小，买家购买的次数较少，所以一旦降价或涨价，买家会有比较明显的感觉；而钢化膜、手机壳、数据线等消耗较大，买家购买的次数较多，因此即使价位有所提高，买家可能也不会特别在意，毕竟这些商品的价位一般不会太高。

（3）系列商品组合定价。对那些既可以单个购买，又可以与其他商品组合成套购买的系列商品，卖家可以采用成套购买、价格优惠的方法，也就是系列商品组合定价。一方面，商品成套销售可以减少流通费用；另一方面，降价优惠又可以扩大销售。这样就大大加快了流通速度和资金周转速度，有利于提高店铺的经济效益，很多成功的卖家都喜欢采取这种定价方式。

2. 心理定价法

在定价过程中，卖家还要考虑买家在购物过程中追求的某种特殊心理，从而激发他们的购买欲，达到提升商品销量的目的。具体来说，买家的价格心理主要有以价格区分商品档次的心理、追求名牌心理、求廉心理、买涨不买落心理、追求时尚心理、对价格数字的喜好心理等。

（1）分割定价法。对商品进行定价时，如果使用小单位，可以让买家产生一种“拣”到便宜的感觉。因此，可以采用价格分割的方法，尤其是在食品领域，卖家在标价时一般喜欢标出小单位重量的价格，这样给买家一种“很便宜”的感觉。

价格分割有两种形式：一是用较小的单位为商品定价。例如，每千克 1 000 元的人参，定成每克 1 元；普洱茶每斤 300 元，定成 50 克 30 元。二是用较低单位的商品价格比较法。例如，每天少抽一支烟，就可以订一份牛奶。

（2）数字定价法。数字定价法属于心理定价的一种策略。常见的数字定价法如表 2-2 所示。

表 2-2　常见的数字定价法

定价方法	具体定价方法
受欢迎数字法	据调查，商品定价时所用数字的频率依次是 5、8、0、3、6、9、4、7、1。这不是偶然的，究其根源是买家消费心理在起作用。带有弧形线条的数字，如 5、8 等比不带弧形线条的数字有刺激感，容易被买家接受
整数法	对高价位的商品，必须满足客户“一分价钱一分货”的心理需求，而整数价格正好迎合了这种心理
非整数法	又称“差一点法”，就是把商品零售价格定成带有零头结尾，其实这也是一种心理暗示。例如，一件商品的价格原本为 10 元，定为 9.8 元或 9.9 元，可以给消费者一种“便宜”的心理暗示

（3）同价定价法。同价定价法就是卖家将店铺中一些价格相似的商品定成同样的价格进行销售。以前常见的两元店采用的就是这种同价定价法。这种定价方法直接、简单，省掉了讨价还价的麻烦，一些货真价实、需求弹性不大的必需品非常适合采用这种方法。

3. 折扣定价法

网购的买家一般会在不同的购物网站查验同一种商品的价格，所以商品价格是影响买家下单的重要因素。如果商品价格有一定的折扣，就会提升买家购买商品的意愿。

（1）薄利多销定价。薄利多销定价是指在给商品定价时有意识地压低单位利润，以相对低廉的价格刺激买家的需求，扩大市场占有率，争取长时间内实现利润目标的一种定价方法。社会需求量大、资源有保证的商品，可以采用这种定价方法。

（2）数量折扣定价。数量折扣是指对购买商品数量达到一定数额的买家给予折扣，购买的数量越多，折扣也就越大。采用数量折扣定价有利于降低商品的单位成本，加速资金周转。数量折扣又可分为累积数量折扣和一次性数量折扣两种形式。累积数量折扣是指买家在一定时期内购买商品累计总额达到一定数量时，卖家按总量向买家给予一定的折扣，如人们通常所说的会员价。一次性折扣是指按买家一次购买数量的多少而给予的折扣。

（3）心理性折扣定价。心理性折扣定价是利用买家喜欢打折、优惠价和处理价的心理而采取的降价促销手段。如果某类商品的品牌、性能和特色尚未被买家了解，市场接受度较低，或者有较大的库存压力、销量又不太好，采用心理性折扣定价一般可以收到较好的效果，但设定的折扣率必须合理，这样才能达到销售的目的。

4. 阶段性定价法

所谓阶段性定价法，就是根据商品所处市场周期的不同阶段来进行定价。具体来说，阶段性定价法可以分为以下四种。

（1）新品上市定价。在这个阶段，由于商品刚刚投入市场，买家对商品缺乏足够的了解，所以商品的销量比较低。为了帮助新商品打开销路，在定价方面，卖家可以根据商品的不同特点分别采用高价定价法、渗透定价法和中价定价法，如表 2-3 所示。

表 2-3　新品上市定价方法

定价方法	适用的商品特点	具体定价方式
高价定价法	市场寿命周期较短、款式更新换代较快的时尚商品	可以将商品的价格定得较高
渗透定价法	市场潜力较大，能够通过多销获得利润的商品	有意识地将商品定为较低的价格，必要时可以亏本销售，以提升商品销量，达到渗透市场、扩大市场占有率的目的
中价定价法	销售比较稳定的商品	为了追求商品价格的稳定和预期销售额的稳定增长，可以将商品价格定在一个比较适中的水平上

（2）商品成长期定价。商品进入成长期后，店铺的销售能力不断提高，商品的销售量迅速增长，利润也随之大幅度提升。在这个阶段，卖家应当采取能让店铺实现利润或目标回报率的目标定价策略。

（3）商品成熟期定价。待商品进入成熟期，商品的市场需求已经日趋饱和，销量也逐步到达顶点，并出现下降的趋势，商品在市场上的竞争逐渐激烈，仿制品和替代品不断出现，利润达到了顶点。在这个阶段，卖家可以将商品的价格定得比同类商品低一些，以排斥竞争者，维持商品销量的稳定或拓展市场。

（4）商品衰退期定价。在商品衰退期，市场对商品的需求明显下降，商品销量也开始大幅度下降，同时新的替代品已经出现，因此商品的利润日益下降。在这个阶段，卖家可以采用的定价方法有维持定价和驱逐定价两种。

维持定价是指将商品的价格维持在成熟期的价格水平或者将其稍作降低的价格策略。采用这种定价策略，卖家一是希望商品继续在买家心中留下良好的印象，二是希望店铺能够继续获得一定的利润。维持定价效果的好坏取决于新的替代品的供给状况，如果新的替代品无法满足市场需求，那么店铺就可以维持一定的市场；如果替代品供应充足，买家将目光转向了替代品，就会加快老商品退出市场的速度。

驱逐定价就是有意将需求弹性大的商品（一般是奢侈品等非必需品）的价格降低到无利可图的水平，从而将竞争者驱逐出市场。这样做是为了尽量扩大商品的市场占有率，以保证商品的销量，收回投资。

5. 低价位定价法

很多卖家喜欢采用每日低价的定价方法，即强调将商品价格定得比正常价格低，但又比竞争对手打折后的价格高。通常来说，采用低价位定价法的商品是比较有竞争力的，但这并不意味着价格低廉就一定会有好的销量。因为如果价格太低，买家就可能对商品的质量和性能产生一种不信任感和不安全感。因此，要想使这种策略达到良好的效果，店铺必须具备图 2-43 所示的五个条件。

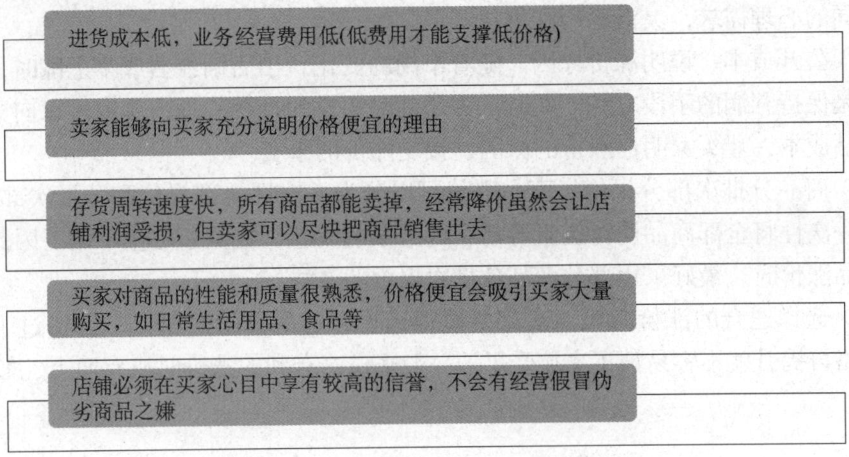

图 2-43　使用低价位定价法需要满足的条件

6. 高价位定价法

在网上购物，一些买家喜欢追求价位比较高的商品，他们会到一些高端定位的店铺购买商品。一些高端店铺或销售稀有类商品的店铺，可以考虑采用高价策略。卖家采用高价位定价法即为商品定一个较高的价格，能在短期内获得尽可能多的利润。同时，高价位又满足了买家求品位、求新和求异的心理。

（1）迎合买家求新、求异心理而进行的高价定位。许多买家追求一种求新、求异的心理，享受自己独占某些奢侈品的心理，所以有时商品价格较高也是提升销量的重要原因。因为价格较低意味着更多的人能够拥有，商品的社会声誉也就较低。如果店铺的目标客户是一些高端群体，店铺中的商品应该拥有与买家身份地位相一致的价位。

（2）标志商品品质高而进行的高价定位。商品的价格与需求之间存在着一种质价效应，即买家通常会将高价格看作优质商品和服务的标志。因此，为高质量的商品定一个较高的价格，也能刺激和提高销量。

（3）标志服务水平高而进行的高价定位。与商品高价定位能够彰显商品的高品质类似，高价位同样能够彰显服务的高水平。高价定位的店铺，在时刻关注买家对商品的反映，不断提高商品质量、增加商品功能的同时，更要做好服务工作。高价位所标志的高水平服务也能满足一些买家的心理追求。

2.4.3 商品的涨价与降价

涨价与降价都是卖家经常采用的调整商品价格的方式，有时商品涨价或降价并不是卖家故意造成的，而是由市场决定的。

1. 商品涨价的注意事项

很多卖家对商品涨价存在疑虑，担心涨价会使买家产生抵触心理，进而影响商品的销量。其实涨价是卖家必须掌握的经营技能。在经营中，卖家应该确定涨价不会引起买家反对，甚至还能吸引买家购买。因此，卖家要能根据不同发展时期、不同的商品以及买家不同的心理需求，灵活运用涨价技巧。

（1）公开成本，说明涨价原因。随着市场的变化，当店铺经营成本上涨时，提高商品售价是保持利润的手段之一。此时，为了消除买家的抵触心理，卖家可以向买家明确公布商品成本，让买家明白涨价的原因，接受涨价的事实。

（2）商品分批次部分提价。商品涨价可以分为一次性全部提价和分批次部分提价。通常，一次性将全部商品同时提价容易引起买家的反感，让买家心生不满。因此，卖家在为商品涨价时，最好采用部分商品分批次提价的方法。

（3）选择适合的涨价时机。卖家要懂得选择合适的涨价时机，一旦错过了有利时机，价格再提升就不容易被买家接受了。一般来说，有利的涨价时机有四个，如图 2-44 所示。

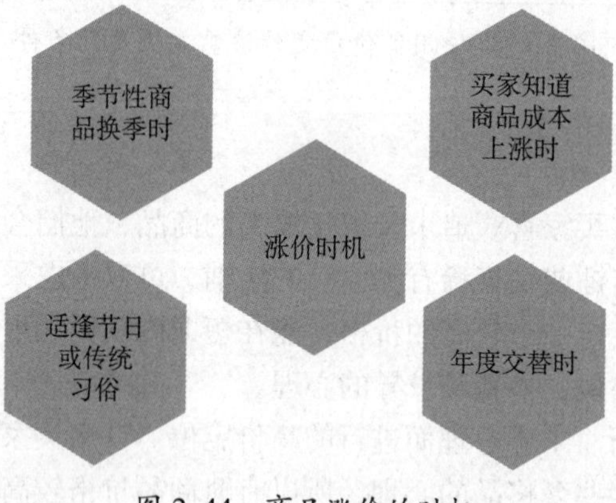

图 2-44　商品涨价的时机

（4）把握好涨价的幅度。对于商品涨价，买家更加关心的是涨价后的价格是否在自己的心理接受范围之内。因此，如果商品的价格需要大幅度提高，卖家最好采用分段调整的方法，将商品的价格分几次上调，每次上调的幅度最好不要超过 10%。

（5）附加馈赠。为了减轻买家对涨价的抵触，卖家可以为涨价的商品搭配附属商品，也可以赠送一些小礼物，还可以提供一些特别的优惠，这样可以给买家造成一种商品涨价是由于搭配了附属商品的感觉，让买家感觉自己并没有吃亏。

课程思政

《关于促进电子商务规范发展的意见》

促进电子商务规范发展，引导交易参与方规范各类市场行为。规范电子商务信息传播行为，优化网络交易环境；规范电子商务交易行为，促进网络市场和谐有序；规范电子支付行为，保障资金流动安全；规范电子商务商品配送行为，健全物流支撑体系。

2. 商品降价的注意事项

造成商品降价的原因有很多，常见的原因如图 2-45 所示。

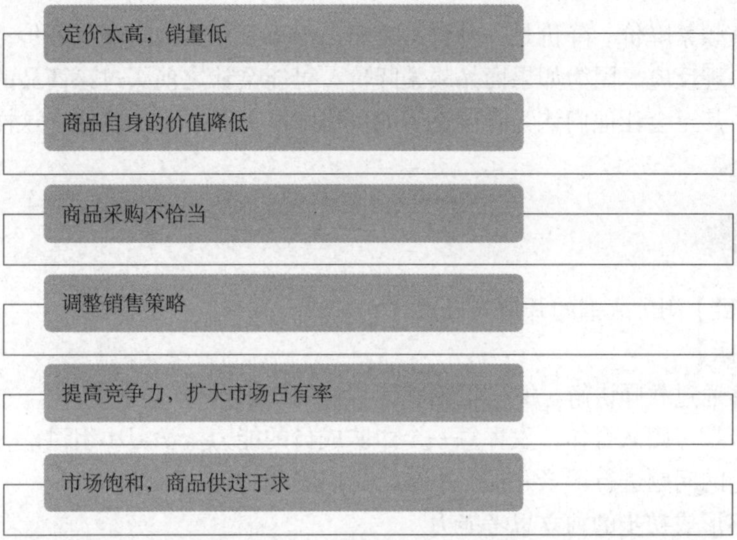

图 2-45　商品降价的常见原因

商品降价可能会提升销量，但也可能引发商品滞销，所以商品降价需要掌握一定的技巧。

（1）选择合适的降价理由。在为商品降价时，一定要让买家认为这是一次难得的商家让利机会。只有降价的动机和目的获得了买家的认可，才能刺激买家的购买欲。因此，为降价找一个合适的理由非常重要，不能让买家认为商品滞销或质量不好才降价。卖家常用的商品降价理由如图 2-46 所示。

（2）控制降价幅度。在开展降价营销时，卖家不能盲目降价，应在考虑成本的基础上合理降价。如果降价幅度太小，如在 5% 以下，几乎不会收到效果，无法引起买家的注意；而如果一次性降价幅度太大，又会让买家对商品的质量和使用价值产生怀疑，同样对提高销量没有帮助。甚至如果降价太多，商品利润无法维持店铺的正常运营，就失去了降价的意义。

一般来说，降价幅度在 10%～20% 会产生比较好的效果。如果降价超过 40%，则要充分说明大幅度降价的理由，以打消买家的疑虑。注意：降价的幅度最高不宜超过 50%。

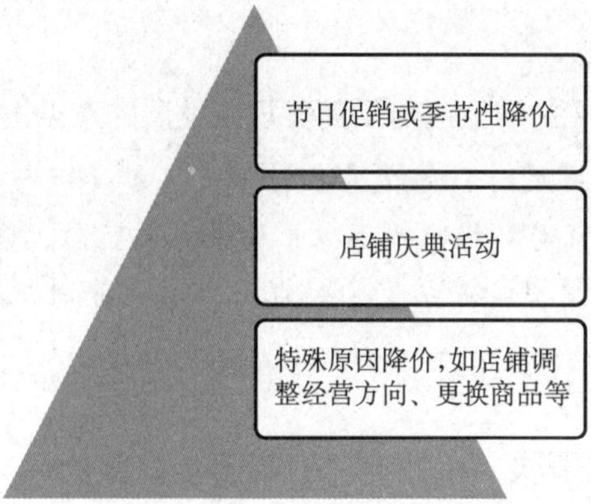

图 2-46　卖家常用的商品降价理由

（3）不宜频繁降价。降价是一种营销策略，但不宜频繁地对商品降价，以免让买家产生不良的心理反应。因为如果商品频繁降价，可能会让之前买过该商品的买家产生不公平的心理，甚至会让他们认为降价之后的价格才是商品本身的价格，这样就失去了降价的意义。

技能实训

【实训题目】淘宝店铺的开通与设置。

【实训目标】

（1）能够通过教师讲解、案例讨论掌握相应的知识点。

（2）初步学习团队合作，发挥每一个团队成员的能力，学习小组讨论、分析评价的方法，对讨论的问题进行记录并提交小结，完成案例讨论。

（3）能够形成初步的独立思考能力。

（4）能够培养初步的自主学习能力。

【实训内容与要求】

（1）由教师介绍实训的目的、方式、要求，调动学生参与实训的积极性。

（2）由教师布置模拟实训题目：访问淘宝网，申请开通淘宝店铺并对店铺基本资料进行设置。

（3）对学生进行分组，确定各小组的组长和人员分工，学习小组学习方式，确定小组团队要做什么，要达到什么目的。

（4）由教师介绍淘宝店铺的开通与设置的相关案例以及要讨论的话题。

（5）各小组对教师布置的问题进行讨论，并记录小组成员的发言。

（6）根据小组讨论记录撰写讨论小结。

（7）各组相互评议，教师点评、总结。

【实训成果与检测】

（1）成果要求。

① 提交案例讨论记录：教学分组按 3～5 名学生一组，设组长 1 人、记录员 1 人，

每组必须有讨论、工作分工的详细记录，以作为考核的依据。

② 能够在规定的时间内完成相关的讨论，学习团队合作方式，撰写小结。

（2）评价标准。

① 上课时积极与教师配合，积极思考、发言。

② 认真阅读案例，积极参加小组讨论，分析问题的思路较为开阔。案例分析基本完整，能结合理论知识解答问题。

③ 团队配合较好，积极参与小组活动，分工合作较好。

思考与练习

一、填空题

1. 在淘宝网上开店有三种店铺模式，即个人店铺、企业店铺和________。

2. 天猫店铺的类型主要有________、________、________。

3. 在天猫经营必须交纳保证金。根据《天猫服务协议》及相关规划规定用于向天猫及消费者支付违约金。保证金的金额分为________万元、________万元和________万元三档。

4. 店铺简介会在店铺索引中出现，一般分为三部分：________、________和主营宝贝，一份好的店铺简介必然为卖家带来更多的收益。

二、简答题

1. 简述开设个人店铺需要具备的条件。

2. 简述在淘宝网上开店的三种店铺模式。

3. 简述企业店铺相比普通的个人店铺具有的优势。

4. 简述天猫店铺的类型。

5. 简述天猫开店资费的组成。

第3章
店铺的装修与设计

学习目标

- 了解商品图片拍摄技巧；
- 掌握店铺商品详情页的构成与设计；
- 掌握商品标题关键词的设置与优化；
- 掌握商品上下架时间的规划；
- 掌握店铺文案的规划与设计；
- 掌握店铺首页的构成及命名设计。

3.1 商品图片的拍摄

3.1.1 商品图片拍摄准备

1. 拍摄工具

相机是最常用的拍摄工具，它经历了胶片相机、数码相机等演进阶段。数码相机有卡片式数码相机、单反数码相机等类型。单反数码相机在图像传感器、更换镜头、响应速度、手控功能、附件等方面具有很大的优势，因此成为网店商品拍摄的常用工具。

2. 辅助器材

网店商品拍摄是商业摄影的一种，属于光影技术的应用。除了单反数码相机，还需要借助一些辅助器材，这样才能将商品的特点完美地展现出来。常用的辅助器材有摄影灯、三脚架、摄影棚等。

微课6

（1）摄影灯。光线对摄影来讲至关重要，用好光线是摄影技术的精髓。摄影灯是室内商品拍摄的常用辅助器材，按功能分为主灯、辅助灯；按位置可分为前照灯、顶灯、侧照灯、背景灯。拍摄时，摄影灯最基本的位置是在拍摄物体一侧（左或右）上方 45° 的位置，这样可以模拟自然光的照明效果，符合一般的视觉习惯，如图 3-1 所示。

图 3-1 摄影灯

主灯的位置决定了照明的基本目的和效果，但是光效是有视觉质感差异的，也就是一般所说的“软”和“硬”，“软”是指柔光，“硬”是指聚光。在主灯上安装柔光装置可以形成柔光，如柔光箱或反光伞。硬光是指光源直射，一般用于逆光拍摄人像。在摄影棚内为了营造真实的效果，多采用柔光。

（2）三脚架。三脚架（图 3-2）的主要作用是稳定相机，以达到某种摄影效果。在拍摄夜景或者运动物体的时候，曝光时间需要加长，此时数码相机不能抖动，这就需要三脚架的帮助。拍摄网店商品时，一般一次要拍摄多件商品，设置合适的相机参数和拍摄角度，通过三脚架可以提高拍摄的效率。

图 3-2 三脚架

（3）摄影棚。摄影棚是用于拍摄电影或摄影作品的特殊构筑物，本章所指的摄影棚是为了完成商品拍摄而搭建的简易拍摄装置，一般包括电动卷轴、背景布（或背景墙）、摄影台、摄影灯、柔光箱、雷达罩、蜂窝、滤片、四页遮光板、反光伞、柔光伞、反光板等辅助器材，如图 3-3 所示。

图 3-3　摄影棚

3.1.2 通用拍摄技术

摄影按题材领域不同可分为人文摄影、商业摄影、儿童摄影等多种类型，不论是拍摄哪一类照片，拍摄者都需要熟悉相机的基本功能和设置，以下简要介绍通用的拍摄技术。

1. 焦距

镜头是单反数码相机的眼睛，焦距表示单反数码相机镜头能清晰成像的范围，即可以拍摄的范围。焦距为 35 毫米的镜头称为标准镜头，这种镜头可以清晰成像的范围与人眼的视角范围相似，为 40°～55°，标准镜头可以最大限度地还原物体。焦距小于 35 毫米的镜头称为广角镜头（小于 20 毫米的镜头称为超广角镜头），视角范围大于 60°，超出人眼的视角范围，广角镜头适于拍摄宏大的场面，拍摄出来的照片具有纵深感及畸变和夸张效果。焦距大于 35 毫米的镜头称为长焦镜头，拍摄的视角范围一般小于 25°，可以拍摄较远物体的细节，适于拍摄运动的物体、野生动物等。出于光学结构的原因，长焦镜头一般体积庞大，如图 3-4 所示。

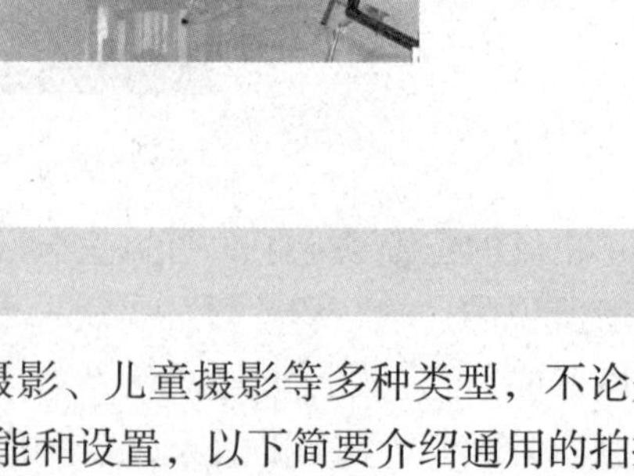

图 3-4　长焦镜头

2. 光圈

光圈是一个用来控制光线透过镜头进入机身内感光面光量的装置，它通常位于镜头内。一般用 F 值表示光圈大小，光圈 F 值 = 镜头的焦距镜头口径的直径。对于已经制造好的镜头，不可能随意改变镜头的直径，但是可以通过在镜头内部加入形状为多边形或者圆形、面积可变的孔状光栅装置来达到控制镜头通光量的效果，这个装置就叫作光圈。光圈可以控制镜头通光量的大小，光圈越大，进光量越多；光圈越小，进光量越少。常见的光圈值包括 F/1、F/1.4、F/2、F/2.8、F/4、F/5.6、F/8、F/11、F/16、F22、F/32、F/44 和 F/64。大的 F 值代表开启了一个小的孔洞，而小的 F 值代表开启了一个大的孔洞，即 F 值越小，光圈越大，F 值越大，光圈越小，如图 3-5 所示。

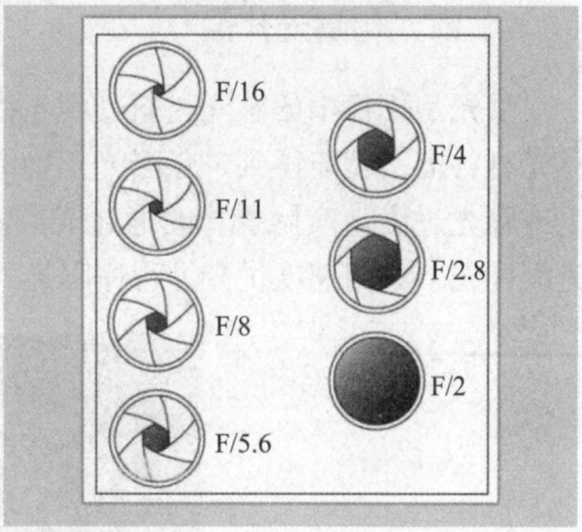

图 3-5　光圈大小与 F 值成反比

3. 景深

景深是指在镜头聚焦调节中，能清晰成像的最远部分和最近部分之间的距离。以人眼为例，当把手指放在眼前，集中视力看清楚手指时，会发现手指之外的背景全部模糊了，这就是小景深效果；当眺望远方时，眼前的事物和视力范围内无限远距离中的事物都很清晰，这就是大景深效果。

拍摄背景虚化的照片时，宜采用小景深拍摄；拍摄成套系列商品的照片时，宜采用大景深拍摄，将所有商品都清晰地呈现出来。景深与光圈的大小成反比，通过调整光圈的大小可以直接控制景深，光圈越大，景深越小。景深与焦距的长短成反比，焦距越大，景深越小。景深与物距的大小成正比，物距越大，景深越大。用手机来拍摄，景深较难控制，需要通过设置不同的拍摄模式，如采用人像模式或使用微距功能才能拍出较好的景深效果，而对带有手动功能的单反数码相机只要牢记“大光圈小景深，小光圈大景深”的原则，就能控制所拍摄照片的景深，如图 3-6 所示。

图 3-6　大光圈小景深，小光圈大景深

4. 曝光与曝光补偿

曝光是相机中的感光材料受到光线照射的过程。如果有适当的光量通过镜头投射到感光材料上，就能得到一张曝光正确的照片；如果光量过少或过多，就会使照片曝光不足或曝光过度。实际操作时通过光圈和快门来控制曝光，常用的曝光方式有手动曝光、光圈优先、快门速度优先、程序曝光、全自动曝光等，如图 3-7 所示。

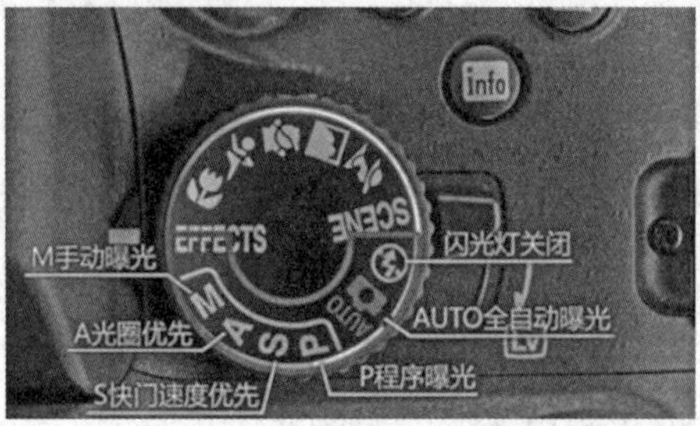

图 3-7　曝光方式

曝光补偿是一种曝光控制方式，就是有意识地改变相机自动计算出的曝光参数，让照片更明亮或者更灰暗的拍摄手法。拍摄者可以根据自己的想法调节照片的明暗程度，创造出独特的视觉效果。当拍摄环境过亮或者偏暗时，拍出的照片就会出现曝光过度或者曝光不足的情况，这两种情况都会导致被拍摄物体的细节呈现不理想，这时就需要用到曝光补偿，通过手动调节曝光补偿值来增加或降低曝光量，使被拍摄主体获得合适的曝光量，让画面达到最佳的亮度和对比度。曝光补偿值一般在 ±2～3EV，如果环境光源偏暗，即可增加曝光值（如调整为 +1EV、+2EV）以凸显画面的清晰度；如果环境光源偏亮，即可减小曝光值（如调整为 -1EV、-2EV），避免曝光过度，以记录所拍摄物体的更多细节，如图 3-8 所示。

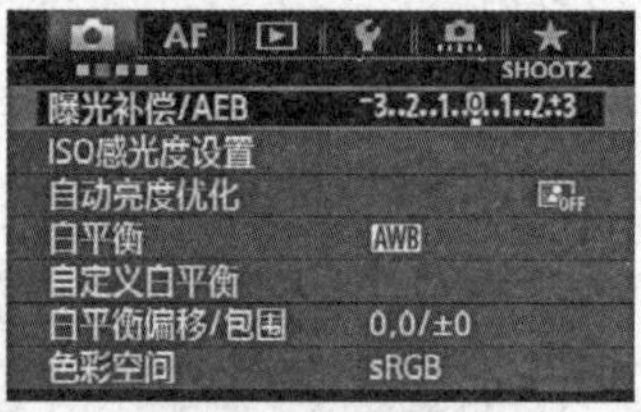

图 3-8　曝光补偿

5. 白平衡与 ISO

物体反射出的颜色受光源色彩的影响很大，人的大脑可以感知并更正光源引起的这种色彩改变，因此我们看到的白色物体都是白色的，然而不同数码相机所侦测到的由不同光源产生出来的“白色”不尽相同，有的呈浅蓝色，有的呈黄色或红色。为了使最后拍出来的照片还原被拍摄物体的正确色彩，即在最终的照片中，使白色物体能够呈现出人类肉眼所看到的正常的白色，数码相机就必须模仿人类大脑，根据光源来调整色彩，这种调整就叫作白平衡。

目前，数码相机白平衡的调整方式通常包括按照光源种类调整和按照色温值调整两种，家用数码相机多采用按照光源种类来调整的方式，如日光、阴影、阴天、闪光灯、荧光灯、钨丝灯和手动调节等。而高端单反数码相机在这些类别的基础上还会增加按照色温值调整的选项，可以手动调节具体的色温数值，一般调节范围在 2 500～10 000K。

ISO 即相机感光材料的感光度，对数码相机来讲，ISO 指感光材料的感光敏感程度，一般用数值来表示。常用的ISO值有50、100、200、400、800和1 000等，低于100的感光度称为低感光度，高于400的感光度称为高感光度。低感光度在光线充足的情况下使用，高感光度在光线不足的情况下使用。

3.1.3 光线与拍摄环境

一张成功的商品照片与拍摄时的光线与环境密不可分。一般来说，拍摄小件商品时，选择有自然光的环境即可；拍摄大件商品时，还需要借助辅助器材合理调整拍摄环境的光线。

1. 光线

光线分为自然光和人工光，光线具有强度、方向、色彩等属性。摄影中光线的应用称为布光，布光是指在室内外环境下，通过摄影灯改变光线的方向和强度，以对被摄物进行造型，从而达到拍摄要求。好的布光是让拍摄的物体形象更具有表现力的关键因素。根据相机、物体与光源位置三者之间的关系，布光方式可分为顺光、逆光、侧光、前侧光、后侧光等，如图3-9所示。在室内拍摄商品时可以运用不同的布光方式来表现商品的软硬、粗细、轻重、薄厚甚至冷热的视觉感受，使消费者直观地看到商品的不同形态，由此去联想在使用商品时可能获得的感受。由于商品在结构、质地和表面肌理上各不相同，吸收光和反射光的能力也不同，根据不同质感商品表面对光线的反射情况，可以将其大致分为吸光体、反光体和透明体三种类型。在拍摄商品时，拍摄者不仅需要对光线有充分的理解，还要具备一定的布光能力。针对上述三种类型的商品，采用以下布光方式进行拍摄可达到较好的商品展示效果。

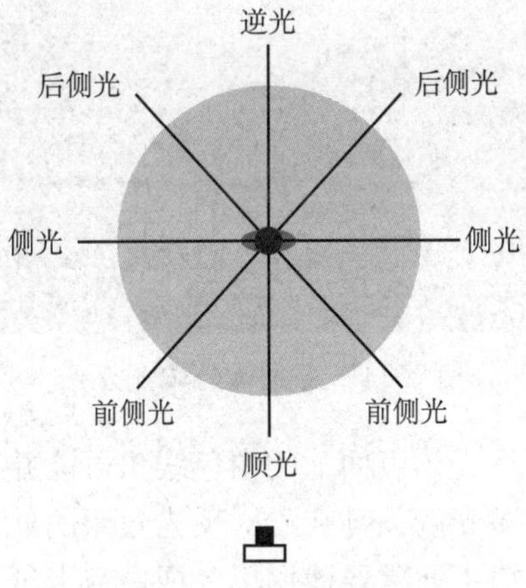

图3-9 布光方式

（1）吸光体的布光方式。吸光体包括毛皮、服装、布料、粗陶、橡胶、亚光塑料等，这类商品的表面通常是不光滑的，因此对光的反射比较稳定，即物体的固有色比较稳定、统一，而且通常这类商品自身的视觉层次比较丰富。为了再现吸光体表面的层次质感，布光的灯位通常以侧光、顺光、前侧光为主，这样可以使其层次和色彩都表现得更加丰富，如图3-10所示。

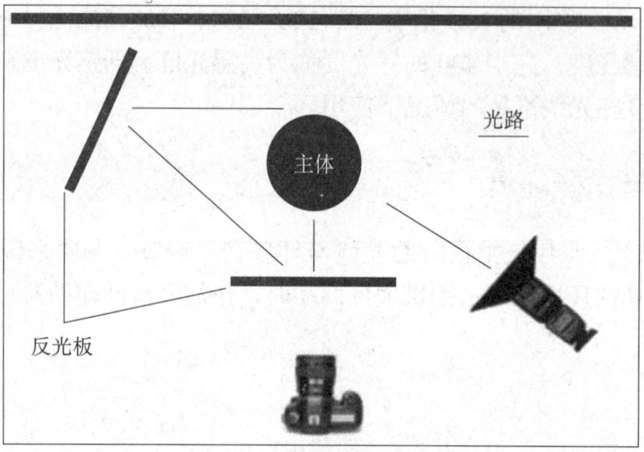

图 3-10 吸光体的布光方式

（2）反光体的布光方式。反光体的表面非常光滑，对光的反射能力也比较强，犹如一面镜子，所以拍摄反光体时一般要使其出现“黑白分明”的反差视觉效果。反光体多是一些表面光滑的金属饰品，或是没有花纹的瓷器，要表现出表面的光滑质感，避免一个立体面中出现多个不统一的光斑或黑斑，最好的方法是采用大面积照射的光或利用反光板照明，光源的面积越大越好，如图 3-11 所示。

图 3-11 反光体的布光方式

大多数情况下，反射在反光体表面上的白色线条可能并不均匀，但必须保持线条的统一性和渐变效果，反光体布光的关键在于对反光效果的处理，特别是一些有圆弧形表面的柱状和球状物品，在拍摄中通常要使用黑色或白色卡纸来打反光，以加强物体表面的立体感。

（3）透明体的布光方式。透明体表面非常光滑，这种清澈、透明的材质，能够自由地传导光线而不改变其特征，从而具有玲珑剔透的艺术效果。透明体大多是香水、化妆品等液体或者玻璃制品。拍摄前，需要设计拍摄方案，预想拍摄效果，拍摄时根据需要对每盏灯逐个进行测试，同时不断变换灯位，最终确定能产生最佳效果的布光方案，如图 3-12 所示。

图 3-12 透明体的布光方式

2. 拍摄环境

小件商品适合在单纯的环境里进行拍摄，这类商品本身体积很小，在拍摄时不必占用很大的空间，微型摄影棚就能有效地解决拍摄环境问题，免去了布景的麻烦，还能拍摄出漂亮的、主体突出的商品照片。如果没有摄影棚，则应尽量使用白色或者纯色的背景（如白纸和纯色、清洁的桌面等）。

拍摄大件商品可以选一个室内或室外空旷的场地，拍摄时要尽量选择整洁和单色背景，除衬托商品而使用的参照物或配饰外，照片里不宜出现其他不相关的物体，如图 3-13 所示。

图 3-13 拍摄大件商品的布光方式

3.1.4 取景与构图方法

一张照片是否美观，在很大程度上取决于取景和构图的好坏。取景是指选择把哪些景物摄入镜头的过程，而构图就是把摄入镜头的景和物进行合理组合，使其变得更加符合人们的视觉习惯，也使画面显得更为美观的过程。一般来说，取景和构图是同时完成的，但后期还要对照片进行裁剪、取舍等处理和加工，后期制作结束后才算真正完成构图环节。取景和构图需要具备一定的审美能力，因此在这方面要经过系统化的学习。下面介绍一些取景和构图的基本知识。

1. 取景要点

要拍出好的商品照片，取景是第一步。按下快门之前，首先要明确拍摄的主体是什么，想要体现主体的哪些特点。取景的要点是突出主体、合理组合、删繁就简、适当布局，简单归纳就是要做到“取、组、舍、布”。

（1）取。根据拍摄目的选取拍摄的主体对象和表现方式。

（2）组。将拍摄主体、背景和装饰进行合理组合，做到烘托主体、主次分明。

（3）舍。取景时要学会删繁就简，避免画面杂乱无章。

（4）布。适当布局，使主体和配饰在画面比例上分布得当。

2. 构图方法

构图也有基本的原理和方法，以下介绍四种基本的摄影构图方法。

（1）黄金分割法构图。使用黄金分割法构图，画面的长宽比例通常为 1：0.618，这一比例也称黄金比例，如图 3-14 所示。日常生活中有很多东西都采用这个比例，如电影和电视屏幕、杂志等。画面几何中心右侧偏上的位置是放置拍摄主体最佳的位置，以此形成视觉中心。黄金分割线可以是横向的也可以是纵向的，即画面可以为上下结构或左右结构。

图 3-14　黄金分割法构图

（2）三分法构图。三分法从黄金分割法引申而来，用两横、两竖线条把画面均分为九等份，也叫“九宫格”，中间四个交点成为视线的重点，也是构图时放置主体的最佳位置。这种构图方式并非要求必须使画面主体占据画面的四个视线交点，在这种 1：2 比例的画面中，主体占据任何一个交点都可以，如图 3-15 所示。

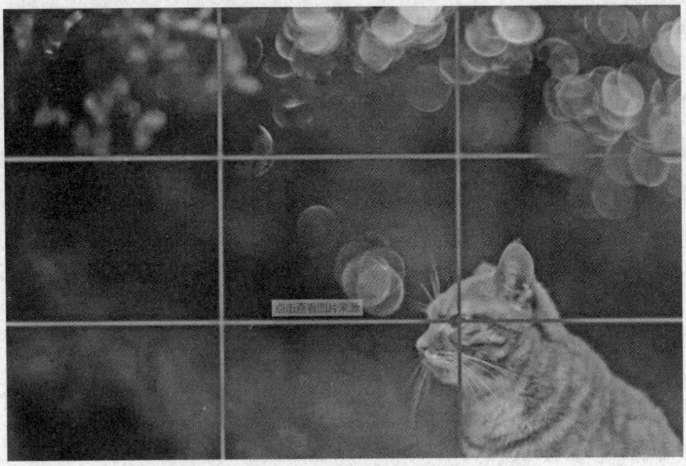

图 3-15　三分法构图

（3）对称法构图。对称法是指为了突出主体，在拍摄时将主体放在画面的中间，左右基本对称的构图方法，也称均分法构图。实际拍摄时为了防止画面显得过于呆板，往往在对称之中略有偏移，如图 3-16 所示。

图 3-16　对称法构图

（4）疏密相间法构图。当我们需要在一个画面中摆放多个物体进行拍摄时，最好是将它们放置得错落有致、疏密相间。如图 3-17 所示，将被拍摄的物体适当相连或交错，往往会让画面显得更加紧凑、主次分明。

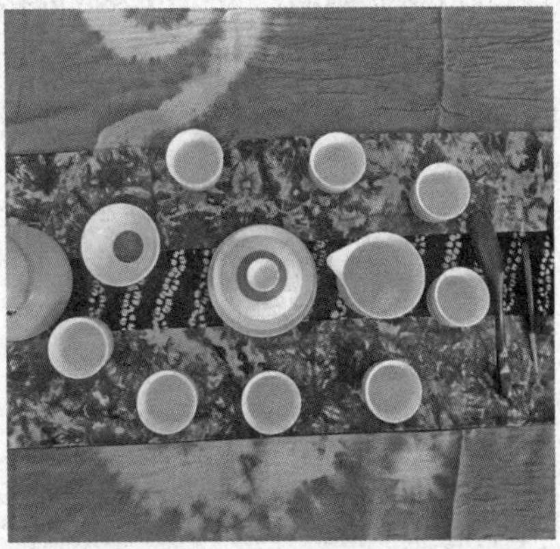

图 3-17　疏密相间法构图

3.1.5 网店商品拍摄

摄影就是用光的艺术，用光影结合来表现物体的质感。一张商品照片是否合格，最重要的判断标准是看它是否准确表现出商品的形态、质感和色彩，符合这个条件的商品照片，也就达到了“如实描述”的要求，反之则属于不合格的商品照片，而这两者之间的差距很大程度上是由如何用光来决定的。

微课7

1. 不同材质商品的拍摄

吸光、反光和透明三类商品分别具有不同的质感特点，因此拍摄方式各有不同。

（1）吸光类商品的拍摄。吸光类商品具有粗糙的表面结构，如皮毛制品、棉麻制品、雕刻品等，它们的质地或软或硬，表面粗糙，为了表现出它们的质感，在拍摄的时候可以使用稍硬的光线照明，以侧光、侧逆光为主，照射角度适当放低。在拍摄表面结构十分粗糙的裘皮、石雕等商品时，可以用更硬的直射光照明，如使用聚光灯、闪光灯、太阳光直射，因为这种硬光的光线锐利，在凹凸不平的表面会产生细小的投影，能够强化其质感表现，使商品的表面出现明暗起伏的结构变化，增加立体感，如图 3-18 所示。

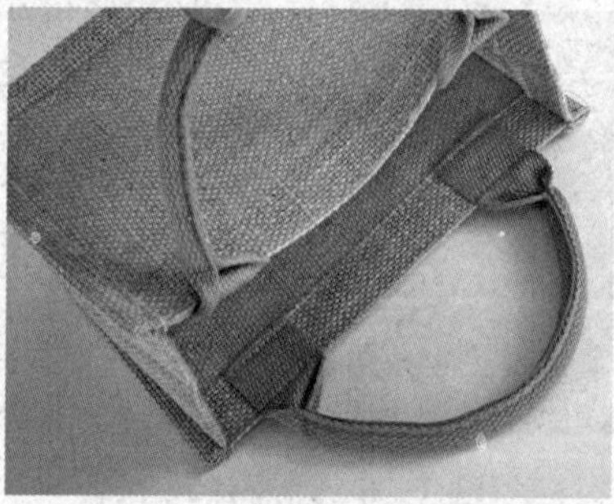

图 3-18　吸光类商品的拍摄

（2）反光类商品的拍摄。一些表面光滑的商品，如金银饰品、瓷器、漆器、电镀制品等，具有强烈的单向反射能力，直射灯光聚射到这种商品表面，会产生强烈的眩光。在拍摄这类商品时应采用柔和的散射光照明，也可以采取间接照明的方法，使用柔光箱、反光板等光扩散工具来柔化光线。用反射光来照亮该类商品时，均匀、柔和的光线能够有效降低表面的反光度，使其色调更加丰富，从而表现出光滑的质感，如图 3-19 所示。

图 3-19　反光类商品的拍摄

（3）透明类商品的拍摄。玻璃器皿、水晶、玉器等透明类商品既有反光特性，也有透光特性，光线的入射角度越小，反射光量越多。这种反光能显示透明质感，在拍摄时要采用侧光、侧逆光和底部光的照明方式，利用光线穿过透明体时因厚度不同而产生的光亮差别，使其呈现出不同的光感，表现出清澈透明的质感。透光体具有反光特性，一般不用直射光照明，而是选择柔光箱照明，以便使商品的表面产生少量反光，从而更好地显示其外形和质感，如图 3-20 所示。

图 3-20　透明类商品的拍摄

2. 微距拍摄与细节展示

微距拍摄是指拍摄出来的图像大小比实物原始尺寸要大的摄影方式。微距模式在拍摄拉链、针脚、洗标、材质等商品细节方面有着巨大的优势。图 3-21 所示为使用微距功能展示的商品细节。数码相机自带微距模式，微距拍摄时要选择该模式并注意以下三个方面的问题。

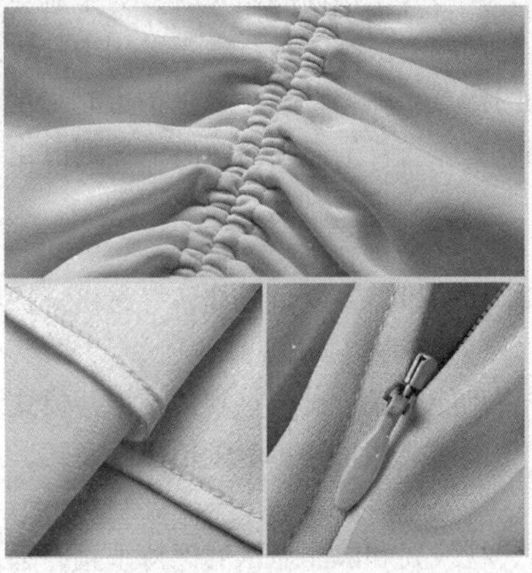

图 3-21　使用微距功能展示的商品细节

（1）使用微距模式拍摄时，如果想要突出商品的部分细节，要选择较大的光圈；如果想要清晰地表现商品的整体细节，要选择较小的光圈。

（2）使用微距模式拍摄时，数码相机稍有晃动就可能造成拍摄的图像模糊，所以通常情况下要选择较大的快门速度或者设法将数码相机固定在三脚架上。

（3）当数码相机与被摄物体的距离较近时，数码相机本身就会对周围光线造成比较明显的遮挡，使得被摄物体可能得不到足够的曝光，同时，闪光灯的照明度可能过强而使商品曝光过度，所以，在使用微距模式拍摄时要特别注意商品的照明问题。

从微距模式对商品细节的表现来看，一张好的商品特写照片的效果远胜过文字介绍，将商品的细节直观地呈现给买家，买家通过照片对商品的情况了解得越多，购买的可能性也就越大。

3. 拍摄背景的选择与处理

在商品拍摄中，背景在表现主体所处的环境、气氛、空间、画面的色调及线条结构方面有着重要的作用。由于背景的面积比较大，能够直接影响画面内容的表现，所以背景处理的好坏，在某种程度上决定着商品拍摄的成败。下面是选择与处理拍摄背景的技巧，在实际拍摄时要灵活运用。

（1）背景灯光的运用。在商品拍摄时，合理运用背景灯光能在一定程度上清除杂乱的灯光投影，同时也能更好地渲染和烘托主体。背景灯光的运用一般有两种形式：一种是将背景的照明亮度安排得很均匀，尽可能使背景中没有深浅明暗的差异；另一种是将背景的光线效果布置成中间亮、周围逐渐暗淡，或上部暗淡、下部逐渐明亮的过渡效果。

（2）背景色彩的处理。背景色彩的设置应追求简约、清淡的视觉效果。背景色彩的冷暖关系、浓淡比例、深浅配置、明暗对比，都要以更好地突出主体对象为前提。黑与白在商品拍摄背景中的使用，受到人们的广泛重视，黑白背景更能体现商品的品质，也有利于后期的图片处理。

（3）背景的虚化处理。在室外拍摄商品照片时，为了避免受到杂乱背景的影响，需要对背景进行虚化处理。处理的方法有三种：一是采用中长焦距的镜头进行拍摄，利用这种镜头焦距长、景深小的特点，虚化背景；二是拍摄时尽量不用太小的光圈，以避免产生太大的景深；三是控制主体与背景之间的距离，达到虚化背景的目的。

4. 商品拍摄流程

熟悉了商品拍摄的基本知识以后，就可以准备好相机，选择要拍摄的物体，按以下步骤拍摄照片了。

（1）设定参数。首先将功能模式拨盘调整到“拍摄”模式，然后将曝光模式按钮调整到“自动”模式，再将拍摄模式调整到“单张拍摄”模式，最后把闪光灯模式调整为“自动”。

（2）取景。在取景时，视线要和液晶显示屏保持垂直，远近和大小通过机身后面的缩放控制按钮来调节，通过观察液晶显示屏确定取景效果。

（3）按快门。先半按快门对焦，当在取景器或 LCD 液晶显示屏上看到对焦成功的提示后，按下快门，即完成了一次照片的拍摄。按快门的时候手一定要稳，不要晃动，特别是使用慢速快门拍摄的时候，还需要屏住呼吸，以尽可能保持相机的稳定性。

只要做好以上三步，就可以拍摄出一张清晰的数码照片，这是拍摄工作的第一步。要想拍出更能突出卖点的商品照片，不仅要会使用自动模式拍摄，还要灵活运用拍摄技术，经常总结、提炼不同商品的卖点，多动手实践，才能拍摄出专业的商品照片。

5. 网店商品拍摄注意事项

（1）拍摄背景采用白色或者纯色，应尽量避免所拍摄商品的颜色和背景色接近或一致。

（2）拍摄时，应尽量将所拍摄商品的整体包含在拍摄背景中。

（3）不同的商品可以采用不同的角度进行拍摄，同一类商品的拍摄角度应尽量相同。对于同一个商品，应尽量从不同的角度和距离多拍几张，这样可以更好地表现商品的细节，如正面照、侧面照、背面照、细节照（产品的商标、不同位置的材质）等。

（4）拍摄时，应尽量避免商品表面有反光现象，也要避免商品在单面（侧面）受光的角度拍摄。

（5）尽量选择在光线充足的地点进行拍摄，避免选择阴暗的地点。如果采用成像速度较慢的相机，尽量不要使用闪光灯，因为成像速度慢而使用闪光灯时，拍摄对象的边缘容易形成暗影。

3.2 商品详情页设计

新手卖家常常会忽略在商品详情描述上下功夫，殊不知商品详情描述的详略关系着宝贝的成交量。卖家往往有一个急于将商品上架的急切心理，于是匆匆忙忙简单写了几句，但是急急忙忙传上去以后，达到理想中的效果了吗？事实上并没有，店铺的生意依然平平，偶尔来一两个咨询的买家，成交量也很低。如果你也属于这种情况，那么就需要端正自己的态度，花点时间认真优化详情描述。

详情页就像详细的产品说明书，一个完整的详情页包含了很多信息，如商品主图、产品信息、产品卖点、细节展示、品牌故事、产品对比等。

3.2.1 商品详情页的构成

商品详情页上半部分诉说产品价值，后半部分培养顾客的消费信任感。对于消费信任感，不仅要通过各种证书、品牌认证的图片来树立，还要使用正确的颜色、字体以及排版结构，这些对赢得顾客的消费信任感会起到重要的作用。详情页每一块内容都有它的价值，都要经过仔细地推敲和设计。

1. 框架构成

详情页的描述基本遵循的顺序为引发兴趣、激发潜在需要、赢得消费信任和替客户做决定。其基本框架结构从上至下各个模块的展示内容如图 3-22 所示。

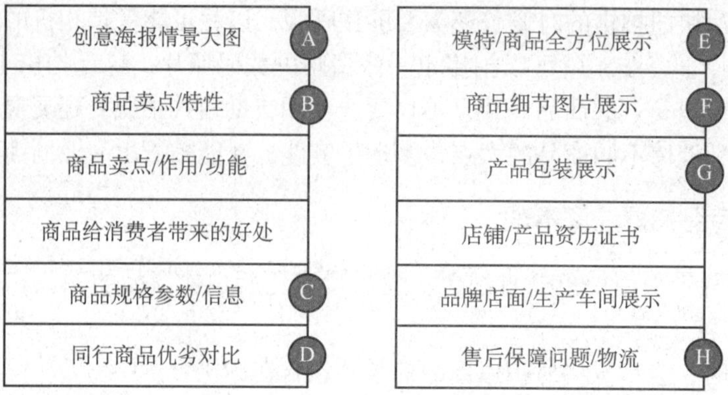

图 3-22　商品详情页的框架构成

2. 详情页案例展示

观察淘宝上实际店铺的详情页，我们可以分析这些详情页的优缺点，然后结合自己店铺的商品特点制作详情页，下面展示三个详情页的部分截图。图 3-23 所示为男装店铺的详情页，图 3-24 所示为童装店铺的详情页，图 3-25 所示为家电店铺的详情页。

图 3-23　男装店铺的详情页

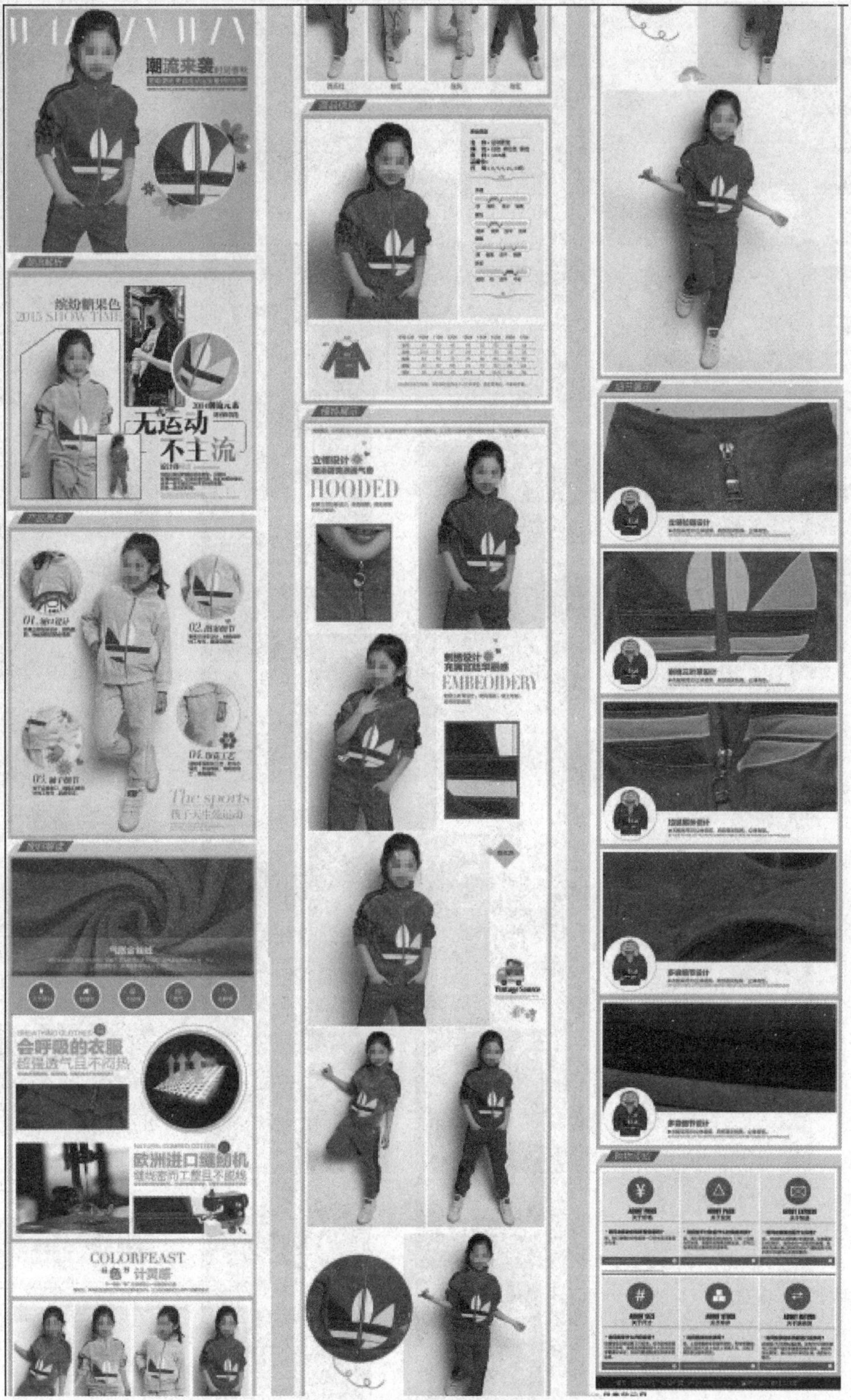

图 3-24　童装店铺的详情页

图 3-25　家电店铺的详情页

3.2.2 商品详情描述的设计

1. 创意海报情景大图设计

根据网上流传前三屏 3 秒注意力原则，开头的大图是视觉焦点，背景应该采用能够展示品牌调性以及特色的意境图，可以第一时间吸引买家的注意力，如图 3-26 所示。

图 3-26 宝贝描述页的框架构成

2. 商品卖点图设计

卖点就是产品优势，选择做一款产品首先就要了解产品的优势，然后在卖点图上把优势体现出来，如描述产品品质、独特之处、将会给客户带来的作用、好处或优势等。卖点图设计一般如图 3-27 所示。

图 3-27 商品卖点图

3. 商品规格参数设计

现在买家购物多半是静默下单，一般不与客服沟通，看着详情可以就下单。所以在这里一定要放上规格尺码表、商品信息、参数等，可以采用实物对比，让顾客切身体验到商品实际尺寸，如图 3-28 所示。

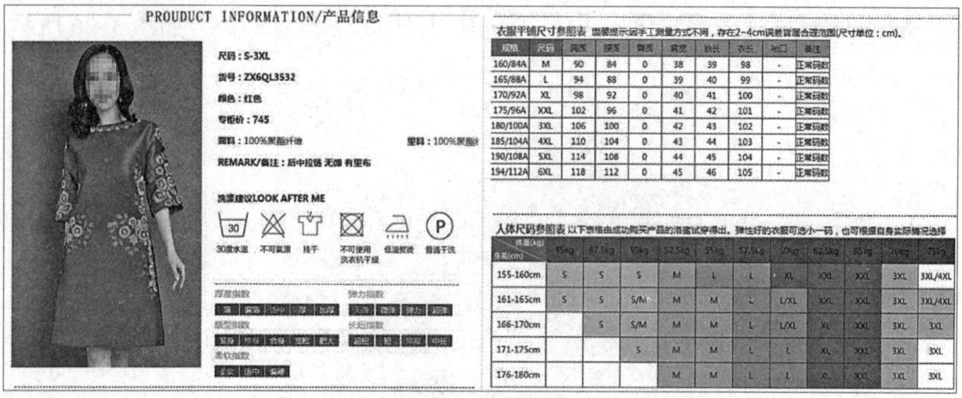

图 3-28　商品规格参数设计

4. 同行商品优劣对比图设计

商品优劣对比是通过对比来强化商品卖点，对比图需要展示出自己的产品是什么样子的，别人的产品是什么样子的，自己的产品比同行的具体好在哪里，同行的产品不好在哪里，有理有据，令人信服，如图 3-29 所示。

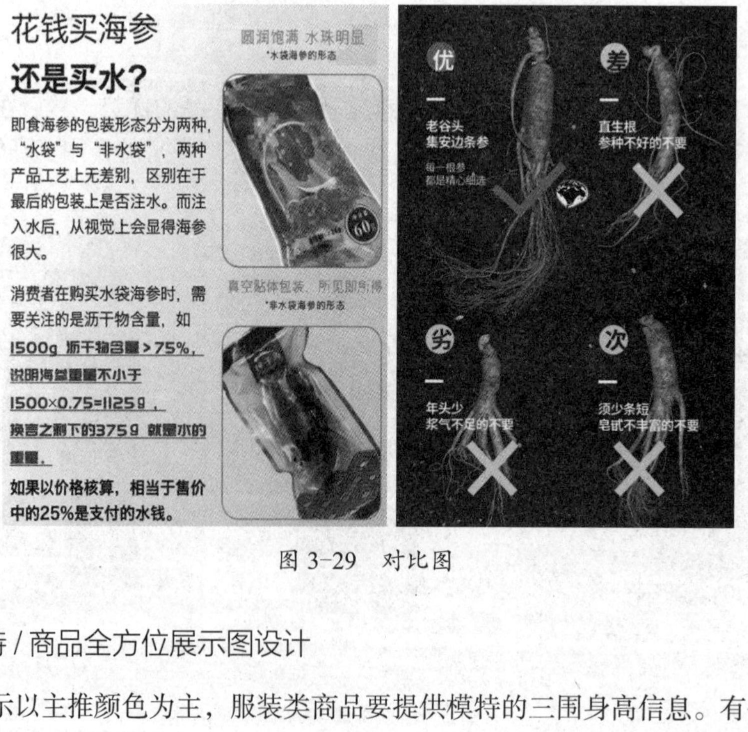

图 3-29　对比图

5. 模特 / 商品全方位展示图设计

商品展示以主推颜色为主，服装类商品要提供模特的三围身高信息。有一些商品需要用模特带上背景，像这样的图就是场景图，场景图可以融入环境，代入感特别强，如图 3-30 所示。最后可以放置一些买家真人秀的模块，目的就是拉近与消费者的距离，如图 3-31 所示。

图 3-30 商品展示场景图

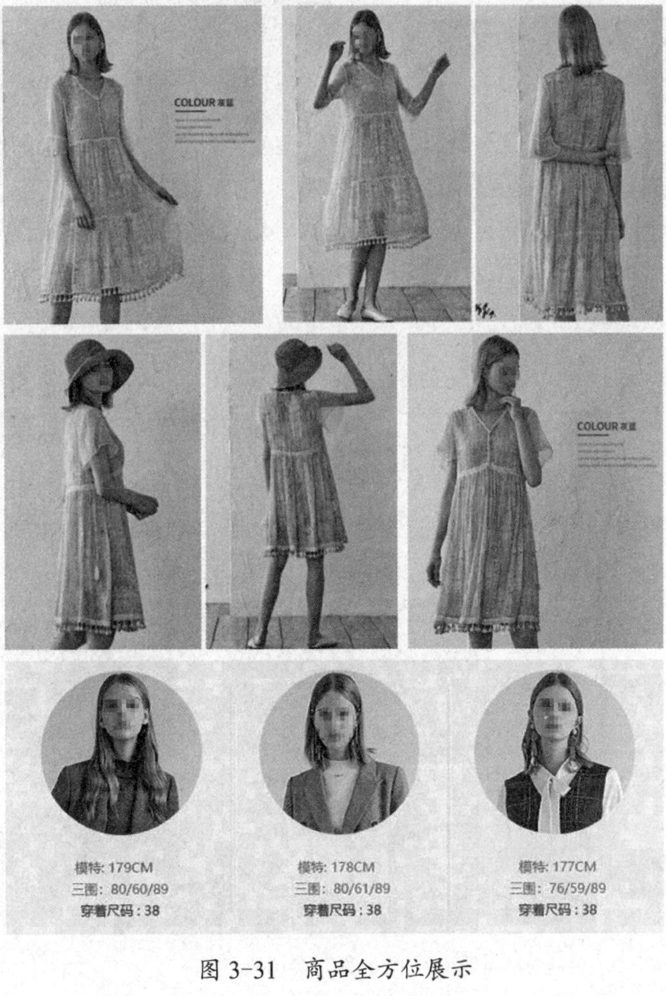

图 3-31 商品全方位展示

6. 商品细节图片设计

细节图要清晰、富有质感，并且附带相关的文案介绍。如图 3-32 和图 3-33 所示为服装类商品细节图片。

图 3-32 服装类商品细节

图 3-33 鞋类商品细节

7. 产品包装、实力展示

通过店铺的资质证书以及生产车间方面的展示，可以烘托出品牌和实力，但是一个店铺品牌不是通过几张图片以及写一个品牌故事就可做出来的，而是在整个买卖过程中通过各种细节展现给消费者，如图 3-34 所示。

图 3-34 商品实力展示

8. 售后保障问题

售后就是解决顾客遇到的各种问题，如是否支持 7 天无理由退换货、发什么快递、快递大概几天可以到、产品有质量问题怎么解决等，如图 3-35 所示。做好售后保障可以减轻客服的工作压力，增加静默转化率。

微课8

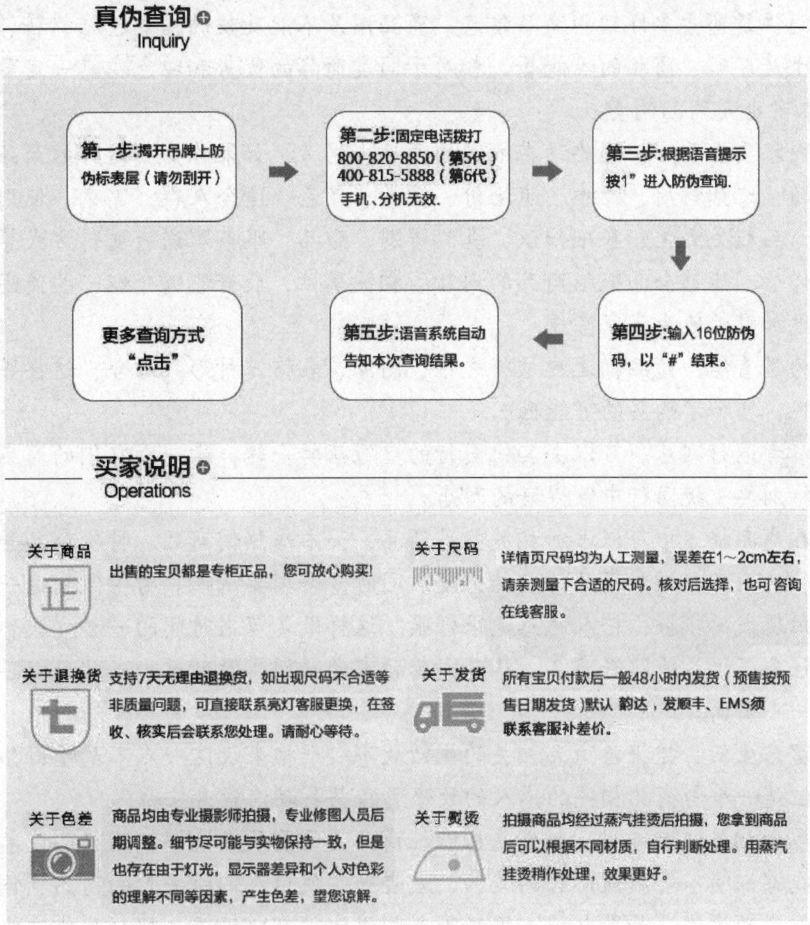

图 3-35　质保说明

知识链接

撰写商品描述的注意事项

在网上购物，影响买家是否购买商品的一个重要因素就是商品描述，很多卖家会花费大量的心思在商品描述上，但经过一段时间有些卖家可能会发现，虽然花费了大量的时间在商品描述上，但是效果并不好，用户的转化率还是不高，原因是什么呢？主要还是商品描述信息不详细。

好的商品描述可以节省大量回答顾客提问的时间，更可以留住不想找你咨询的“懒惰”顾客。多花一些时间创作出属于自己的全面而又精彩的描述，相当于请了 10 位客服，能让你节省10倍的时间去做更多的事情。每写一个成功的商品描述就是一次营销，要让看到商品描述的人觉得这就是他一直想要的商品。你需要用尽一切办法为你的潜在客户寻找一个购买你的商品的理由，给他们一个合理的“借口”，让他们心甘情愿地购买你的商品。

在填写商品描述信息时注意以下几个方面。

（1）向供货商索要详细的商品信息。商品图片不能反映的信息包括材料、产地、售后服务、生产厂家、商品的性能等。相对于同类商品的优势和特色信息一定要详细描述出来，这本身也是商品的卖点。

（2）内容要全面。一定要站在顾客的角度去思考，如果你要买这样的商品，你会关心哪些问题？比如材质、尺寸、市场价、重量、颜色、适合人群、寓意、使用与保养注意事项、商品相关文化、基础知识、真假辨别、赠品、服务承诺、支付方式等。商品描述一定要详尽，能够全面概括商品的内容、相关属性，最好能够介绍一些使用方法和注意事项，更加贴心地为买家考虑。

（3）为了直观，商品描述应该将文字、图像、表格三种形式结合，这样买家看起来会更加直观，增加了购买的可能性。

（4）参考同行网店。可以去其他同行的皇冠店转一转，看一看它们的商品描述是怎样写的。特别要重视同行中做得好的网店。

（5）在商品描述中可以添加相关推荐商品，如本店热销商品、特价商品等，让买家多接触店铺的商品，增加商品的宣传力度。同时，条理要清晰。为了做到这一点，很多人都会使用现成的模板，给人的感觉很舒服。这样做是节省时间的一种方式。注意：描述页面的任务是详尽地解释商品，尽量减少顾客的疑问，做到这一点就可以了，还可以适当修饰一下页面。

（6）留意生活，挖掘与商品相关的生活故事。严格来说这一点不属于商品描述信息的范畴，但是一个与商品相关的感人的故事更容易打动消费者。

（7）展示相关证书证明。如果是功能性商品，需要展示能够证明自己技术实力的资料。提供能够证明不是虚假广告的文件，或者如实展示人们所关心的商品制作过程，都是提高可信度的方法。如果电视、报纸等新闻媒体曾有所报道，那么收集这些资料展示给顾客也是一种很好的方法。

（8）在商品描述中注意添加售后服务板块，规避纠纷。在商品描述里添加了售后服务和退换货的注意事项，既消除了买家的担忧，又使以后发生纠纷时有理有据。

3.3 商品标题的设置与优化

很多买家在淘宝网购买商品时，都是通过搜索关键词来寻找商品的，因此商品标题与自然搜索流量密切相关，必须做好标题优化，尽可能增加商品被搜索到的概率。一般来说，淘宝商品标题既要包含热门的关键词，还要能够让买家通过标题了解到商品的属性和特性。

3.3.1 商品标题的组成和设定

1. 商品标题的组成

商品标题优化基本的前提是符合用户的搜索习惯，同时为了增加被搜索到的概率，可以尽可能地组合各种与商品相符的热搜词。一般来说，商品标题结构主要包括核心关键词、属性关键词和长尾关键词三部分。

核心关键词：商品名称，其作用是使买家通过标题快速了解商品是什么，是否是自己所需的商品。

属性关键词：对商品属性的介绍，商品材质、颜色、风格等都属于商品属性。例如，“深蓝水晶真皮条纹女包”中，“女包”是核心关键词，“深蓝水晶真皮条纹”是用于形容核心关键词的属性关键词。

长尾关键词：非核心关键词且为店铺带来搜索流量的关键词，由三个或者多个关键词组成。长尾关键词主要由品牌关键词、行业关键词以及通用关键词进行组合，长尾关键词具有可延伸性、针对性强和范围广的特点。这类关键词的搜索量不大，竞争力度也相对较弱，但是长尾关键词为商品带来的流量非常大，如“2024 新款韩版简约宽 T 恤包”“女包 2024 春夏潮流欧美时尚单件蝴蝶结挎包包邮”等。

在构思商品标题时，核心关键词是必须具备的，且描述一定要与商品相符，如商品是羽绒服，则标题中的关键搜索词就必须是羽绒服，不能是西装和卫衣等属性不同的商品名称。属性关键词和长尾关键词都是对商品标题的扩展，是增加搜索量和点击量的重要部分，建议尽量选择买家常用且适合商品的词语。需要注意的是，商品标题中所有的描述均须客观真实，不能宣传虚假信息，若商品标题中出现与商品不符的描述，或不符合淘宝网规定的描述，则很容易遭到淘宝的处罚。标题优化并不是一个独立的个体，实际上，为了达到更好的效果，标题优化应该与属性优化、上下架时间优化、橱窗推荐等相配合，且标题不能一成不变，应该根据流量情况进行反复测试。

2. 商品标题的设定

淘宝卖家该怎样让自己的商品在淘宝站内的搜索排名靠前？怎样才能让店铺的商品在同类商品中排名靠前？怎样让买家更容易搜索到店铺的商品？这些都归结于商品标题的设定。商品标题的设定对于提升店铺的成交额有着至关重要的作用，下面先了解关于商品标题的基本规定。

（1）商品标题字数的限制。商品标题的字数限制在 30 个汉字（60 个字符）以内，其中空格算作一个字节。标题要能突出商品的卖点，让买家在第一时间知晓商品的特点。为了保证商品尽可能被买家搜索到，建议卖家尽量把商品标题设置成 30 个字。

（2）商品标题切忌堆砌。商品标题堆砌是指淘宝卖家为了提高商品的流量，同时将多个不同属性的关键词设置为商品的标题。例如，“游泳圈、浴帽、泳衣、救生衣”这类标题中就出现了多个不同属性的商品，这种标题会被淘宝官方判定为堆砌而扣分。

（3）商品标题切忌滥用关键词。滥用关键词是指淘宝卖家为了使上架的商品能引起买家的注意，或者让买家能搜索到店铺已经上架的商品，而故意在商品标题中滥用与上架的商品无关的关键词，致使买家无法准确搜索到需要的宝贝。例如，“正品专柜真维斯男潮裤·雅戈尔·七匹狼春夏休闲裤包邮”，这种宝贝标题会被淘宝官方判定为滥用关键词而降权。

除此之外，不允许在商品标题中恶意添加对赠品、奖品的描述，否则属于乱用关键词。卖家可以将相关促销内容添加到商品描述中。但是参加淘宝活动另有规定的除外。清楚掌握商品标题不能触犯的“雷区”之后，再针对商品标题进行有效的设定。

例如，A 淘宝店铺主营箱包，店铺的“镇店之宝”是行李箱。最近店铺新上一款学生拉杆书包，卖家关于商品标题的设定犯了愁。因为店铺是第一次出售这类商品，谨慎起见，卖家先对这类商品的标题进行了研究。

商品标题相当于商品的门面，优质的商品标题能为商品带来大量的流量和较高的成交转化率，新手淘宝卖家可以根据标题制定的四大组合原理来制定商品标题，如图 3-36 所示，同时结合商品的属性，确定商品的核心关键词、属性关键词和长尾关键词。主推核心关键词，然后利用长尾关键词引流量，最后结合属性关键词组成完整的商品标题。众多新手卖家需要注意的是，在制定商品标题的同时还要注意关键词的排列顺序，可适当按照买家的搜索习惯来设置标题。此外，标题中的关键词还可以进行拆分。

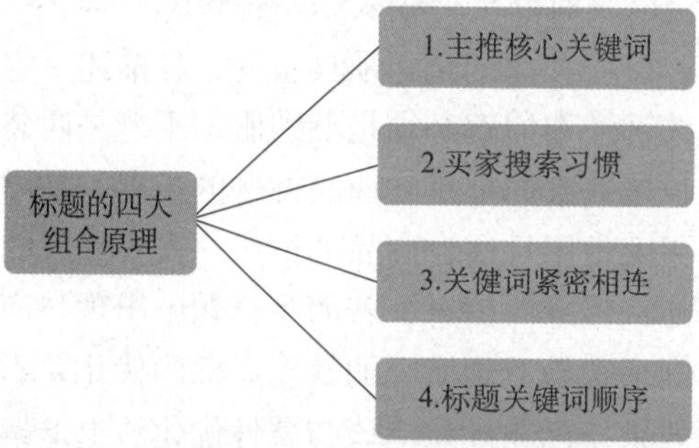

图 3-36　标题的四大组合原理

3.3.2 关键词的获取

商品关键词库的建立和完善程度直接决定了店铺商品标题的完整性和优质性，因此，淘宝卖家需重视关键词库的建立和完善，尤其是新开的淘宝店铺，在店铺的成长初期要做好每项细节工作，为店铺中期的高速发展做铺垫。

完善关键词的途径就是通过不同的渠道来获得关键词，为设定商品标题提供多方面的数据指导。接下来介绍收集关键词几种常用的渠道。

1. TOP20W 关键词

TOP20W 关键词是淘宝直通车免费为广大淘宝卖家提供的关键词表，其中包括女装、女鞋、男装、男鞋以及其他类目的关键词，并且每个关键词可以查看相应的一级类目、二级类目和三级类目，如图 3-37 所示。

	A	B	C	D	E
1	关键词	一级类目	二级类目	三级类目	
2	连衣裙	女装/女士精品	连衣裙		
3	手机	手机			
4	switch	电玩/配件/游戏/攻略	家用游戏机		
5	ps4	电玩/配件/游戏/攻略	家用游戏机		
6	战地5	电玩/配件/游戏/攻略	游戏软件平台	ORIGIN	
7	生化危机2	电玩/配件/游戏/攻略	游戏软件平台	STEAM	
8	全境封锁2	电玩/配件/游戏/攻略	游戏软件平台	UPLAY	
9	华为	手机			
10	充电宝	3C数码配件	移动电源		
11	苹果xr	手机			
12	男鞋	流行男鞋	低帮鞋		
13	鱼竿	户外/登山/野营/旅行用品	垂钓装备	钓竿	
14	圣歌	电玩/配件/游戏/攻略	游戏软件平台	ORIGIN	
15	大码女装	女装/女士精品	大码女装		
16	耳机	影音电器	耳机/耳麦		
17	智能手机	手机			
18	怪物猎人世	电玩/配件/游戏/攻略	游戏软件平台	STEAM	
19	行车记录仪	汽车/用品/配件/改装	汽车影音/车用电子/电器	汽车电子防盗安防	
20	华为手机	手机			
21	显示器	电脑硬件/显示器/电脑周边	显示器&支架	显示器	
22	厨房置物架	厨房/烹饪用具	厨用小工具/厨房储物	厨房储物架/厨房置物架	
23	口红	彩妆/香水/美妆工具	唇膏/口红		
24	平板电脑	平板电脑/MID			
25	女衬衫	女装/女士精品	衬衫		
26	女包	箱包皮具/热销女包/男包	女士包袋		
27	蓝牙耳机	影音电器	蓝牙耳机		
28	中老年女装	女装/女士精品	中老年女装		
29	机械键盘	电脑硬件/显示器/电脑周边	键盘		
30	沙发	住宅家具	沙发类	布艺沙发	
31	单机游戏	电玩/配件/游戏/攻略	游戏软件平台	STEAM	
32	女鞋	女鞋	低帮鞋		
33	鞋柜	住宅家具	柜类	鞋柜	
34	笔记本电脑	笔记本电脑			
35	电脑桌	住宅家具	桌类	电脑桌	
36	水弹枪	玩具/童车/益智/积木/模型	儿童玩具枪	电动玩具枪	
37	窗帘	居家布艺	窗帘门帘及配件	定制窗帘	
38	衣柜	住宅家具	柜类	衣柜	
39	无人机	玩具/童车/益智/积木/模型	电动/遥控/惯性/发条玩具	电动/遥控飞机	
40	电动车	电动车/配件/交通工具	电动车整车	电动自行车	
41	红米note7	手机			
42	卫衣 女	女装/女士精品	卫衣/绒衫		

图 3-37 TOP20W 关键词

课程思政

《关于推进线上线下互动加快商贸流通创新发展转型升级的意见》

大力发展线上线下互动，对推动实体店转型，促进商业模式创新，增强经济发展新动力等具有重要意义。为落实国务院决策部署，推进线上线下互动，加快商贸流通创新发展和转型升级，提出以下意见：鼓励线上线下互动创新；激发实体商业发展活力；健全现代市场体系；完善政策措施。

2. Excel 表格组合

淘宝卖家可以在 Excel 表格中按照商品的名称、品牌、风格等属性进行排列组合。图 3-38 所示为衬衣的组合关键词。

A	B	C
	分类	关键词
名称	宝贝类目	衬衫、职业套装、休闲衬衫、长袖衬衫、七分袖衬衫
	宝贝标签	青春学院风、OL、职场知性、欧美时尚、柔美雪纺
品牌	品牌	韩都衣舍、森马、拉夏贝尔
	货号	A216、X590、5569
细节属性	材质	棉、麻、涤纶、莫代尔
	风格	甜美、文艺、青春、百搭
	颜色	白色、深蓝、天蓝、粉色
	图案	纯色
	尺码	均码、大号、加肥加大
	通勤	韩版、欧美
	上市季节	2020年春
	流行元素	镂空、针织
消费群体	年龄	18-20周岁、20-25周岁
	职业	学生、上班族、自由职业者
	兴趣爱好	爱美女士、数码、运动、宠物
活动	店铺活动	天天特价、限时秒杀、包邮

图 3-38　衬衣的组合关键词

综上所述，淘宝卖家可以采取多种渠道获取商品的关键词，不同的渠道能完善卖家的关键词库。同时，关键词的搜索热度越高，商品被搜索到的概率也就越高。因此，淘宝卖家不管采取哪种渠道获取关键词，最重要的是收集最热门的关键词。

当关键词收集到一定数量的时候，淘宝卖家需要对这些关键词进行筛选，将最优质的关键词加入商品标题中。淘宝卖家该怎么确定最优质的关键词呢？最简单可行的方法就是：在淘宝首页的搜索框中输入商品的类目，搜索框自动匹配的关键词就是最优质的关键词。

3.3.3 设置商品标题的原则

在网店经营中，如何能够吸引买家点击商品是一个比较重要的问题，这与商品标题的编写密切相关，如果商品标题比较吸引人，那么点击的次数就会多，点击次数比较多了，顾客浏览的页面也就比较多，就会使顾客购买的概率增加。

商品标题编写时最重要的就是把商品核心的卖点用精练的语言表达出来。可以列出四五个卖点，然后选择重要的三个卖点融入商品标题中。下面是在商品标题中突出卖点的一些技巧。

1. 标题应清晰准确

商品标题不能让人产生误解，应该准确且清晰，让买家能在一扫而过的时间内轻松读懂。

2. 标题的充分利用

淘宝规定商品标题最长不能超过 60 个字节，也就是 30 个汉字，在组合理想的情况下，包含越多的关键字，被搜索到的概率就越大。

3. 价格信号

价格是每个买家关注的内容之一，也是最能直接刺激买家形成购买行为的因素。所以，如果店里的商品具备一定的价格优势，或是正在进行优惠促销活动，如“特价”“清仓特卖”“仅售 ×× 元”“包邮”“买一赠一”等，完全可以用简短有力的词在标题中注明。

4. 进货渠道

如果店铺的商品是厂家直供或从国外直接购进的，可在标题中加以注明，以突出商品的独特性。

5. 售后服务

在网上不能面对面交易，不能看到实物，对于某些商品，许多买家不愿意在网上购物，因此，许多卖家都提供了有特色的售后服务，如“无条件换货”“全国联保”等，这些都可以在标题中明确注明。

6. 店铺高信誉度记录

如果店铺的信誉度较高，如皇冠级、金冠级等，可以在商品标题中注明，这会增强买家与卖家的交易信心。

7. 卖品超高的成交记录

如果店中某件商品销量在一段时间内较高，可以在标题中注明“月销上千”“明星推荐”等文字，善用这些能够调动人情绪的词语，对店铺的生意是很有帮助的。这样会令买家在有购买意向时，极大地降低对此商品的后顾之忧。

8. 适当分割以利于阅读

如果 30 个字之间没有分割，会使整个标题看上去令人糊涂，如“全场包邮 2016 秋冬新款冬裙羊绒毛呢加厚短裙半身裙”，这么多字没有一个标点符号，完全不分割，虽然有利于增加被搜索到的概率，但是会让买家看得很辛苦，甚至厌烦，所以，少量而必要的断句是应该的。最好使用空格符号或半角分割标题，如“全场包邮！ 2016 秋冬新款冬裙 / 羊绒毛呢功口厚短裙 / 半身裙”。

3.4 店铺装修色彩设计与策划

3.4.1 店铺装修色彩设计的原则

在店铺装修中，色彩的搭配对整体装修效果有着至关重要的影响。店铺装修色彩的搭配既要符合店铺的主题，又要体现店铺的品牌文化以及正面形象，这样才能达到加深买家记忆的目的。

要想装修出具有突出视觉效果的店铺，在店铺装修色彩的选择与搭配上需要遵循一定的原则，主要包括以下几个方面。

1. 保持页面外观统一

店铺整体的颜色一定要给人以统一、协调的感觉，要保持页面外观的统一。当然，统一的外观并不是说只能使用一种颜色，而是说使用一种主色调，在此基础上搭配一些其他色彩。此外，统一的外观不只是指某一个页面要保持外观色彩上的统一，更重要的是整个店铺的所有页面都要保持色彩的统一。如果不同页面之间的风格差异太大，买家从一个页面进入另一个页面时，就很容易产生进入另一个店铺的错觉。当然，不同的页面除了要在色彩上保持统一，还要在店招、导航菜单等元素上保持统一。

2. 色彩搭配有主次

店铺页面中色彩的搭配要有主次对比，整个页面不能只有一种颜色，这样会让人产生单调、压抑的感觉。此外，背景和前文要有明显的色彩对比，但背景图片不能使用花纹繁复的色彩图案，这样会使前文的主题内容不能得到很好的表现。

3. 尽量控制在三种色彩以内

不同的色彩有着不同的表现力，店铺装修并不是要将所有的色彩都用到。一个页面用到的色彩应尽量控制在三种以内。如果使用的色彩太多，就会让页面显得杂乱无章。店铺页面中的色彩分为三种类型，即主色、辅助色和点缀色。在色彩搭配上，有一个黄金比例 6 : 3 : 1，即在一个页面中主色占 60% 的面积，辅助色占 30% 的面积，点缀色占 10% 的面积。卖家不应随意选择店铺装修的主色调，而需要系统分析自己店铺受众群体的消费心理特征，找到他们易于接受的色彩。确定了主色彩之后，要延续使用下去。

在后期的运营过程中，如果发现之前的定位不是很准确，可以对其进行适当的调整。确定了店铺的主色调以后，接下来就要寻找合理搭配的辅助色。辅助色主要用于衬托主色调，避免页面色彩的单调性。在页面配色上，要将主色调的影响力发挥到极致。注意：辅助色只能起辅助作用，不宜过多，以免喧宾夺主。

4. 重要的日子可以采取不同的风格

重要的日子是指各种传统节假日、“双十一”、店铺周年庆等。在这些日子来临时，为店铺页面添加一些喜庆的色彩，可以更好地突出氛围，感染买家的情绪，从而刺激买家的购买欲。

3.4.2 不同色彩的“性格”表现

不同色彩有着不同的“性格”，它们会在一定程度上影响人们的心理感受和情绪。在装修店铺时，充分利用色彩的“性格”表现，能够有效提升店铺页面的视觉表现，给买家带来视觉享受，刺激其购买欲。表 3-1 所示为一些常见色彩的“性格”特点及其适用的场景。

表 3–1　常见色彩的“性格”特点及其适用的场景

色彩名称	“性格”特点	适用的场景
红色	色调温暖，是一种刺激性很强的颜色，是热情、活力、喜庆的代表，容易使人兴奋、激动、紧张、冲动	① 婚庆类商品、女装、化妆品等店铺适合红色系搭配； ② 用于店庆活动或大型促销活动广告图主色调
橙色	具有健康、富有活力、勇敢、自由等象征意义，能让人产生尊贵、温暖、兴奋、神秘等感觉，而且是一种能引起人们食欲的色彩	销售食品的店铺
黄色	会让人产生明亮、灿烂、愉快、高贵、柔和、辉煌的感觉，同时又容易引起人们味觉的条件反射，给人以甜美、香酥的感觉	① 可用于食品类店铺； ② 可用于表现喜庆氛围和富饶景色的画面； ③ 销售高档商品的店铺也适合使用黄色系，给人一种华贵的感觉
紫色	代表着高贵、奢华、优雅、魅力，也象征着神秘、庄重、神圣和浪漫，会让人产生浪漫、柔和、华丽、高贵、优雅的感觉	通常用于以女性为对象或以艺术品为主的店铺，很适合表现珍贵、奢华的商品
绿色	偏向于自然美、宁静、生机勃勃、宽容，会让人产生一种清新、自然、舒适、亲和的感觉	通常与环保意识有关，也经常使人联想到与健康相关的事物，经常用于销售生态特产、护肤品、儿童商品的店铺中
蓝色	给人以沉稳、稳重、冷静、严谨、成熟、淡雅、智慧、科技的感觉	可用于营造安稳、可靠、略带神秘色彩的氛围，销售数码类商品、科技类商品、家电类商品的店铺适合使用蓝色系
白色	让人产生纯粹、客观、淳朴、神圣、光明、明快的感觉	大多数店铺都适合使用白色
灰色	一种最被动的颜色，容易受到邻近颜色的影响。若靠近鲜艳的暖色，灰色就会显出冷静的品格；若靠近冷色，灰色就会变成温和的暖灰色	销售电子、电器商品的店铺
黑色	给人以稳重、高贵的感觉	科技商品可以用黑色来做主色调，而生活用品和服饰用品用黑色可以给人带来一种高贵、神秘的感觉。黑色的暗沉可以让与之搭配的生活用品、服饰的颜色显得更加鲜明、华丽

3.4.3 店铺装修配色方案

色彩是通过人对其形成的印象或者联想来对人产生心理上的影响的，而配色的作用就是通过改变空间的舒适程度和环境气氛来影响买家的视觉感受和刺激买家的购买欲。下面将从色彩的三要素即色相、明度、纯度来介绍一些网店装修中常用的配色方案。

1. 色相对比与调和配色

色相即色彩的相貌，也就是色彩的名称，即我们所说的红、橙、黄、绿、青、蓝、紫。色相是色彩最显著的特征，基本色相的秩序以色相环的形式体现，即色环。色环分为六色相环、九色相环、十二色相环等，其中十二色相环最为常见。

色相对比是指色彩因色相之间的差别形成的对比。一般可以采用四种对比搭配，即同类色搭配、邻近色搭配、对比色搭配和互补色搭配。

（1）同类色搭配。同类色是指色相性质相同，但色度深浅不同的颜色，是在色相环中 30° 夹角以内的颜色。同类色是最弱的色相对比，一般将其看作同类色色相的不同明度和纯度的对比，即通过调整色彩的透明度与饱和度来使色彩产生深浅的区别。同类色会让人感觉非常协调，它们所形成的对比效果单纯、雅致，但也容易出现单调、呆板的感觉。为了不让页面显得单调，可以在页面中加入一些较少的其他颜色来做点缀。

（2）邻近色搭配。邻近色是指色相环中相邻近的颜色。例如，红色和黄色、绿色和蓝色就互为邻近色。在十二色相环中，凡夹角在 60° 左右（不超过 90°）的颜色为邻近色。与同类色搭配相比，邻近色之间的可搭配度更大一些，其产生的效果也更加丰富，富于变化。

（3）对比色搭配。在十二色相环中，夹角在 120° 左右（不超过 180°）的色相关系称为对比色。对比色搭配能让色彩更具表现力，产生强烈、令人兴奋的效果。但是，如果对比色处理不当，容易让浏览者产生视觉疲劳。为了避免发生这种情况，设计者可以采取一些方法来调和对比色所产生的效果，使其更加温和。例如，提高或降低对比色的纯度，在对比色中插入黑、白、灰等分割色，调整对比色在页面中所占面积的大小，以及在对比色中插入类似色等。

（4）互补色搭配。互补色是色相环上处于 180° 角的强对比色，如红色与绿色、黄色与紫色、橙色与蓝色等色组。互补色的搭配可以形成华丽、跳跃、浓郁的画面效果。但是，如果互补色以高纯度、高明度等面积的形式来搭配，就会产生比对比色色组更具视觉刺激的效果，容易使浏览者产生视觉疲劳。

互补色的合理搭配能够让页面中的前景和背景产生空间感，使页面中的主体更加突出。

2. 明度对比与调和配色

色彩的明度也称色彩的亮度，是指色彩明暗、深浅的变化。例如，深黄、中黄、淡黄、柠檬黄等黄颜色在明暗、深浅上的不同表现。明度高的色彩显得自然、清新，明度低的色彩显得神秘、冷艳。明度对比与调和配色是指利用色彩之间明暗的变化使色彩形成对比，分为彩色差的明度对比配色和非彩色差的明度对比配色。

（1）彩色差的明度对比配色。色彩的明度决定了色彩的光感与明快感，色彩的明度对比会让色彩的层次和空间关系更加突出。

（2）非彩色差的明度对比配色。非彩色的色彩个性不太明显，与任何色彩的搭配都可以形成比较协调的画面效果。

3. 纯度对比与调和的配色

色彩的纯度是指原色在色彩中所占据的百分比，用来表现色彩的鲜艳和深浅。纯度是深色、浅色等色彩鲜艳度的判断标准。色彩纯度分为高纯度、中纯度和低纯度三种。

纯度最高的色彩就是原色，随着纯度的降低，色彩就会变暗、变淡。纯度降到最低就失去色相，变为无彩色，也就是黑色、白色和灰色。

色彩的纯度对比与调和配色是指因色彩之间纯度的差异而形成的对比。纯度的对比会让色彩呈现出更加明显的效果。高纯度色彩之间进行搭配，需要对色彩的明度进行调和，这样可以让页面呈现出鲜艳夺目、华丽而强烈的感觉；中纯度色彩之间进行搭配，虽然不会产生强烈的视觉效果，但是能让人产生含蓄、稳重、大方、明快的感觉；低纯度色彩之间的搭配可以形成低调、陈旧、平淡的视觉效果。

知识链接

商品图片的拍摄与优化

网店与传统店铺最大的区别就是买家无法看到商品实物，商品的整个交易过程都在虚拟的世界中完成。网店买家对商品产生的第一印象就来自卖家放在店铺中的商品图片，买家做出的购买决策在很大程度上会受到商品图片的影响。高质量的商品图片不仅能让商品得到更加真实的展示，也能在一定程度上刺激买家的购买欲，从而提升商品的转化率。

3.5 店铺文案的规划与设计

在店铺装修过程中，文字的使用与图片展示同样重要。使用文字能够更好地传达商品、活动、服务的详细信息，并且文字与图片的合理排版，能够让页面更具美感，让信息传达更加准确。

3.5.1 常见的文案字体类型

字体有多种风格类型，对字体进行有效的设计和运用，能够更好地发挥字体的作用。网店装修中常见的字体类型及其特点如表 3–2 所示。

表 3–2 网店装修中常见的字体类型及其特点

字体类型	字体特点	代表字体	适用的商品举例
粗黑类字体	沉稳、硬朗、粗犷，棱角分明，体现力量感等	方正兰亭（粗黑、大黑）、造字工房、汉仪菱心、汉仪综艺等	运动户外用品、男士用品（如男装、剃须刀、男士商务包）、金属品等
纤细类字体	纤细、苗条、细致、优雅、曲线美	宋体、方正细圆、细黑字体等	女装、化妆品
卡通类字体	有趣、可爱、圆润、卡通等	细圆、迷你简卡通、迷你简少儿、舒同体	母婴类、趣味游戏、休闲游戏、游乐园、零食等
书法字体	自由、流畅、洒脱、力量、复古、艺术、中国风等	毛笔字体、繁体字等	复古家具、中国风商品（如旗袍、折扇）等
中性字体	简洁、平静、规整等	兰亭黑体、微软雅黑等	手机、计算机、电器等商品

3.5.2 文案字体的艺术性设计

为了增强店铺页面的可读性和精美性，卖家可以对字体进行艺术性设计，打破传统字体形式的呆板感，让字体的表现形式更加丰富，从而彰显店铺的特点和个性。

微课9

1. 设计文字的立体感

在进行创意字体设计时，可以通过添加修饰形状或阴影的方式来制造文字的空间感，然后通过调整文字的色彩和明暗来增强文字的立体感。图 3-39 所示的页面通过添加阴影来突出文字的立体感，提升了文字的表现力，同时也增强了画面的气势。

图 3-39　设计文字的立体感

2. 设计连体字

设计连体字就是使用一些特定的线条将某些存在笔画联系的单个字紧密地连接在一起，使多个文字形成一个整体，让文字效果显得自然、流畅，如图 3-40 所示。

图 3-40　设计连体字

3. 为文字添加修饰元素

一般来说，设计和制作连体字、立体字花费的时间较长。其实，很多时候卖家只要能够对字体进行合理的变化，或者在字体上添加一些恰当的修饰元素来辅助文字的表现，就能提升文字的创意设计效果。图 3-41 所示是通过添加一些修饰元素来增强文字的艺术感，增强了文字的趣味性和艺术性。

图 3-41　为文字添加修饰元素

3.5.3 文案排版设计

通常来说，网店页面是由文字、商品或模特图片构成的，卖家可以运用一些技巧来编排文字、商品或模特图片，在使它们的关系得到有效协调的同时，提升页面的表现力。

1. 左文右图，左图右文

左文右图或左图右文的排版方式是利用垂直分割的方式将版面分为两个部分，把文字和商品（或模特）图片分别排列在版面的左右两侧，在视觉上使文字和商品（或模特）图片一目了然，使版面在视觉上形成由左至右的流畅感。图 3-42 所示为左文右图的编排方式，图 3-43 所示为左图右文的编排方式。

图 3-42　左文右图

图 3-43　左图右文

根据实际需求，商品或模特图片可以是单张图片，也可以是多张图片，要保证商品或模特清晰、比例适中。版面中的文案一般由大标题、小标题、辅助性说明、优惠券、价格标签等部分组成，文案中的文字可以居中排列，也可以左右对齐，这样能够让整个版面显得整洁统一，视觉上更加舒服。

2. 图文图，文图文

图文图的排版方式就是将文字放在版面中间的位置，版面的左右两侧放置商品（或模特）图片，或者一边放商品图片、另一边放模特图片。这种排版方式能让中间的文字部分更加突出，所以卖家可以在文案的撰写上花费一些心思。

文图文的排版方式就是将商品（或模特）图片放在版面的中间，左右两侧放置文字，如图 3-44 所示。这种排版方式能让版面在视觉上更加突出中间的商品或模特，但如果两侧的文字排版不当，容易让买家在浏览页面时产生视觉疲劳。为了避免这种情况的产生，建议不要把重要的文字信息分别放在商品（或模特）图片的两侧，否则会导致买家无法在第一时间抓住关键信息。可以将重要的信息放在一侧，次要信息或者为了让版面平衡而添加的装饰性信息放在另一侧，并且要保证两侧的文字信息排版整洁。

图 3-44　文图文

3. 上文下图，上图下文

上文下图或上图下文的排版方式是利用水平切割的方式将版面分为上下两个部分，分别将文字和商品（或模特）图片排列在版面的上部与下部，如图 3-45 与图 3-46 所示。通常人们都是按照从上到下的顺序浏览页面的，因此上文下图或上图下文的排版方式符合人们浏览页面的习惯。

采取上文下图的排版方式，需要设计出具有吸引力的文案。在文案的下面可以放置一些爆款商品，让版面显得更加丰富。将商品（或模特）图片放在版面的下半部分，能够让版面在视觉上显得更加沉稳，放置在图片上方的文字则在视觉上产生一种上升感，借助图片与文字之间的相互呼应，可以让整个版面的表现力得以提升。

采取上图下文的排版方式时，切记不要让商品图片和文案被中间的分割线完全分割

图 3-45　上文下图

图 3-46　上图下文

成上下两个部分，否则会让上面的商品图片产生失重、凌空的感觉。文字和商品（或模特）图片可以有重叠，即使文字遮挡住一些商品（或模特）图片也无妨，这样可以增强文字和商品（或模特）之间的关联性，还能增强文字给视觉带来的可靠、安稳的感受，从而增强买家对版面信息的信赖度。

4. 商品包围文案

商品包围文案的排版方式，就是将文案放置在版面的中间，商品分散在文案的周围，既可以水平或垂直摆放（为了增加画面的律动感），也可以倾斜摆放。无论采取何种摆放方式，都要保证画面的干净、整洁。当要展现的商品较多时，适合采取这种排版方式。所谓“萝卜青菜，各有所爱”，买家总会被某款商品吸引。

3.5.4 文案的策划

在网店中，文案体现在方方面面，如主图文案、品牌文案、商品详情页文案、促销活动文案等。高品质的文案能让商品和店铺得到更好的宣传，提升品牌形象，增强买家对商品和店铺的信任度。在进行文案策划时，我们可以从以下几个方面出发。

1. 准确定位目标消费群体

准确定位目标消费群体是撰写文案的基础。由于买家在年龄、性格、职业、收入、兴趣爱好、生活习惯等方面存在着一定的差异，他们的消费习惯也就会有所不同。因此，在进行文案策划时，要对目标消费群体的消费行为进行了解和分析，明确买家购买商品的原因和目的，从买家的需求出发，这样才能写出更具针对性的文案。例如，通过了解和分析，我们发现一些老年人非常看重鞋子的防滑效果和舒适度，所以销售老年鞋的店铺就可以在文案中突出鞋子鞋底防滑、不挤脚的特点。

2. 剖析商品属性

剖析商品属性就是阐述商品的功能，突出商品的特点，这需要卖家充分了解商品所具有的文案价值的属性。例如，某款豆浆机的显著特点是静音，那么“静音”就是这款豆浆机所体现出来的文案价值的属性。在文案中着重突出这一点，就可以吸引那些不想受到豆浆机噪声困扰的买家。

3. 分析商品的利益点

买家在购买商品时，往往会考虑商品的安全性、实用性、便捷性等各个方面。为了让买家在多层考量中选择自己的商品，卖家可以在文案中直截了当地说明自己商品的利益点，也就是强调自己商品的优势，明明白白地告诉买家自己的商品能给他们带来哪些好处，这往往比大篇幅介绍商品功能更容易打动买家。

4. 指明商品的使用场景

很多时候，买家了解的信息往往是商品最常见的通用功能，实际上很多商品如果在某些特殊场景下使用，往往可以收到意想不到的效果。因此，在策划文案时，可以向买家介绍使用商品的特殊场景，这样能够让买家看到商品所具有的更多的隐性价值，让他们感觉物超所值。例如，一款可升降的床，当不使用时可以将其升起，进而扩大卧室内的空间，那么在文案中就可以着重描述“小户型、省空间”的使用场景。

5. 与“竞争对手”做对比

这里所说的“竞争对手”，不仅指经营同类商品的卖家，还包括商品的使用场合、使用环境等。例如，一款太阳能充电宝，在有电的环境下，其优势可能不如依靠电力充电的充电宝，因此其最大的竞争对手不是依靠电力充电的充电宝，而是“电”，所以在策划太阳能充电宝的文案时，可以突出其“不依靠电力，有阳光即可充电”的特点。

课程思政

国内贸易行业标准——电子商务模式规范

该标准规定了基于互联网技术和网络通信手段缔结的电子商务模式，描述了电子商务模式的基本要求，规定了服务提供方主体法人资格、服务对象主体法人资格、中立的第三方参与经营、实物交易、在线支付、售后服务、独立的技术配套设施以及人员技能等方面的要求。

3.6 网店首页的设计

门面能增加对买家的吸引力，从而提升店铺的转化率。网店首页就相当于实体店的门面，首页做得精致、漂亮，能给买家营造出一种信任感和品牌感。

3.6.1 网店首页的结构构成

要了解网店首页的布局方式，首先要了解首页的结构构成。下面将着重分析网店首页的功能性模块。

1. 店招

店招即网店的招牌，包含店铺名称、店铺品牌、店铺优惠活动等重要信息。买家通过搜索进入商品详情页或店铺首页，在首页上部看到的便是店招。店招对买家是否选择继续浏览起到了一定的作用。

2. Logo

Logo 即店铺的标识，品牌专营店一般会沿用商品品牌 Logo，或为网店重新设计与品牌 Logo 相符的标识。Logo 也越来越多地被用在店铺动态、商品外包装及宣传单页上，并且成为店铺站外网络广告的流量入口，对店铺的宣传和引流会起到一定的作用。

3. 通栏

网店的首页并不能涵盖网店所有的内容，大部分信息会在自定义页面中进行展示，所以通栏的作用是将这些自定义页面用清晰、规整的方式进行介绍。通栏一般放在店招的下面，包括全部分类、信用评价、会员制度、品牌故事等信息。

4. 导航

导航一般是为方便买家搜索商品而设置的，主要分为隐形导航、半隐形导航和显形导航。

隐形导航一般以全店商品和所有类目为标题，当鼠标指针移到导航上面时才会显示所有类目，所占位置最小，不易被发现。半隐形导航主要设置几个主要的大类标题，当鼠标指针移到导航上面悬停时会显示细分类目，比较容易被发现。从功能上来说，半隐形导航具有提示性和导购性。显形导航一般出现在首页底部区域，给予买家全面的商品类目提示，对流量进行分流和引导。

5. 分类

店铺的分类和导航的作用类似，只是分类大多数会展示在商品页面的左侧，而导航仅在首页展示。分类可以使用纯文字，也可以使用图文结合的方式划分一级、二级栏目。

6. 海报

海报是店铺中较大型活动的展示，如果出现在店铺第一屏，一般被称为促销图、店铺焦点图等。海报的特点是占用面积较大，内容丰富，一般用作品牌展示、新品展示、活动展示，还可以用作轮播图进行循环播放。

7. 商品展示区

商品展示区是将店铺里的部分商品按照一定的顺序和规则排列出来，其框架可以根据不同商品的大小和独特的展示方式来进行设计。

8. 服务信息

服务信息位于网店首页的下方，提供售前和售后服务说明，可以提高买家的购物体验，减少客服的工作强度，减少买家服务需求的等待周期。服务模块大多放置在页面的底端，也具有一定的引导作用，还能增加买家对网店的信任感。

9. 推荐

推荐模块主要用于完善店铺内其他模块未能展现的商品，也可以用来展现店内推广的商品，增加预热商品或主推商品的展现。

10. 活动展示

店内需要用活动展示模块来增加网店的点击量，提高转化率。活动展示模块的展示方式直接影响网店的销售情况。

3.6.2 网店的命名

在为网店命名时，卖家需要综合考虑多个方面的因素，可以分别从卖家、买家、商品产地、文化内涵等多个角度出发来给网店命名。

1. 从卖家的角度出发

从卖家的角度出发来命名是最为常见的。在从这个角度命名时，要让店名显得亲切、自然，便于买家记忆。例如，一个销售礼品的网店取名为“思思有礼——时尚精品店”。

2. 从买家的角度出发

卖家可以从店铺所针对的主要消费群体的心理追求出发来为店铺命名。例如，一个主营女装的店铺起名为“前卫女生”。“女生”是这个店铺的主要销售对象，“前卫”体现了店铺商品的特色，同时也是这类群体的心理追求。这样的店名能够满足这类群体的需求，使她们对店铺产生好感，从而提高店铺的浏览率和成交率。

3. 从商品产地出发

有些商品属于某地的特产，这时标出商品的产地，可以使买家对商品的质量更加放心，如山西的陈醋、温州的鞋子、义乌的小商品、新疆的干果等。而对一些不带有鲜明地方特色的商品来讲，这种方法是不适用的，如电子商品和生活用品，全国各地都有销售，而且相互之间的差别不大，这时再突出表现产地就没有任何意义了。

4. 从文化内涵出发

如果店铺的名称在实用的前提下能够体现出一定的文化内涵，就能给店铺加分。店名的内涵在一定程度上体现了卖家的文化修养，而一定的文化修养可以在一定程度上反映一个人的审美和品位。因此，一个有文化内涵的店名能够给买家留下良好的第一印象。例如，一家销售新娘装的店铺起名为“花伊语”。

5. 从商品品牌和服务质量出发

很多时候店铺可以直接以经营的品牌来命名，这样的店名让人感觉商品品牌正规，给人以信赖感。而且这样的店名往往能够吸引较高层次的消费人群，所以店铺内的商品定价也会比较高。对这样的店铺来说，名称简约但不简单，如“七匹狼男装旗舰店”。

6. 从市场竞争出发

店铺的名称说到底是为了在市场竞争中取得一席之地，所以卖家在命名时不能只关注自己的特点和想要表达的东西，更应该关注竞争对手的相关状况，然后针对其特点表现自己与众不同的特点和优势，想出更具吸引力的名字，在起点上就打败对手。

7. 从店铺特色出发

有些网店以复古风格或怀旧为主题，对这类网店来讲，在店名中加入一些传统实体店的元素可能会更好。例如，某个雪纺专卖店起名为“仙衣阁”。雪纺的衣服本来就略显复古，很有古代女子衣袂飘飘的感觉，“仙衣阁”这个名字既让店铺充满了脱俗的“仙气”，又让店铺充满了文化气息。

3.6.3 店招的设计

店招是一家网店的门面。如果店招没有足够的吸引力，就很难给买家留下深刻的印象。因此，在设计店招时构思和创意非常重要。下面从店招设计的构思和创意出发，介绍几个设计店招的技巧。

1. 店名样式的设计

这里所说的设计店名，并不是说店名用哪个字，而是在已经想好店铺名称的前提下，考虑将店铺名称设计成什么样式，是简简单单的字体，还是花式变形体。一般来说，店名样式的设计要考虑店铺商品的主要风格与特色。图 3-47 所示为一个主营婚纱礼服的店铺的店招，该店招颜色淡雅，并配有花式字体，与店铺的整体风格相得益彰。

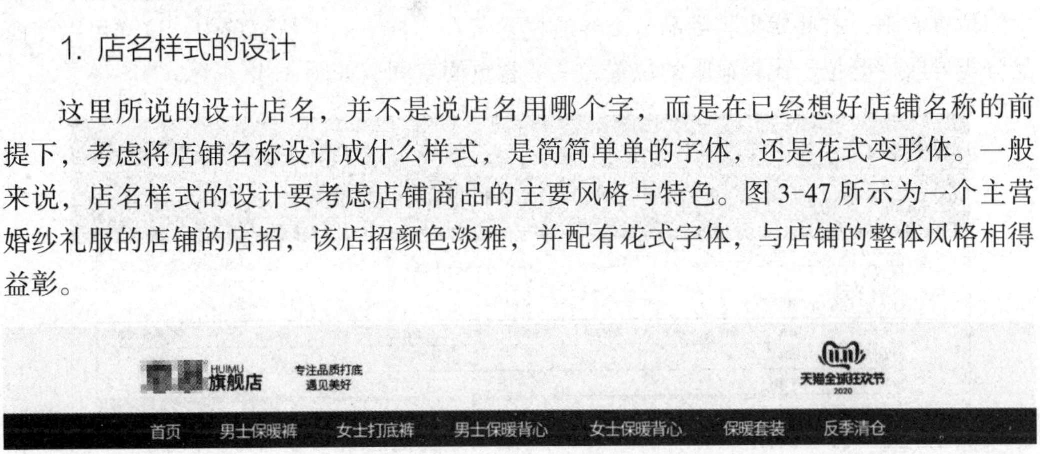

图 3-47　店名样式的设计

2. 背景图片的选择

店招在第一时间就会被买家看到。要想引起买家足够的兴趣与重视，卖家就要让店招的设计更具视觉冲击力。而影响视觉冲击力最主要的因素就是背景图片，包括背景图片的形象和主色调，动态图片的颜色变换，图片的大小和位置，以及与文字的配合等。

对背景图片的颜色，一定要保持整洁性，不要使用过多的颜色，以免店招过于花哨，给买家造成视觉疲劳，使买家关注度流失。一般来说，背景图片使用 1～3 种颜色即可，并且应尽量减少使用过于刺激的颜色。

3. 店招文字的设计

店招上除了店铺名称，一般还会有其他的文字内容，包括店铺宣言或最近的优惠信息等，而这些文字的形式、位置和大小都需要格外留心。

首先，要保证文字信息准确无误；其次，文字内容不宜太长，尽量做到语言简洁，没有多余文字；最后，一定要协调好这些文字和店铺名称的关系，不能因为突出某些内容而湮没了店铺名称。因为优惠活动和广告是为买家这次的购买服务的，而店铺名称是赚取回头客的法宝，开店不能做“一锤子”买卖，要为店铺的长期发展考虑。

3.6.4 商品分类导航栏的设计

商品分类导航栏是店铺首页非常重要的板块之一，一般位于首页的左侧。一个条理分明的商品分类导航栏不仅可以方便卖家对商品进行批量管理，也能为买家购物提供指引，为其节省时间和精力，让买家感受到卖家的体贴与周到，这样就能增加店铺的关注和人气，从而提升商品的销量。

下面将介绍几种商品分类导航栏设计的方法和技巧。

1. 将导航栏隐藏于下拉菜单中

大部分的商品分类导航栏都位于网店首页的左侧，但有时出于具体内容的需要或者空间位置有限，有些卖家将商品分类导航栏隐藏在店招下的下拉菜单中，这样可以使商品分类导航栏既位于比较显眼的位置，又节省页面空间，如图 3-48 所示。

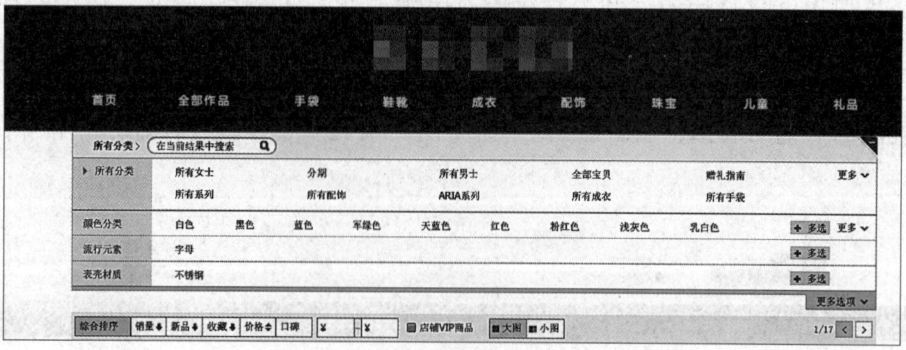

图 3-48　下拉菜单中的商品分类导航栏

2. 使用级联菜单

在商品分类导航栏中，如果店铺中的商品种类较多，详细分类占用位置也多，就不利于买家阅读和查找。这时可以考虑使用级联菜单，在上一级分类中进行再次分类，这样会显得条理比较清楚，如图 3-49 所示。

图 3-49　一级菜单分类

3. 添加商品排序

在商品分类导航栏中可以添加商品排序，这样买家在浏览商品时就可以按照自己的需求优先看到自己希望找到的商品。同时，商品排序也是对本店商品的一种整体推荐。

也可以按照新品上架的时间来分类，这样便于推荐新品，同时便于买家找到曾经购买的或者亲友推荐的商品，而且按照时间来分类会给买家一种专注、用心的感觉，表明店铺中的商品不是一成不变的，这样更容易赢得买家的信任和好感。

4. 添加商品图片

有的卖家会在商品分类导航栏中添加商品图片，这样既美化了界面，又起到广告的作用。在这种情况下，图片如果是动态更替的，效果就会更好，因为动态的图片比静态的图片更能吸引人们的视线和注意力。

技能实训

【实训题目】淘宝店铺的设计与装修。

【实训目标】

（1）能够通过教师讲解、案例讨论掌握相应的知识点。

（2）初步学习团队合作，发挥每一个团队成员的能力，学习小组讨论、分析评价的方法，对讨论的问题进行记录并提交小结，完成案例讨论。

（3）能够形成初步的独立思考能力。

（4）能够培养初步的自主学习能力。

【实训内容与要求】

（1）由教师介绍实训的目的、方式、要求，调动学生参与实训的积极性。

（2）由教师布置模拟实训题目，题目如下：登录淘宝网，注册账号并开通淘宝店铺，根据自身条件，进行店铺的设计与装修。

（3）对学生进行分组，确定各小组的组长和人员分工，学习小组学习方式，确定小组团队要做什么，要达到什么目的。

（4）由教师介绍淘宝店铺装修设计的相关案例以及要讨论的话题。

（5）各小组对教师布置的问题进行讨论，并记录小组成员的发言。

（6）根据小组讨论记录撰写讨论小结。

（7）各组相互评议，教师点评、总结。

【实训成果与检测】

（1）成果要求。

① 提交案例讨论记录：教学分组按 3～5 名学生一组，设组长 1 人、记录员 1 人，每组必须有讨论、工作分工的详细记录，以作为考核的依据。

② 能够在规定的时间内完成相关的讨论，学习团队合作方式，撰写小结。

（2）评价标准。

① 上课时积极与教师配合，积极思考、发言。

② 认真阅读案例，积极参加小组讨论，分析问题的思路较为开阔。案例分析基本完整，能结合理论知识解答问题。

③ 团队配合较好，积极参与小组活动，分工合作较好。

思考与练习

一、填空题

1. 装修前应该先收集符合自己风格的素材，用 Photoshop 按照店铺模块尺寸设计制作图片，制作好之后上传图片空间。收集素材途径有：________________________。

2. 在对________店铺进行装修的时候，应该尽量突出一种自然、清爽、健康的特点，通常以粉色、绿色、蓝色为主色调更能够体现店铺的信誉，得到消费者的信赖。

3. ________处于店铺首页中可编辑区域的顶端，可以展示店铺的名字、Logo、图片、收藏店铺及一些促销广告语。

4. 店铺导航区最多可设置________项一级内容，但超过页面尺寸宽度部分将不给予展现。

二、简答题

1. 简述首饰店铺装修时的风格特征。
2. 简述收集素材的途径。
3. 简述店铺装修的主要模块。
4. 简述如何撰写店铺文案。
5. 简述店内搜索模块设置的作用。

第4章 店铺推广

学习目标

- 了解淘宝站内推广方法；
- 理解店内优化思维以及正确的开店方法；
- 掌握店内优化方法以及店内推广方法；
- 掌握新媒体平台营销推广的多种方式；
- 掌握免费试用的报名条件和报名流程；
- 掌握开通淘金币和报名淘金币活动的操作方法。

4.1 淘宝 SEO

4.1.1 淘宝 SEO 概述

对于一个网站而言，搜索引擎优化（search engine optimization，SEO）主要是指通过站内优化（如网站结构调整、网站内容建设、网站代码优化等）以及站外优化（如站外推广等），提高网站的搜索引擎排名以及企业产品曝光度的活动。网店的搜索引擎优化主要分为两种：第一种是网店在站外搜索引擎（如百度、谷歌等）中的优化；第二种是提升在淘宝网、天猫商城内的搜索排名，通过优化网店商品标题、类目、属性、上下架时间等来获取较好的排名，从而获取淘宝网搜索流量。本章主要介绍第二种搜索引擎优化。搜索引擎优化对提升网店自然搜索流量起着至关重要的作用。

1. 淘宝网自然搜索的原理

通常来说，自然搜索流量是指当买家在搜索商品时，卖家不用付费，其网店的商品自然获得的流量，其中，买家点击一次就算一次流量。一个网店能不能有长远的发展，自然搜索流量起着关键的作用，网店自然搜索流量稳定，对网店的转化率和人气会有积极的影响。淘宝网的自然搜索流量一般占据 30%～40% 的流量入口。

了解淘宝网、天猫商城的自然搜索原理可以帮助卖家更好地制定 SEO 策略，商品的类目、属性和标题是最初的筛选环节，之后再进行竞争排名，从而得到最终的展现排名。可见，商品的类目、属性、标题及被搜索出的商品之间的排名竞争规则是淘宝网、天猫商城自然搜索的关键。

2. 淘宝网搜索引擎的工作步骤

微课10

一般情况下，影响商品排名的因素有很多，如关键词、人气等，那么当买家在搜索栏中输入关键词时，淘宝网、天猫商城的搜索引擎是怎样工作的呢？

当买家使用关键词进行搜索时，搜索引擎工作的第一步是“猜”，即“猜”买家到底想要搜索什么结果，然后把结果提取出来并进行推荐。例如，买家输入“牛仔裤”，搜索引擎会按照商品的排名等条件，罗列出与关键词“牛仔裤”相关的关键词，如牛仔外套、牛仔女、牛仔裙、牛仔外套女、牛仔连衣裙等，图 4-1 所示的“您是不是想找”后罗列的就是与“牛仔裤”有关的关键词。

我们可以发现，搜索引擎搜索出来的商品共有 100 页，每页展现 48 件商品，共 4 800 件商品，这些商品是从淘宝网、天猫商城筛选出来的，其实买家搜索出的商品远远大于 4 800 件，而淘宝网、天猫商城的买家一般只翻看前几页，所以抢占一个好的排名非常重要。在这个过程中，淘宝网、天猫商城搜索引擎对买家输入关键词的分析可以分为三个阶段。

（1）匹配关键词。淘宝网、天猫商城搜索引擎“猜”买家输入的关键词并非毫无根据，而是对买家在某个时间段内的关键词行为进行记录并进行概率统计的结果，从而“猜出”买家想要什么。比如，买家输入“小米”，搜索引擎会猜出买家可能想要一部小米手机，从而将小米手机推荐给买家，而不是可食用的小米。

（2）匹配类目。淘宝网、天猫商城搜索引擎会对提取出来的商品进行类目匹配。比如，买家搜“牛仔裤”时，就会呈现出“品牌”“选购热点”“裤长”“女装”等分类，从而便于买家进一步根据类目筛选要找的商品，如图 4-1 所示。

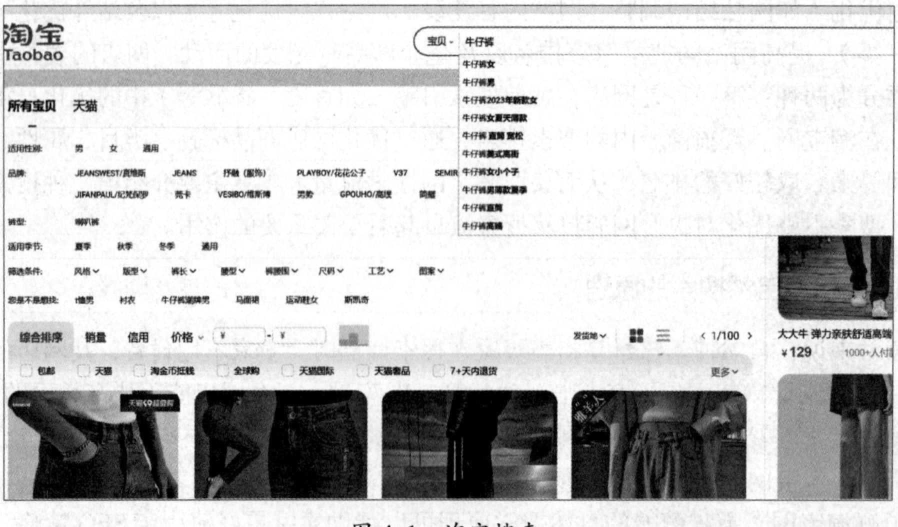

图 4-1　淘宝搜索

（3）个性化搜索。一般淘宝网、天猫商城的个性化搜索是根据买家上网时留下的痕迹，从而去判断买家的本次搜索倾向于要找什么样的商品。例如，通过分析买家曾经买过哪些商品、把哪些商品放入了购物车、收藏过什么商品或网店等，去判断买家本次搜索会倾向于要买什么样的商品。

可见，淘宝网、天猫商城上看到的商品标题在很大程度上是提供给搜索引擎“看”的，从而让系统“猜”出这就是搜索某关键词的买家真正需要的商品。

知识链接

淘宝网、天猫商城 SEO 筛选的步骤

淘宝网、天猫商城 SEO 筛选的过程分为七个步骤：①相关性筛选（类目相关、属性相关和标题相关等，不相关的商品会被直接屏蔽）；②违规过滤（有过违规行为的商品会被直接屏蔽）；③优质网店筛选（优先选择权重高的网店）；④优质商品筛选（优先展示权重高的商品）；⑤橱窗推荐（将橱窗推荐的商品优先展示）；⑥上下架筛选（当淘宝网将很多优质商品筛选出来之后，会按照下架时间来排序）；⑦个性化推荐（根据买家上网时留下的痕迹，判断其本次搜索会倾向于购买什么样的商品）。

4.1.2 淘宝 SEO 的处罚重点

淘宝网、天猫商城搜索排名越靠前的商品，获得的展示机会就越多，得到的流量也就越多。为了给众多商品排出顺序，就需要搜索引擎进行一番计算。一般来说，淘宝网、天猫商城搜索引擎主要考虑商品综合权重的分值，商品综合权重又分为两个方面：一是网店权重，通常情况下，影响网店权重的因素有旺旺在线时长、跳出率、买家保障、退款纠纷率、降权、全店的动销率和滞销率、回头客、店铺动态评分等；二是商品权重，一般影响商品权重的因素有点击率、转化率、橱窗推荐、商品属性的完整度和准确率、关键词匹配、下架时间、信誉、销量、价格、商品评分、商品主图和详情等。

4.1.3 淘宝 SEO 搜索排名的影响因素

影响商品排名的因素主要有影响网店权重的因素和影响商品权重的因素两个方面。

1. 影响网店权重的因素

（1）旺旺在线时长。保持旺旺时时在线是非常重要的，在淘宝网、天猫商城进行搜索时，位于前几页的网店，其旺旺几乎始终保持在线。旺旺在线和旺旺的回复响应时间都是影响搜索的因素。当然，如果卖家实在太忙，可以给旺旺设置一个自动回复，也可作为一种快速响应。

（2）跳出率。跳出率是指买家浏览了首页就离开的访问量与总访问量的比值。淘宝网根据买家在网店的停留时间和跳出率来判断商品描述是否吸引人，买家停留时间越长、在网店中浏览的页面越多，跳出率越低，越有利于提高排名。

（3）店铺动态评分。店铺动态评分是网店综合服务水平的体现，店铺动态评分越高，对提高排名越有利。

（4）全店动销率、滞销率。全店动销率是指在一定周期内有销量的商品数量与全部上架销售的商品数量的比值。一般以 30 天为一个周期。比如，卖家有 10 件商品，30 天内有 6 件商品卖出，那么动销率就是 60%。滞销商品是指在最近 90 天之内，无编辑、无浏览、无成交的商品，滞销商品虽然一直处于上架状态显示在淘宝网店内，但是永远不会被买家搜索到。滞销率为滞销商品与全部上架销售的商品数量的比值。滞销商品越多，滞销率越高，网店的权重也就越低。

一般来说，卖家如果能够做到在 7 天之内，每种商品至少有一笔销量，网店的动销率就会提高，对增加网店的权重也越有利。通常情况下，对网店而言，动销率为 80% 是及格线，动销率为 90% 是优秀，动销率为 100% 是最好。建议卖家将长时间未出售的商品进行重新编辑或下架，以便提升网店的权重。

（5）回头客。回头客越多的网店，排名会越靠前。同理，商品复购率越高的网店，排名也会越靠前。

（6）退款纠纷率。退款纠纷是指买卖双方未自行协商达成协议，由淘宝网介入并且判定为支持买家以及维权成立的维权笔数总和。退款纠纷率是指 30 天内退款纠纷笔数占支付宝成交笔数的比例。退款率和纠纷率是判断商品质量和服务质量的重要指标，退款率比同行高的网店的排名会降低，而有纠纷或纠纷率高的网店会被淘宝网做降权处理。

（7）降权。当淘宝网判断网店出现违规行为时，会对网店进行降权处理，因此卖家要熟知淘宝网的规则，避免出现违规行为。被降权的主要原因有炒作信用、故意堆砌关键词、重复铺货、邮费做假等。目前最长的降权时间是从最后一次不规范的操作开始计算，30 天左右结束降权。

2. 影响商品权重的因素

（1）商品属性的完整度和准确度。卖家可以进入淘宝网的体验中心，对自己的网店和商品进行细致的检查，诊断网店存在的问题，包括商品是否被降权、被屏蔽，是否有待搜索优化的商品等。淘宝网卖家在填写商品属性时，必须尽量完整且定位准确。尽量完整是指尽量按照淘宝网中列举的条目填写完整，定位准确是指描述商品的类目和属性时必须准确，如平底鞋，必须填写为平底鞋，不能写成高跟鞋等，否则容易被淘宝网进行降权处理。

（2）商品标题关键词的匹配性。一般来说，淘宝网、天猫商城中商品的标题关键词要使用该商品所在类目下的热搜关键词，同时，商品的详细描述中最好也包括热搜关键词，这样更有利于提升排名。图 4-2 所示为商品详情描述中的热搜关键词。

（3）点击率。点击率是指商品展现后被点击的概率，即商品被点击的次数与被显示次数之比。新品上架后的随机展示概率是相似的，在固有的展示次数里，如果点击率高，则表示该商品的标题和图片的搭配比较合理，能够获得不错的关注度，淘宝网会继续增加该商品的展示机会。如果商品的点击率过低，则可能会被降低排名。

（4）转化率。转化率是指进店的所有访客中成功交易的人数比例，也是商品能否得

图 4-2 商品详情描述中的热搜关键词

到买家认可的一种体现。一般来说，转化率越高的商品，商品特点描述详细、商品展示图片清晰，并符合买家的实际需求，买家信任度也越高，淘宝网将对这类商品的排名进行提升。对于转化率过高的商品，为了鉴别真伪，将进入人工审核系统，审核合格则给予提升排名的处理。如果检验出有“刷信誉”“刷单”等嫌疑，则会做降权处理。

（5）上下架时间。在淘宝网，商品即将下架时会获得排名提升和更多的展示机会，这就是慎重设置商品上下架时间的原因。不同商品上架要分时段，这样才可以保证商品在一天的不同时段都有展示。在商品展示的时候，卖家最好能在线服务。一般情况下，一天中淘宝网的交易高峰有三个时间段：9:00—12:00，14:00—17:00，20:00—22:00。

（6）橱窗推荐。橱窗推荐的商品排名一般靠前，金牌卖家还可以获得精品橱窗，精品橱窗对商品权重的影响很大。

（7）商品主图和商品详情。商品主图应该真实反映商品最直观的部分，要避免让过多的文字、图片掩盖商品的真实面貌，要努力让买家通过商品主图了解商品的细节。为了更好地提升买家的搜索购物体验，淘宝网、天猫商城搜索引擎会对质量较差的主图进行流量限制。

如果商品主图能在第一时间吸引买家的注意力，商品详情又给买家提供了与商品本身密切相关的信息，就能提高商品的购买转化率。一般而言，商品详情对商品自然排名的影响主要体现在转化率、跳出率和访问时间等方面，如果这些指标均表现优秀，那么淘宝网、天猫商城搜索引擎会认为商品的主图和详情比较符合买家的需求，从而增大其权重。

（8）交易量。交易量分为商品总交易量和最近 30 天的交易量，搜索引擎会以最近 30 天的交易量为参考。交易量越大，商品的权重越大。

（9）收藏。很多买家会收藏自己喜欢的网店或商品。收藏量从侧面反映了网店或商品的受欢迎程度。收藏量越多，网店或商品的权重越大，越容易排到搜索结果的前列。

4.2 打造爆款

4.2.1 做好爆款各个阶段工作

爆款不是一夜之间诞生的，而是在有计划、有目标的精准化流程下被打造出来的。对于商家来说，把握打造爆款的四个阶段是十分必要的。

1. 预热期

很多商家在打造爆款的初期，喜欢用直通车、钻石展位等进行密集的广告投放，但其实收效并不理想。在打造爆款的初期，商品没有销量，没有评价，转化率可能不如人意，所以推广成本会非常高。在打造爆款的初期，商家可以让客服人员利用店铺的现有流量对要打造的商品进行初期预热。在该阶段商家主要做好以下三项工作。

（1）店铺快速上新。了解商品属性，制作商品主图与商品详情页，安排上下架时间等，争取以最快的速度上架商品。

（2）展示爆款。在店铺明显的位置对商品进行紧急性展示，如店招、首页海报、描述页关联推荐、详情页左侧热卖推荐等，通过全店商品给爆款商品导流。

（3）统计商品销量。对新上架的所有商品的销量进行分析，观察爆款商品是否有销售记录。没有销量的商品即使再好也会引起消费者的不信任感，此时商家可通过组合销售等方式，先为商品积攒一定的销量。

2. 成长期

如果商品在预热期积累了一定的销量，那说明该商品确实具有推广潜质，商家可对其加大推广力度，冲销量。该阶段的主要任务是尽快提高主推商品的销量，达到本类目爆款的水平，同时应加大广告投入，通过店铺促销活动带动全店商品的销售。冲销量最常规的方法是降低商品价格，也可以通过以下手段来达到目的。

（1）活动冲量。参加淘宝网的销售活动，如淘金币、天天特价、会员购等，这些活动的投入费用不高，但能快速聚集人气，提高销量。

（2）付费推广。为爆款开通直通车、钻石展位等推广计划，测试直通车图片、钻石展位海报的点击率，然后对商品的主图和详情页再次进行优化。

3. 成熟期

冲销量环节结束后，商品的人气、销量提高，并且在淘宝网搜索页中有一定的优势。成熟期主要的任务就是在维持销量的同时提高利润。此时，店铺爆款的销量与人气将逐渐下降，即使在直通车稳定投放的情况下，店铺流量也会下降，在该阶段商家再对该商品大力推广可能会事倍功半。当爆款开始走下坡路，并且其他商品无法替代当前爆款的情况下，店铺的业绩很有可能下滑，为了避免这一情况，打造“爆款群”无疑是一个不错的选择。打造“爆款群”，即通过当前爆款迅速提高店铺其他商品的销量。

4. 衰退期

随着时间的推移和市场的周期变化，可通过关联销售和搭配销售提高整个店铺的销量。可筛选搭配套餐内比较受欢迎的商品，然后将其单独进行销售，以追求利润的最大化。

4.2.2 爆款的选款

商家打造爆款有很多方法，较常用的方法有直通车、淘宝客等。商家可以结合自身情况选择适合自己店铺的方法。

1. 利用直通车打造爆款

直通车是将商品展现给消费者的一种快捷方法，在打造没有独特优势的商品时，尤其需要利用直通车。但是利用直通车打造爆款需要在前期投入成本，因此在使用时更要讲究策略。中小商家在挑选直通车商品的关键词时要注意避开行业主关键词，若直接选择主关键词进行推广会增加竞争压力，很可能导致推广效果不理想。例如，一款露背连衣裙，用直通车推广时，将关键词设置为“露背连衣裙”比设置为“连衣裙”的展示概率更大，定位人群也更加精细，这就减少了流量的浪费。使用直通车推广爆款商品时，商家可以同时推广两组相似的商品，并设置相似的标题，此时直通车会不定时地将两组商品的测试方案有很多。例如，广告画面相同，但文案和促销点不同，可测试消费者最感兴趣的宣传点。同一资源位置，多次测试，使用不同的创意，再根据点击率、转化率等数据表现进行再次筛选。

2. 利用淘宝客打造爆款

淘宝客作为一种独特的推广形式，也具备打造爆款的功能。其好处在于商家可以将推广风险降到最低，并且不用提前投入推广成本。在完成前期测款后，根据爆款所处的不同阶段来设置相应的佣金比例。通常淘宝客佣金比例设置的范围为5%～50%，商家可以在这个范围内任意调整。下面具体介绍不同阶段淘宝客佣金的设置策略。

（1）初期。对于刚上架不久的商品，商家在设置佣金比例时，可考虑最大限度地让利淘客，以获得更多的推广机会，此时应适当提高佣金比例回报淘客，如50%。此外，当淘客按30天的佣金支出进行搜索时，佣金越高的店铺，商品排名也越靠前。

（2）中期。随着销量的逐渐提高，商品有了较大的市场占有率，此时商家可适当降低佣金比例，逐步实现盈利。

（3）后期。当市场销量比较稳定后，该商品的推广佣金也要稳定下来，且不要轻易更改，以免淘客流失。

4.2.3 爆款的维护

在进行一段时间的推广之后淘宝爆款就进入了稳定期，此时商家最需要做的就是跟进与维护爆款。只有维持爆款的热度，才能提高客单价和转化率。对于商家来说，维持爆款热度主要有两种方法，即“饥饿营销”和关联营销。下面分别进行介绍。

1. 利用“饥饿营销”维持爆款热度

在市场营销学中，“饥饿营销”即商品提供者有意调低产量，以期达到调控供求关系、制造供不应求“假象”，以实现商品较高售价和利润率的目的。“饥饿营销”的操作方法很简单，即淘宝商家用惊喜价将潜在消费者吸引过来后，限制供货量，造成供不应求的热销假象，从而提高售价，或使消费者产生紧迫感，催促其下单，以赚取更高的利润。“饥饿营销”在爆款衰退期时可以在一定程度上维持爆款的热度。“限量秒杀”“限时领券”“每日前30名”等都是“饥饿营销”的常用手法。

2. 利用关联营销维持爆款热度

所谓关联营销，即快速打造全店的爆款群，把店铺的全部商品贯穿在一起，用一个爆款带动另一个爆款。许多商家在关联商品时比较随意，店里有什么商品就关联什么商品，很显然，在大多数情况下，这种关联营销是没有任何效果的。该如何进行科学的关联呢？下面对关联营销常用的技巧进行介绍。

（1）多渠道关联。除了在详情页中进行商品关联，关联商品的途径还有很多，如“网红”“达人”“意见领袖”的分享，这些都可以达到关联商品的目的。

（2）活动专题式关联。活动专题式关联的方式有很多，如买就送、满就减、搭配套餐、换季清仓、庆典促销、买赠活动等。

（3）场景诱导化关联。一般情况下，消费者在购买某一种商品时，基本会有特定的应用场景，往往在这种特定的应用场景下，需要不止一种商品，如帐篷为野外露营设备，而登山鞋、背包等都属于在野外露营时可能会使用到的辅助设备。

（4）关联同等消费档次的商品。不同消费水平的消费者能接受的价位是不同的，因此商家做关联营销时，关联的商品要与消费者浏览的商品处于同等消费档次。

（5）关联同种风格但不同细节的商品。引流商品的风格与属性在一定程度上是为消费者所喜欢的。因此，在做关联营销时，关联同种风格但不同细节的商品更容易获得消费者的关注与点击。

（6）关联可以搭配或者互补的商品。如引流商品是一件白色雪纺上衣，推荐区中可直接关联与之搭配的几款连衣裙。

3. 维护爆款带来的客户群

爆款打造成功后势必会带来较高的销量，甚至提高店铺中其他商品的销量，此时商家需要做的就是维护爆款带来的客户群。如果店铺只依靠新客户的一次购买，当爆款热度下降或爆款下架后，就很难再继续盈利，所以抓住爆款带来的客户群，将新客户培养成老客户，使其持续为店铺创造收益就变得十分重要。

（1）维护客户群的好处。一般来讲，爆款能够在短时间内带来大量的新客户，形成一个客户群即客户池。如果商家能够用心维护客户群，将为店铺带来以下三个方面的好处。

① 提高店铺的 DSR（detail seller rating，卖家服务评级系统）动态评分。店铺的 DSR 动态评分是商家晋升为金牌商家的重要考核标准。若店铺的复购率高、评价好，DSR 动态评分也会得到相应的提高。对淘宝商家而言，成为金牌商家能够提高消费者对店铺的信任度，并且可以获得淘宝网给予的更多特权，如橱窗位和会员频道优先展示，优先参与淘宝网官方活动和免费获得学习教程等。

② 提高店铺的流量价值。流量对于每个店铺而言都是十分可贵的，因此，许多商家会花钱用直通车、钻石展位、淘宝客等来提高流量，但流量的转化率都很难有保障。若是老客户进入店铺，由于其对店铺的了解较多，店铺的商品比较符合其要求，因此成交率比较高，店铺的流量价值也会得到提高。

③ 提高客单价。若是商家设置了优惠套餐活动，老客户参与的积极性会更高，这有利于提高客单价。

（2）维护客户群的方法。维护客户群有很多方法，如商家可以在店铺内设置 VIP（very important person，贵宾），消费者在店里消费到一定金额后升级为 VIP，而 VIP 可以享受更多的优惠待遇。

商家还可以选择恰当的时机与老客户进行互动。例如，打电话邀请老客户参加店庆活动、节日活动，发送问候短信、贺卡和小礼品，或赠送打折券等，及时告知店铺促销情况以及新品上市情况，保证店铺在老客户群中的曝光率，提高店铺的人性化服务质量。和老客户互动，商家既可以维持老客户的忠诚度，提高店铺销量，又可以趁机引导老客户带来新客户。

4. 由夭折爆款总结的经验教训

“失败乃成功之母”，若商家打造爆款失败了，也千万不能灰心，而需要找出原因，为后面成功打造爆款积累经验。一般而言，打造爆款失败可以从以下六个方面寻找原因。

（1）商品定位不明确。有些商家的商品不错，但在打造爆款的后期还是失败了，这时再去分析竞争对手的爆款，即可发现，自家商品的卖点不够突出，没有将卖点清晰地展示给消费者，因此，对消费者没有足够的吸引力。此时，商家需要从商品的主图、详情页和商品文案等方面入手，在深入了解商品的特点与功能后对商品进行明确的定位。

（2）没有破零的商品。没有销量的商品会使消费者产生不信任感，因此打造爆款时，销量破零是必需的。爆款商品比普通商品的破零要求更高，如果普通商品销量达到 10 件算破零，那么爆款商品破零就需要达到 100 件，从新品上市到突破 100 件销量并不是一件轻松的事，此时商家可考虑将有需求的朋友变为消费者，再通过他们的推广达到破零的目的。

（3）商品推广不到位。在浏览淘宝网时可发现，绝大部分爆款会出现在等级较高且月销售额较高的店铺中，因为这些店铺的商品曝光率高。如果商品曝光率不高，商家可以通过推广提高商品的曝光率。

（4）货源无法保证。若在打造爆款的过程中供应链时常断开，则可能导致商家无法正常发货，进而出现消费者退款、给出差评等情况。当然相比外部货源，自营货源更有保障。另外，许多商家喜欢采用预售的形式来销售商品，以避免成本的增加。

（5）资金补给漏洞。爆款的打造是一个长期的过程，因此要求商家准备足够的资金以应对一些突发情况。

（6）战略战术上失利。没有结合自身的资源情况找到适合自己的营销方式，也会导致爆款打造失败，所以在前期商家一定要做好市场考察和定位，选择最适合自己商品的营销方式。

4.3 利用站内免费流量推广

4.3.1 聚划算

聚划算是淘宝网中爆发力最强的营销平台，汇聚了大量的流量，能产生非常可观的营销效果。商家通过参加该活动，可以达成超过店铺日销量数倍的营销数据，获得更多的收益。聚划算对招商商品的要求较严格，除了要符合基础招商标准，还对不同类目的商品有不同的要求。参与的商家通常需要缴纳一笔保证金和基础费用，聚划算将按照不同类目以相应的费率收费。

聚划算主要包括商品团、品牌团、聚名品、聚新品、竞拍团五种类型。下面对每种聚划算的类型进行介绍。

1. 商品团

商品团是一种限时特惠的体验式营销模式，具有坑位（即参与名额）数多、参聚率相对较大、主团展示、流量稳定的特点，可以说是较好的爆款营销渠道和成本较低的消费者获取方式，可以帮助商家规模化快速地获取新消费者。商品团的报名流程主要包括：选择活动、选择商品、选择坑位、填写商品信息报名、商品审核、费用冻结、上团前准备七个阶段。

2. 品牌团

品牌团是一种基于品牌限时折扣的营销模式，商家通过品牌规模化出货可以快速抢占市场份额，提高品牌知名度。品牌团的报名流程主要包括品牌报名、商品报名、上团准备三个阶段。

（1）品牌报名。品牌报名包括商家报名、商家审核、素材提交三个流程。商家需要在每月的4—12日选取对应类目的品牌团报名入口进行报名，并在其中填写品牌名称、期望上团日期、报名类目等信息。审核的时间为每月13—15日，由系统根据商家分值进行排序，择优选取，影响分值的因素主要包括日均店铺成交额、店铺DSR评分、历史参聚表现、旺旺响应速度等。商家需提交的素材主要包括品牌营销Logo、品牌营销横幅标语、品牌入口、流量入口图、无线横幅标语、新版品牌入口、品牌主题、品牌故事介绍（计算机端）、品牌故事介绍（移动端）等内容。

（2）商品报名。品牌团商品报名步骤与商品团报名步骤一致，商品审核与商品团二审类似，若商品审核不通过，在商品审核时间截止前，商家可重新补报商品。品牌团建议参团商品数为6～80款，以最终实际参加活动的商品数为准。

（3）上团准备。品牌团的上团准备工作与商品团一致。

3. 聚名品

聚名品是一种精准定位中高端消费人群的营销模式，以“轻奢、超in潮流、快时尚”为核心定位，聚集高端品牌，佣金收费方式较灵活，具有单品团、品牌团等多种玩法。聚名品的招商对象为符合聚名品规则要求的天猫旗舰店、旗舰店授权专营店、天猫国际旗舰店、全球购（需认证）、淘宝网集市店铺，适合参与聚名品的商品主要类目包括男装、女装、男鞋、女鞋、运动用品、户外用品、母婴童装、美妆、箱包、服装配饰、眼镜、家居等。符合聚名品招商条件的品牌可以申请加入聚名品品牌库，店铺则加入聚名品商家库，成功加入后即可选择“聚名品”频道类型，选择所有可报名的活动。

4. 聚新品

聚新品是新品营销效率最高的平台，可以快速引爆新品类及新商品，快速积累新消费者群体，形成良好的口碑。聚新品适用于高潜力、高增长的新品类，参与品牌为国际品牌、国内知名品牌、知名淘品牌；参与商家为营销能力强且具备规模化的供应链及服务能力强的大中型商家；参与商品为创新设计、创意概念、创新技术应用、属性升级的商品。聚新品采用“保底＋佣金＋封顶”的收费模式，要求商品没有销售记录或销量在10件以内，且备货量达到30万件或40万件。在审核时，淘宝网会根据品牌影响力、店铺日常运营能力、投放计划、销售预估、价格优势等指标在报名商家中进行选择。

5. 竞拍团

竞拍团是一种适合中小商家快速参与聚划算的营销模式，其通过市场化的竞价方式，增加中小商家的参与机会。参加竞拍团的商家需要通过聚划算首页进入竞拍团报名页面，找到竞拍坑位入口，然后选择店铺优秀款商品进行提交，进入提交商品页面，填写商品价格和数量。审核通过后，商品即处于待排期状态。此时，商家可进入竞拍大厅参与竞拍，对坑位进行出价，竞拍成功后可以在保证金页面或者宝贝管理页面支付保证金。

4.3.2 淘金币

淘金币是淘宝网的一种虚拟积分，是淘宝网的用户激励系统和通用积分系统，淘宝网向活跃的高质量用户奖励金币，用户在提供抵扣的商品交易中使用金币获得折扣，商家在交易中赚取金币，并通过花金币来获得平台流量，提升店铺用户黏性。

微课11

1. 淘金币的类型及作用

淘金币是淘宝网非常大的流量营销平台，日均1 500万独立访客，集结了1.8亿淘金币黏性用户，能为商品提供超高转化率。对于参加淘金币活动的商家而言，即使活动结束，该平台也会持续为店铺带来回购消费者，同时免收销售佣金，所需活动成本十分低。下面对淘金币活动的类型及其作用进行具体介绍。

（1）淘金币抵扣。淘金币抵扣是指全店支持消费者使用淘金币抵扣部分商品金额，其作用是促成消费者下单，提高店铺的成交转化率。

（2）店铺签到送淘金币。店铺签到送淘金币是指商家赠送浏览店铺并签到的消费者或者浏览店铺并有过购买记录的消费者一定数量的淘金币奖励，其作用是促进消费者持续进店浏览，提高二次购买率。

（3）关注 / 收藏店铺送淘金币。关注 / 收藏店铺送淘金币是指商家对关注 / 收藏店铺的消费者给予一定数量的淘金币奖励，其作用是提升店铺收藏人气。

（4）淘金币频道商品推广。淘金币频道商品推广是指商家在淘金币频道内按商品被点击次数支付淘金币给淘金币官方账户的方式进行商品推广，其作用是根据消费者的喜好以及购买偏好对目标消费群体展示商品，从而为商品带来精准流量。

（5）淘宝群任务送淘金币。淘宝群任务送淘金币是指已开通淘金币打卡的商家，可设置针对连续打卡的消费者给予额外的淘金币奖励，其作用是提高淘宝群的活跃度。

2. 淘金币的准入要求

淘宝网对申请加入淘金币的店铺和商品均制定了一系列准入条件，下面进行详细介绍。

（1）店铺基础要求。淘宝商家应满足如下要求：①符合《淘宝网营销规则》；②店铺开通商家淘金币账户，并设置全店抵扣；③店铺淘金币数量≥0，符合淘宝网各类目的行业资质标准；④无因出售假冒商品（C类）被处罚的记录；⑤店铺内非虚拟交易占比≥90%，虚拟类目（如本地生活、房产、卡券类等）除外。

天猫商家、天猫国际商家应满足如下要求：①符合《天猫营销活动报名基准规则》；②符合天猫各类目的行业资质标准；③商家未因虚假交易被违规扣分达到 48 分及以上，且 90 天内无因虚假交易被违规处理的记录。

（2）商品基础要求。报名商品应满足如下要求：①有基本资质，满足淘金币抵扣比例（淘宝网≥1%），活动结束后的 15 天内不得以低于参与淘金币活动的折扣价（淘金币抵扣后）报名其他营销活动或在店铺内进行促销；②图片为 600 像素 × 450 像素，JPG 格式或 JPEG 格式，1MB 以内，不允许出现水印、Logo、文字信息等任何冗余内容，只突出商品本身，要求高精度、强质感；③商品名称不能含有限制词，不可多于 24 个字符，详情页须突出淘金币活动氛围。

（3）设置淘金币抵扣。淘宝商家通过报名淘金币活动，可以获得更多优质消费者、稳定流量和超高转化率，而要想报名参与淘金币活动，商家必须先通过千牛卖家工作台设置淘金币抵扣。

① 开通淘金币。首次参加淘金币活动的商家需先申请淘金币账户，申请方式非常简单，其具体操作如下。首先登录淘宝，进入淘宝卖家中心，单击淘宝营销中心，进入后在左边导航栏单击淘金币营销。单击后进入淘金币设置界面，需要申请淘金币账户才

能开通卖家淘金币账户。单击同意开通卖家淘金币账户相关协议，就可以成功开通卖家淘金币账户。

② 设置淘金币抵扣。设置淘金币抵扣，即全店支持消费者使用淘金币抵扣部分商品金额。消费者用于抵扣的淘金币 70% 会存入商家淘金币账户，供后期店铺营销活动发放使用。此外，商家设置淘金币抵扣将有机会获得淘宝网会员俱乐部的展示位。

4.3.3 天天特价

"天天特价"是一个汇聚天猫和淘宝高性价比优质商品的营销平台，通过各种折扣玩法满足买家对实惠商品的需求。"天天特价"集合全网优质资源，为卖家提供一次集中流量爆发的机会，帮助卖家推广店铺，增强店铺的营销能力。

"天天特价"的活动类型有日常单品活动、周末好货疯抢、极致爆款——特价王、极致爆款——9.9 包邮、极致店铺团、淘宝特价版新人专区、支付宝小程序拼团活动等。卖家可以根据自己的需要选择适合自己的活动类型。

报名"天天特价"通过审核并不容易，要想通过该项活动收到不错的效果，更需要一定的技巧。

1. 报名选款是关键

"天天特价"的初审是机审，也就是系统根据报名商品、店铺等的综合评分进行排序，从中筛选优质商品参加活动。因此，卖家在选择活动商品时，要评估商品的报名成功率，评估项目包括店铺综合评分、商品最近 7 天的转化率、商品评分，以及是否存在差评等。

此外，在选择报名商品时，卖家还要注意以下几点。

（1）商品选款。所选商品应该是时下流行并符合大众需求的。例如女装，最好不要选择那些只有身材好的人才能穿的商品，因为并不是每个人都有好身材，所选的活动商品既符合大众又不俗，才是最合适的。此外，卖家可以尽量选择新品，"天天特价"对新品有扶持政策，一般来说新品的通过率要比旧款高一些。

（2）商品定价。在淘宝首页中搜索同款商品，建议活动价格低于竞争对手同款商品的价格。商品的定价要低于近 30 天销售的最低价格，最好是 3 折以下。

（3）商品图片。报名商品图片为 480 像素 ×480 像素，1MB 以内，图片清晰，主题明确且美观不拉伸变形、无拼接、无水印、无 Logo，无文字信息，图片背景为白底、纯色或浅色。

2. 做好初审期间的商品维护

卖家报名"天天特价"后并不是说只能等待审核，在初审期间还要注意保持报名商品转化率的稳定，以及维护商品的销量和评分，避免在初审期间出现商品销量或评分下降的情况。在系统审核期间，卖家要定期查看审核情况，一般在活动前 2～4 天没有收到审核通知，卖家就必须到"天天特价"商品管理页面查看审核结果，查找未通过的原因，以免因为没有及时按照审核过后的要求在规定的时间内做好相关准备工作而被取消资格。

3. 做好关联销售

要对目标买家的思维进行分析，要从买家的需求心理出发，通过搭配套餐商品的形式做好关联销售。常用的关联销售模式如图 4-3 所示。

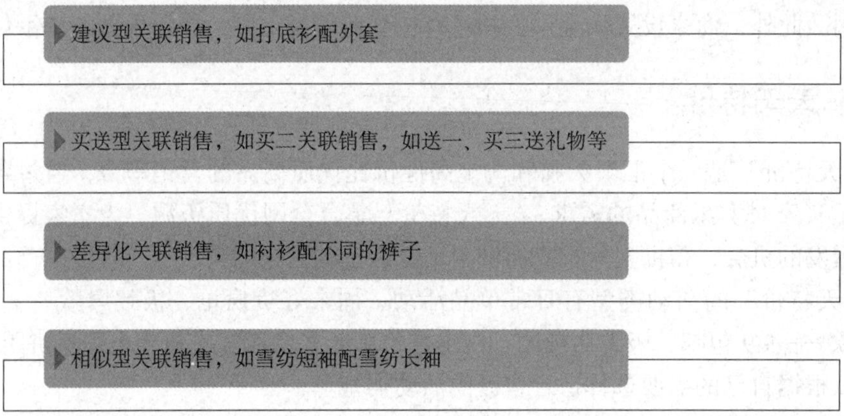

图 4-3　常用的关联销售模式

4. 积极处理活动中出现的各种问题

在参加“天天特价”活动的过程中，卖家难免会遇到各种各样的问题，这时一定要积极、及时地解决问题，以保证“天天特价”活动的效果。下面是“天天特价”活动中常见的问题及其应对方法。

（1）活动人员安排。“天天特价”活动有一天的预告时间，所以在活动的前一天店铺中就会产生流量，卖家要提前安排好活动期间的服务人员，并在预告期间事先进行测试，拟定活动应急措施。

（2）订单催付。在“天天特价”活动中，卖家经常会遇到买家拍下商品却没有及时付款的情况，这时卖家可以提醒买家及时付款。因为在“天天特价”活动中，如果买家在下单 20 分钟内没有付款，系统就会自动关闭订单。如果条件允许，卖家可以在买家下单的 15 分钟后提醒买家及时付款。

（3）活动商品提前售完。参加“天天特价”活动很可能会遇到活动商品提前售完的情况，这时可以采取两种措施来解决：一是在页面被锁定前，在活动商品的详情页中做好类似款或价格相近商品的关联营销；二是对已经购买过商品的买家进行回访，通过旺旺向买家发送关联商品的信息。

（4）流量不足。为了避免出现流量不足的情况，卖家可以采取以下措施：①活动前要提前告知老客户，回馈老客户，让老客户帮助带动流量；②提前做好钻石展位的推广图，可以在活动时作为应急投放。此外，在活动当天，卖家也可以通过直通车对活动商品进行推荐。

5. 做好数据分析工作

活动结束后，卖家一定要认真分析活动数据和效果，包括买家评价、评分情况、关联销售的效果、后续回头率等。此外，卖家还要关注活动为店铺销售带来的后续影响。

4.3.4 阿里试用

阿里试用是一个由商家提供试用品供消费者免费试用的营销导购平台和试客分享平台，集用户营销、活动营销、口碑营销、商品营销于一身，汇集了百万个试用机会和百万种试用商品，试用者试用商品后可以提交全面而真实的试用报告，为其他消费者提供购买建议。商家则可以通过阿里试用对店铺和商品进行宣传和推广，提高品牌价值与影响力。

1. 参加阿里试用的意义

阿里试用是全国最大的免费试用中心，在消费者中具有很强的影响力。对于商家来说，参加阿里试用的意义主要体现在以下三个方面。

（1）增加曝光量和粉丝量。阿里试用不仅可以给消费者带来实在的福利，还可以对有购买意向的申请者产生宣传效果。商家提供的试用品有限，但申请试用的人数很多，因此当消费者申请试用时，商品就得到了更多曝光。同时，消费者在申请试用时会被提示关注店铺，这也有效提高了店铺的收藏量和粉丝量。

（2）导入优质流量。通过阿里试用导入的流量比较精准，大部分消费者申请试用的商品都是自己目前需要的商品。在申请试用页面下方会显示店铺当前的相关商品，连带销售可以提高店铺的整体销量。

（3）试用报告口碑宣传。试用报告可以通过点赞、转发和评论等方式进行互动，对其他消费者而言具有很高的参考价值，同时这样的评价更容易赢得其他消费者的信任，打消消费者的购买疑虑，从而对商品起到口碑推广的作用。

2. 阿里试用的报名条件

阿里试用可以推广品牌，提高品牌影响力，获得更多潜在消费者，是比较受商家青睐的一种推广方式。但淘宝网也对阿里试用的报名条件和报名流程进行了规定，只有满足相关条件，按照规定流程操作的商家才能成功报名。

淘宝网不仅规定报名阿里试用的店铺需要满足一定的条件，还对试用品提出了相关的要求，下面分别进行介绍。

（1）店铺要求。集市店铺的信用等级在一钻以上，店铺综合评分在 4.6 分以上，并且加入消费者保障服务。商城店铺的店铺综合评分在 4.6 分以上，且店铺无严重违规及售假处罚扣分。

（2）试用品要求如下。

① 试用品必须为原厂出产的合格全新且在保质期内的产品。

② 试用品总价值（报名价 × 数量）不得低于 1 500 元，商家不得虚报价格。

③ 试用品免费发送给消费者，消费者产出试用报告，商品无须返还商家。

④ 入驻菜鸟仓库的大家电、天猫物流宝及天猫国际的商品会采用名单发放的形式，

不会生成订单，商家按试用后台名单发货。对于报名参加试用活动的商品，移动端系统会自动设置收藏店铺申请条件，商家无须设置；计算机端系统不做申请条件设置。

⑤ 如报名包含多个 SKU（stock keeping unit，库存量单位）的商品，系统会随机选择 SKU 下单，建议双方协商发货，如果协商失败，商家需按照报名的 SKU 发货。为避免损失，建议下架其余不期望参加活动的 SKU 商品，谨慎报名。

4.4　利用站内付费流量推广

4.4.1　直通车

1. 直通车概念

淘宝直通车是为专职淘宝和天猫卖家量身定制的，按点击付费的效果营销工具，为卖家实现商品的精准推广。直通车是由阿里巴巴集团下的雅虎中国和淘宝网进行资源整合，推出的一种全新的搜索竞价模式。

淘宝直通车的竞价结果不仅可以在雅虎搜索引擎上显示，还可以在淘宝网（以全新的图片 + 文字的形式显示）上充分展示。每件商品可以设置 200 个关键字，卖家可以针对每个竞价词自由定价，并且可以看到在雅虎和淘宝网上的排名位置，排名位置可用“淘大搜”查询，并按实际被点击次数付费（每个关键词最低出价 0.05 元，最高出价 99 元，每次加价最低为 0.01 元）。

2. 淘宝直通车优点

直通车是为淘宝卖家量身定制的，按点击付费的效果营销工具，可实现商品的精准推广。用一句话来总结就是淘宝直通车推广，在给商品带来曝光量的同时，也给商品带来了精准的潜在买家。淘宝直通车推广，用一个点击，让买家进入你的店铺，产生一次甚至多次的店铺内跳转流量，这种以点带面的关联效应既可以降低整体推广的成本，也可以提高整个店铺的关联营销效果。同时，淘宝直通车还给用户提供了淘宝首页、热卖单品活动和各个频道的热卖单品活动以及不定期的各类淘宝资源整合的直通车用户专享活动。

淘宝直通车的优点可概括为多、快、好、省，如图4-4所示。

多：多维度、全方位提供各类报表以及信息咨询，为推广商品打下坚实的基础。

快：快速、便捷的批量操作工具，让商品管理流程更科学、更高效。

好：智能化的预测工具，让你制定商品优化方案时胸有成竹，信心百倍。

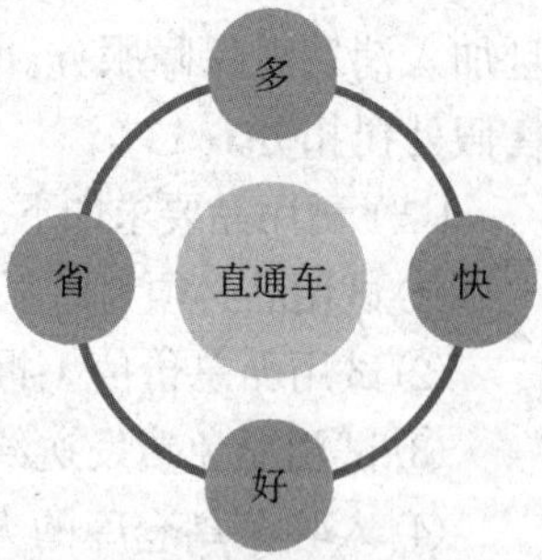

图 4-4　淘宝直通车的优点

省：人性化的时间、地域管理方式，有效控制推广费用，省时、省力、更省成本。

（1）被淘宝直通车推广的商品，只要想来淘宝买这种商品的人就能看到，大大提高了商品的曝光率，可以带来更多的潜在客户。

（2）只有想买这种商品的人才能看到广告，带来的点击都是有购买意向的点击，带来的客户都是有购买意向的买家。

（3）淘宝直通车能为整个店铺带来人气，虽然推广的是单个商品，但很多买家会进入店铺里逛逛，一个点击带来的可能是几个成交，这种整体连锁反应是直通车推广的最大优势，久而久之，店铺人气自然会高起来。

（4）可以参加更多的淘宝促销活动，参加后会有不定期的直通车用户专享的淘宝单品促销活动。加入直通车后，可以报名各种促销活动。

（5）淘宝直通车可以给店铺带来很高的流量。

（6）免费参加直通车培训，并且有优秀的直通车小二指点优化方案，帮助你迅速掌握直通车推广技巧。

3. 关键词质量

对于开直通车的淘宝卖家来说，关键词的质量得分是很重要的，因为质量分就意味着钱，提高质量分就是做直通车首要的工作。质量分和哪些因素有关呢？

（1）商品上架时所选的类目属性一定要正确、完整。比如，上架的是一款雪纺长裙，商品的属性有假两件、雪纺、印花、无袖、纽扣、拼接、长度超过126厘米、背心裙等信息，在勾选的时候一定要全部选择。这不仅是提高质量得分的基础工作，也有利于提高商品的自然搜索排名。

（2）商品标题的优化。商品标题应该和类目属性具有较大的关联性，当然，也要综合考虑流量大的关键词或者热门搜索词。

（3）设置商品的推广标题。参加直通车的商品可以有两个标题，每个标题20个字，因此，一定要利用好这20个字。要尽量把与商品关联性最大的词语放进这20个字里。比如前面所说的雪纺长裙，是一款波西米亚风格的沙滩裙，就要把这些信息尽可能地填写进去。

（4）推广的连续性。如果只是从白天8点到晚上12点进行推广，周一到周五的话，质量分必然会受到影响。因此，在0点到8点这个时间段，可以设置按照比例投放，这样就不会影响到质量分了。

（5）点击率。点击率越高，质量分也就越高。因此，能够提高点击率的，有促销文字和创意的图片也是提高直通车质量得分的有力法宝。

4. 步骤问题

（1）广告步骤。你想推广某一款商品时，就要为该商品设置相应的竞价词以及广告推广标题。当买家来淘宝搜索了你设置的竞价词，或者点击了该商品的类目的时候，你的广告就会展示在搜索结果页最上方的右侧以及最下方。如果买家点击了你的直通车广告，系统就会根据你设定的竞价词的点击价格来扣费，每次点击最低0.05元。如广告只是展示，没人点击，是不计费的。

（2）按点击付费。当别人搜索到你的广告，点击进去后才收取费用，一次最低 0.05 元（只有点击了你的广告才收费，其他途径点击你的商品是不收费的）。直通车没有任何服务费，第一次开户预存 500 元，全部是你的广告费。当你开始做广告后，点击费用就从这里面扣除（跟手机费相似）。

（3）展示。在淘宝网上直通车推广的商品出现在搜索商品结果页面的右侧（12 个单品广告位，3 个页面推广广告位）和商品结果页的最下端（5 个广告位）。搜索页面可一页一页往后翻，展示位以此类推。展现形式：图片 + 文字（标题 + 简介）。

① 直通车活动展示位。淘宝首页下方的热卖单品，各个子频道下方的热卖单品等。

② 天猫页面下面的直通车展示位。输入关键词或点击搜索类目时，在搜索结果页面的最下方“商家热卖”的五个位置，展示位以此类推。

③ 其他展现位。“已买到宝贝”页面中的掌柜热卖，“我的收藏”页面中的掌柜热卖，“每日焦点”中的热卖排行，“已买到宝贝”中的物流详情页面。

（4）淘宝直通车是为淘宝卖家量身定做的推广工具，方便淘宝卖家在淘宝和雅虎中国上推广自己的商品。淘宝直通车具有以下优势。①广告位极佳。在淘宝网和雅虎中国多处位置显示广告，流量巨大。②广告针对性强。只有搜索你商品的人才能看到你的广告，转化率高。③按效果付费。点击付费，展示免费。有强大的防恶意点击技术，系统 24 小时不间断运行，保证点击真实有效。

（5）活动。淘宝直通车系统里有一个淘宝活动区，在这个活动区有各种淘宝促销活动可以报名。基本的流程在后台报名的入口处，并有参加活动商品的要求，一个活动卖家最多可以报名一款商品。然后负责审核的淘宝店小二会从所有报名的商品中，挑选最适合上活动的商品参加活动。审核结束后，淘宝店小二会单独通知被选中的卖家，让他们做好准备。你可以持续关注直通车系统里淘宝活动区的活动，里面持续有很多活动，一定可以找到适合自己的活动。

直通车用户还可以参加更多的淘宝促销活动，有不定期的直通车用户专享的活动，还有淘宝单品促销的活动，加入直通车以后，你就可以报名各种促销活动。

5. 产品规则

（1）扣费原则。具体公式如下。

扣费 = 下一名出价 × 下一名质量得分 / 本人质量得分 +0.01 元
（扣费小于等于本人出价和时间投放百分比之积）

（2）影响直通车综合排名的质量得分的维度有以下几点。

① 关键词。添加关键词时，请选择和商品所属类目、属性和标题相关的关键词，这样质量得分上会有较高的分值。

② 商品信息。商品本身的类目、属性、标题、图片、详情页等信息和买家搜索意向要相符合。例如，把商品放在最相关的类目进行推广，遵守淘宝商品发布规则；上传商品时，认真填上相关属性。商品属性和买家的搜索需求越吻合，质量得分就越高，所

以属性填的越全，商品总体质量得分就越高。

③ 商品标题与图片。增强商品本身的吸引力，如提高图片、详情页的质量，增加点击率。

④ 推广信息的客户反馈或者使用感受等信息。

⑤ 其他商品的相关因素。

⑥ 商品成交转化率。

（3）质量得分更新时间。新增或修改了当前推广商品的信息，质量得分更新时间为半个小时；账户中所有关键词的质量得分更新时间为 24 小时；某些推广信息暂停一段时间后重新推广，质量得分将重新开始计算。

（4）优化的十二条规则。具体如下。

① 必须懂得并重视类目属性和质量得分。

② 必须知道以热门关键词为参考并予以借鉴。

③ 必须懂得运用大量长尾关键词的投放。

④ 必须明白排名位置和买家点击的关系。

⑤ 必须先优化销售量和高转化率再投放。

⑥ 必须明确直通车是为了销量还是流量。

⑦ 必须聚焦数个商品（在财力有限的情况下）。

⑧ 必须策划一个爆单品成功关键词案例。

⑨ 必须抓住类目和关键词不能松懈。

⑩ 必须跟踪转化率和回报率并先做测试。

⑪ 必须根据自身情况分时段和分地区推广。

⑫ 必须结合直通车再做相应的推广活动。

（5）提高直通车点击率的视觉优化策略，如图 4-5 所示。

① 形状规范。就是长方形、边框上面的规范，也有对图片内容中标签的规范。比如用圆形的符号，有些可以进行尝试，但是不能过度使用。关于形，还有一种就是锐化和模糊，锐化能使形变得更加清楚，模糊能使场景显得更有层次感。也就是说，为了突出商品，把不必要的内容进行模糊处理。这样就可以形成对比，达到突出商品的效果。

关于形状，水滴形标签、圆形标签或脚形标签都可以使用，但是千万不要过度使用。这也是一种形状规范。

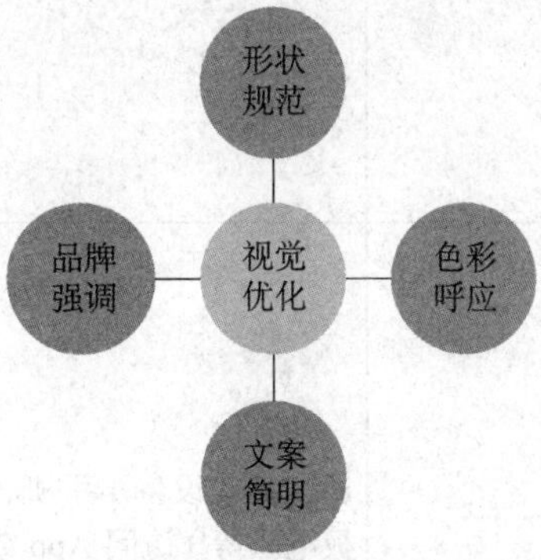

图 4-5　提高直通车点击率的视觉优化策略

② 色彩呼应。相似色配色容易出现的问题是过于相似，会导致背景和产品的粘连。对比色如果用得好，就会达到很好的效果。

③ 文案简明。我们有时看到文案是一种堆砌，没有组织，显得非常杂乱，反而降低了品牌的感觉。因此应做到图片清晰、风格统一。

④ 品牌强调。在直通车图上，有时会看到很大牌的服装，但是没有标识，若是没有商品品牌或店铺品牌，客户可能就没有兴趣点击图片，而带有店铺品牌的，曾经有知名度或熟悉的图片，客户就会点进去看一看。

4.4.2 钻石展位

钻石展位（智钻）是淘宝网为卖家推出的面向全网精准流量实时竞价的展示推广平台，它是一个图片类、文字类、视频类的实时竞价营销平台。推广位按照展现收费，计算单位为每千次展现单价，即卖家的推广创意被展现 1 000 次所需支付的费用，点击不收费。

1. 钻石展位的推广类型

钻石展位推广分为展示广告、移动广告、视频广告、明星店铺等类型。每种推广类型各具特色，如表 4-1 所示。

微课12

表 4-1 钻石展位推广类型

推广类型	释 义	特 点	优 势
展示广告	以图片展示为基础，以精准定向为核心，面向全网精准流量实时竞价的展示推广平台	展示位置：包含淘宝网、天猫、新浪微博、网易、优酷等几十家淘内淘外优质媒体的上百个大流量优质展位	超大流量、精准定向、出价灵活、精准优化，不同场景可以制定个性化营销策略
		展示形式：支持图片、Flash 等动态创意，支持使用钻石展位提供的创意模板制作	
		收费方式：在按展示付费的基础上，增加按点击付费的结算模式	
		投放方式：选择资源位，设定定向人群，竞价投放，价高者得	
移动广告	通过移动设备（手机、平板电脑等）访问 App 或网页时显示的广告，形式包括图片、文字、链接、音频等	展示位置：网络视频节目（电视剧、综艺等）播放前 / 后插播视频贴片	突破了电视、报纸等传统广告的覆盖范围，在受众人数上有了很大的超越，并且移动广告可以根据用户的属性和访问环境被直接推送至用户的手机上，传播更加精准
		展示形式：视频格式展示，15 秒以内	
		定向支持：除钻石展位常规定向外，还可以支持视频主题定向，筛选热门动漫、影视、演员相关视频节目，精准投放	
		创意形式：可以自主上传视频，也可在创意实验室中制作视频贴片	

续表

推广类型	释 义	特 点	优 势
视频广告	卖家可以通过视频广告，在视频播放开始或结束时展现品牌宣传类视频	展示位置：主要展现在国内主流视频网站，如爱奇艺、优酷等大型视频媒体。广告主要在视频开始前15秒进行播放，以及视频播放暂停时的广告浮出	① 优质流量，曝光环境好； ② 支持计算机端、移动端多渠道投放； ③ 支持视频主题定向
		展现形式：以视频格式进行广告内容的展示	
		定向支持：针对视频网站提供视频主题定向，根据目前热播剧集的名称、主题进行定向	
		创意形式：视频支持FLV、MPEG等主流视频格式	
明星店铺	钻石展位的增值营销服务，仅向部分钻石展位用户开放	展示位置：在淘宝计算机端、移动端及UC浏览器的搜索结果页面最上方位置	① 位置在搜索结果页面最上方，占据黄金推广位置，投资回报更高； ② 支持计算机端和移动端独立投放和设计创意，便于广告主专门为无线营销场景设计品牌创意，同时明星店铺投放计划支持地域和时段投放； ③ 方便广告主完成“展示＋搜索”广告的一站式购买； ④ 数据沉淀可强化买家品牌记忆与搜索习惯，提升品牌形象
		展示形式：当搜索关键字触达投放的广告词时，即可在搜索结果页最上方位置得到展示，确保获得流量的精确性	
		创意形式：提供多样式创意模板，计算机模板和无线模板独立，模板由图片和多条文案构成，满足各类消费者的需求	
		收费方式：按千次展现的方式收费	

2. 钻石展位资源位的选择

选择资源位是钻石展位投放的第一步，这会直接影响钻石展位投放的效果。目前，淘宝钻石展位有上百个资源位，分布在淘宝网、天猫及各大站外知名媒体网站（如腾讯、网易、优酷等）。卖家应该如何选择资源位呢？总体来说，卖家在选择钻石展位资源位时需要遵循两个原则，如图4-6所示。

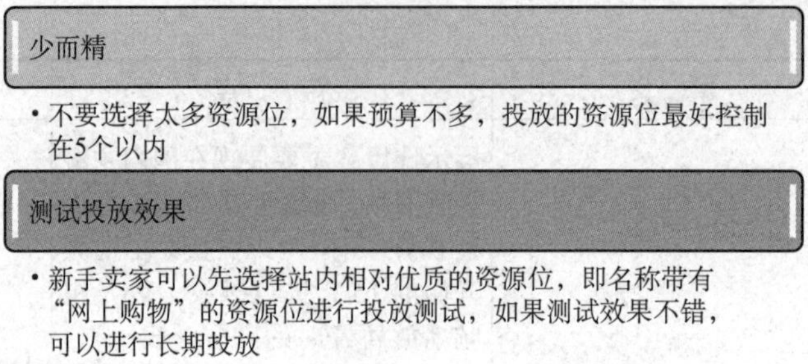

图 4-6　选择钻石展位资源位的原则

具体来说，在选择资源位时可以从以下两个方面来考虑。

（1）资源位的性质。一般来说，钻石展位的资源位表现有五个方面——流量、尺寸、展现页面、出价和预算。每个资源位的性质都是不一样的，所以根据资源位的性质可以将其分为不同的类别，卖家可以根据自身需求来进行选择。

① 资源位流量。根据资源位流量的大小，可以将资源位分为十万级 PV（Page View，页面浏览量）、百万级 PV 和千万级 PV。页面浏览量越大，商品获得展现的可能性就越大，吸引到买家的概率也就越大。各档次的主要资源位如表 4-2 所示。

表 4-2　各档次的主要资源位

资源位流量	主要资源位
十万级 PV	① 男装、女鞋、女包、亲子、居家等频道首页； ② 一淘巨优惠焦点图
百万级 PV	① 女装类目焦点图； ② 收货成功通栏； ③ 交易详情页底部通栏和小图； ④ 淘金币新焦点图
千万级 PV	① 淘宝网首页资源位； ② 收藏夹底部通栏； ③ 旺旺每日弹窗焦点图和小图； ④ 新浪微博首页底部通栏

② 资源位尺寸。目前钻石展位的资源位有 30 多个，根据素材的长宽比可以将资源位分为横向、纵向、方形等不同形状；根据素材所占面积可以将资源位分为大、中、小三个等级。卖家可以根据钻石展位的素材内容和设计难度来进行选择。

③ 资源位展现页面。资源位以页面的形式展现出来，按照展现页面的功能性、浏览目的性及行业归属性，资源位可以分为淘宝网首页、旺旺每日弹窗、淘金币、频道首页、收藏夹页面、新浪微博首页等页面。

④ 资源位出价。资源位的平均出价反映了各类目竞价的高低，每个资源位的最低千次展现价格（cost per mille，CPM）和平均出价都是不一样的。因此，按照资源位的出价水平，我们可以将其划分低、中、高三个档次，如表 4-3 所示。

表 4-3　各档次资源位出价

资源位出价	主要资源位
高（平均 CPM≥5 元）	女装类目焦点图、淘宝首页焦点图、天猫收货成功页面通栏、名店促销焦点图，以及女包、男装频道焦点图等
中（3 元≤平均 CPM≤5 元）	收藏夹页面底部通栏、旺旺每日弹窗焦点图、收货成功页面底部通栏等
低（平均 CPM≤3 元）	旺旺每日弹窗小图、新浪微博首页底部通栏，以及页面右侧的推荐等

⑤ 资源位预算。选择资源位要充分考虑自己的预算。资源位预算计算公式为预算 = 流量 × 出价，根据这个公式可以对资源位进行排列组合。当卖家的预算较为充裕时，可以选择流量百万级以上且出价位于中高档的资源位；当预算较低时，则可以选择十万级 PV、出价较低的资源位。

（2）推广目的。通常来说，卖家参加钻石展位主要出于三种目的，即推广品牌、店铺活动和推广单品。根据不同的推广目的，卖家可以选择不同的钻石展位，如表 4-4 所示。

表 4-4　根据推广目的选择资源位

推广目的	推广特点	资源位选择
推广品牌	流量大、出价低，以较低的展现成本进行比较广泛的传播	淘宝首页三屏通栏、首页两屏右侧大图、首页三屏小图
店铺活动	侧重于特殊目的，如淘金币、聚划算、促销及新品推广	淘宝首页焦点图、淘金币新焦点图、首页中部右侧
推广单品	展现的重点是单品，买家倾向于浏览并往往带有强烈的购买目的	旺旺每日焦点弹窗小图、淘宝首页中部右侧小图

3. 钻石展位定向原理

淘宝钻石展位的投放方式分为通投和定向投放。通投指客户的钻石展位广告不区分人群特征，全部投放在选择的资源位上。定向指在既定通投的情况下对人群特征进行付费推广，运用站内营销利器实现精准引流设置，并对该人群特征下广告位投放出价、选择资源位、设置广告创意，提升钻石展位的投放效果。

广告将在目标人群出现时进行深度展示，这样卖家可以通过设置计划定向参数来提升钻石展位的投放效果。

钻石展位的定向主要分为群体定向、兴趣点定向、访客定向、营销场景定向、达摩盘定向、系统智能推荐、行业店铺定向等多种类型。

（1）群体定向、兴趣点定向、访客定向。群体定向、兴趣点定向、访客定向的原理如表 4-5 所示。

表 4–5　群体定向、兴趣点定向、访客定向的原理

定向类型	定 向 原 理
群体定向	系统综合买家的搜索、浏览、收藏、购买行为等历史行为，确定买家当前点击概率最大的商品种类和价格偏向，从中提炼出 21 种主流商品类型，每种商品类型分别有高、中、低三种价格供买家选择
兴趣点定向	与群体定向基本相同，但兴趣点定向相对来说更加精准，即系统综合买家的搜索、浏览、收藏、购买等历史行为，确定买家当前最大的兴趣点
访客定向	系统综合买家的浏览、搜索、收藏、购买等历史行为，确定买家与店铺的关联关系。一旦买家选定某个店铺，系统就可以向与选定的店铺所有有关联的用户投放推广计划

以上三种定向各具优势，群体定向可以帮助店铺一次性锁定较为广泛的人群。兴趣点定向比群体定向更为精确，不仅可以一次性锁定更为精确的目标人群，还能直达商品的细分类目。例如，女装可以定向到连衣裙、雪纺衫层级。访客定向不仅可以一次性锁定较为精准的人群，还可以在维护老客户的基础上挖掘竞争对手的顾客和潜在顾客。

三种定向的优势如图 4–7 所示。

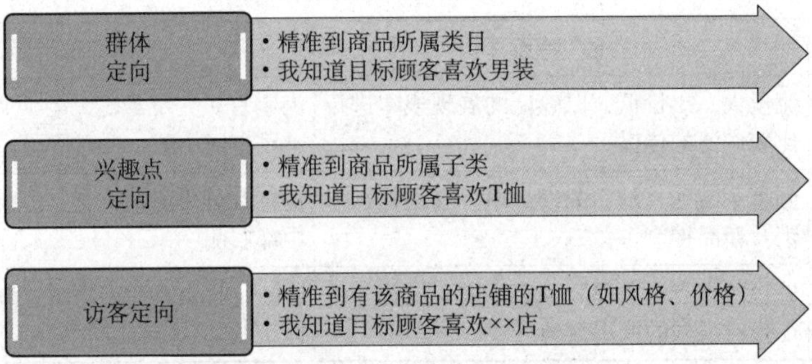

图 4–7　群体定向、兴趣点定向、访客定向优势对比

精准的定向能够帮助店铺锁定精准的人群，最大限度地实现钻石展位的价值，提升店铺的转化率。卖家在选择定向时，要抓住这三种定向的优势，同时考虑自身店铺参加钻石展位推广的目的，进而选择合适的定向方式，如图 4–8 所示。

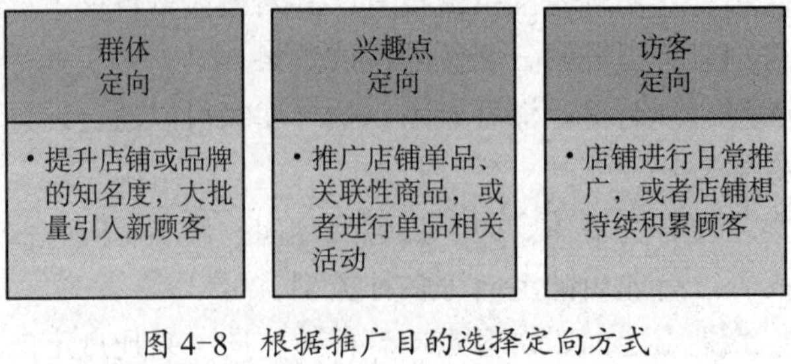

图 4–8　根据推广目的选择定向方式

（2）其他定向。钻石展位其他定向及其特点如表 4–6 所示。

表 4-6　钻石展位其他定向及其特点

定向类型	定向特点
营销场景定向	根据买家在店铺中的行为特征做出的广告定向投放，根据定向人群与店铺之间的关系，共分为三层，即触达客户、兴趣客户和核心客户。触达客户是看到过广告的用户；兴趣客户是点击了广告的用户；核心客户指通过点击广告进入店铺，在店铺中浏览、收藏、成交等有数据交互行为的用户
达摩盘定向	根据阿里妈妈达摩盘数据管理平台开设的人群定向。达摩盘是阿里妈妈打造的数据管理平台，该平台可以提供消费行为、兴趣偏好、地理位置等多维度的数据标签，卖家可以选定适合自己推广目的的标签，快速圈定目标人群，建立个性化的用户细分和精准营销
系统智能推荐	系统根据店铺自有人群进行智能扩展，效果相对比较理想
行业店铺定向	从行业维度定向到相关店铺，即定向到近期访问过行业优质店铺的人群，部分类目可以选择二级类目

4. 钻石展位出价

钻石展位是按照展示收费的，只要有买家浏览页面广告，卖家就要支付费用。不过钻石展位是按每展示 1 000 次收一次费用。由于各个位置给出的图片尺寸不一样，不同的广告位置的收费标准也有所差别。

卖家在设置出价时，可以参考以下方法。

（1）参考系统建议出价。钻石展位后台有出价助手，卖家可以参考系统建议来设置自己的出价。一般来说，卖家所设置的出价可以比系统略高一些，这样有利于获得较高的流量。

（2）进行出价测试。卖家可以进行出价测试：先出低价再逐渐调高出价，或者先出高价再逐渐调低出价，分别对不同的出价策略所产生的效果进行分析。如果展现量太少，卖家可以适当调高出价；如果预算花费过快或点击成本太高，卖家可以适当调低出价（表 4-7）。

表 4-7　付费推广事例方案

出价 / 元	获得展示量	点击单价 / 元	测试结果	出价方案调整
2	800	0.5	出价过低，流量少	适当调高出价
4	23 000	0.8	出价适中，流量多，且点击单价合适	出价合理
6	31 000	1.3	出价过高，流量多，且点击单价过高，预算花费太大	适当调低出价

4.4.3 淘宝客

淘宝客是一种按成交计费的推广模式，也指通过推广赚取收益的一类人。淘宝客只要从淘宝客推广专区获取商品代码，任何买家（包括您自己）经过其推广（链接、个人网站、博客或者社区发的帖子）进入淘宝卖家店铺完成购买后，就可得到由卖家支付的佣金。简单来说，淘宝客就是指帮助卖家推广商品并获取佣金的人。

1. 淘宝客组成模式

在淘宝客中，有推广平台、卖家、淘宝客三个角色。每个角色都是不可缺失的一环。

（1）推广平台。帮助卖家推广产品，帮助淘宝客赚取利润，每笔推广的交易都抽取相应的服务费用。

（2）卖家。佣金支出者，提供需要推广的商品到淘宝联盟，并设置每卖出一个产品愿意支付的佣金。

（3）淘宝客。佣金赚取者，在淘宝联盟中找到卖家发布的产品并推广出去，当有买家通过自己的推广链接成交后，就能够赚到卖家所提供的佣金（其中一部分需要作为推广平台的服务费）。

2. 淘宝客推广的三大核心

（1）设置佣金的注意事项。对于新店而言，商品销量、信誉、老客户数量都是比较薄弱的，此时想吸引大量淘宝客就需要很大程度上做出让利，并且积极提供淘宝客所需要的推广素材，加上佣金比例较高，很多淘宝客还是愿意参与进来的。

过了前期的探索期，店铺进入一个稳定发展的阶段，此时不管是商品销量、好评，还是各个方面的服务都已步入正轨，店铺运营的配套设施都相对完善，且店铺产品都有不错的销量，此时很大一部分淘宝客会主动推广产品。卖家要根据店铺利润以及行业竞争对手的情况进行设置，佣金最好在中等偏上水平。

同时店铺都有爆款产品，爆款产品本身具有较高的性价比，在设置佣金比例的时候一定要在产品利润承受范围内，并且佣金比例一定要保持稳定，一旦爆款形成或者处在稳定阶段，切记不要大幅度调整佣金比例。假设当前爆款产品的佣金比例是30%，由于爆款销量已经冲上来，商家想减少些开支，索性把佣金比例设置成10%，这样一来淘宝客看到佣金下调，会造成忠诚度下降以及减少对产品的推广。

（2）招募淘宝客的方法如下。

① 开设高佣金计划。在后台新建一个通用计划，结合自己产品的利润空间，把佣金比例设置得比较有吸引力，具体数值没办法给出参考，换位思考下，如果自己是淘宝客，看到这个佣金比例是不是有吸引力。然后设置为“手动审核”，在推广计划描述中，把产品的优势以及一些奖励制度写进去，另外，把联系方式QQ号或者QQ群也写在这里，供有意向的淘宝客加QQ详聊或者直接加QQ群。

作为商家，设置高佣金计划的时候，一定要对淘宝客进行筛选，仔细询问淘宝客的推广渠道以及受众人群，分析是否与自己产品的受众人群相一致，尽可能要求精准一些，减少无效流量，拉低转化率，避免最后产品没卖出去，产品权重还被拉低了。

② 相关淘宝客网站招募。除了开设高佣金计划吸引淘宝客，在相关淘宝客网站发帖或者挂广告也是招募淘宝客的方法。另外，还有一些第三方U站，可以跟他们去谈，谈好佣金比例在U站上挂上自己的产品即可。商家慢慢去搜集，就会找到很多与之相

关的淘宝客网站。如果是发帖的话，就制订个计划，如每天发20个帖子，每天坚持去发，自然就会有效果。

③ 潜入竞争对手的淘客群。在搜集招募淘宝客的时候，也会发现很多同行或者大店铺在招募淘宝客，此时可以申请加这些人的QQ群，潜入进去，然后把自己店铺要推广的产品，提前准备好，在群里跟群成员去慢慢熟悉并且沟通，只要准备充分，慢慢去聊，相信会招募到很多优质的淘宝客。

（3）做好后期维护工作。当招募的淘宝客多了以后，做好维护工作才能使淘宝客更愿意推自己店铺的产品，淘宝客运营专员需要不断搜集好的广告素材，定期提供给淘宝客，让他们用吸引人的图片去宣传推广。有一些淘宝客虽然自己有推广渠道，但是没有美工，不会做图片，这就需要商家美工的配合满足淘宝客的图片需求，支持他们的工作。

4.5 利用站外流量推广

4.5.1 微信推广

1. 微信的概念

微信（WeChat）是腾讯公司于2011年1月21日推出的一个为智能终端提供即时通信服务的免费应用程序。后来在微信手机版的基础上推出了微信网页版和微信公众平台。

微信网页版是微信首次进入计算机端领域，微信手机版和网页版打通之后，就可以直接在网页浏览器里收发信息，甚至是在计算机端和手机端之间传输文件、图片。

而微信公众平台更多应用于营销推广。企业可以利用微信公众平台（微信公众账号）进行自媒体活动，如商家通过申请公众微信服务号可二次开发展示商家微官网、微会员、微推送、微支付、微活动、微报名、微分享、微名片等，这已经成为一种主流的线上线下微信互动营销方式。

微信公众平台主要分为订阅号、服务号、企业号三种。

订阅号：偏重于为用户传达资讯（类似报纸、杂志），每天只可以群发一条消息。

服务号：偏重于服务交互（类似银行、“114”，提供服务查询），每个月可群发四条消息。

企业号：主要用于公司内部通信使用，需要先有成员的通信信息，验证后才可以关注企业号。

企业在选择微信公众平台类型时需要考虑企业的商业模式和客户数量。如果企业公众号的专业性强，如房地产、金融证券企业需要处理很多咨询服务，则可以选择服务号；如果需要通过信息资讯引导消费者，则可以选择订阅号。

2. 微信营销策略与方法

（1）个人微信营销。主要包括以下内容。

① 头像。头像是个人微信对外沟通的品牌形象，一方面要避免传递浓厚的商业信息，另一方面要表达个人魅力，因此建议使用积极阳光、有亲和力的个人形象照片。

② 昵称。为了便于用户记忆，建议使用中文，最好是真实姓名或者取一个第二姓名，如“鬼脚七”。

③ 个性签名。个性签名有很多种方式，根据微信号的特点，可以直接展示业务和需求，同时也需要考虑手机屏幕尺寸，如个性签名为“电商数据分析师，欢迎交流”。

④ 朋友圈封面。可以通过软营销的方式，在朋友圈封面展示业务或者需求信息。如果个人微信号定义为营销号，可以做一张（软）广告图作为封面，把营销的产品放在图片上。

（2）添加粉丝的方法。当前添加粉丝的主要办法有附近的人、漂流瓶、雷达添加、QQ 好友、手机联系人、微信群、微博、行业论坛、知乎、线下扫二维码等。

（3）个人微信运营方法。建立信任是开展个人微信营销的核心。建立信任需要 1～3 个月的时间，主要通过互动建立信任感。建立信任是让朋友知道、熟悉并喜欢。个人微信以沟通为主，要为朋友提供有价值的内容。使用个人微信要注意个人形象设计、私聊、朋友圈、用户分组管理等内容。

软营销主要通过广告植入内容来吸引粉丝，包括文章、话题、活动等。具体的运营思路如下。

① 通过微信沟通，与朋友圈里的基础好友建立良好信任，每天坚持互动并对好友进行标签分组。此时不建议直接发广告。

② 根据朋友圈人群的情况，选择目标产品或服务，或者根据目标产品寻找需要这个产品的用户。

③ 通过个性签名或者位置来展示所做的产品，并找到产品所针对的用户圈子。

④ 互动并融入用户圈子。

⑤ 将产品植入故事、植入情感、植入差异化。

⑥ 通过活动或者口碑传播，每周发 1～2 条软文信息。

（4）企业微信营销策略。微信产品负责人将微信公众平台的作用定义为互动沟通、用户管理、服务定制。

（5）微信公众账号规划方法。

① 微信公众账号定位。企业要通过微信公众账号定位来确立品牌形象、目标人群。例如，小米公司微信公众账号定位为“做发烧友喜爱的手机，专注手机玩家”。为公众号取名、描述功能、选择公众类型、设计二维码、设置账号头像以及完善认证环节等代表了企业品牌形象定位的过程。

② 平台内部建设。微信平台内部建设主要分为内容建设、功能建设和用户分类三个方面。内容建设主要是每周向粉丝推送的内容，推送的内容应该尊重订阅用户的意愿。同时内容建设要考虑用户关注微信账号的目的是什么？用户希望获取什么？艾媒咨

询集团发布的《中国微信公众平台用户研究报告》指出，用户关注微信公众账号的目的主要分为优惠信息、热点话题、娱乐、社交、其他五大类。报告显示，有 34.3% 的用户表示关注公众账号主要是为了获取优惠信息或独家信息，26% 的用户表示主要是为了关注热点问题，22.9% 的用户表示主要是为了娱乐或打发时间。

功能建设比如企业简介、企业商城和企业提供的服务。

用户分类是指按照用户特征和企业需求进行分类管理。

③ 组建运营团队。企业微信运营团队一般包括五种类型，如表 4-8 所示。

表 4-8 企业微信运营团队的类型

岗 位	工 作 职 责
新媒体策划	活动策划、内容策划，主要包括策划粉丝感兴趣的话题，从而与用户互动，使用户产生对公众号的黏性
美编	主要负责图文编排、内容的文字版式设计及图片的美工
推广	负责线上线下企业微信的推广
内容编辑	负责内容的撰写与收集粉丝对内容的反馈，方便策划人员制定出更好的内容策划
客服	负责收集粉丝的反馈意见，提供微信客服支持，如语音聊天、语音问候、解答问题等。除此之外，还需要对公司每周安排的会议进行数据总结、归纳和分析

如果公司采用的是订阅号模式，提供信息推送服务，只需要考虑 1～2 人，围绕内容编辑和新媒体策划即可；如果公司采用的是订阅号与服务号同时进行，那么这五种类型的人员都需要配备。

④ 微信公众平台的运营。制定每月甚至每周的目标、策划并执行。围绕着一切从用户的角度出发，以满足用户的需求为目标。

微信公众平台运营的主要内容：订阅号的内容规划、选择及发布时机，服务号提供客户服务，采集和挖掘老客户的价值，微信公众平台的推广，微信营销效果的量化和评估等内容。

3. 微信营销效果量化及评估

（1）微信营销的衡量指标。微信营销的统计数据包括内容营销衡量指标、微信服务衡量指标、微信信息到达率、微信阅读率、活动粉丝参与率等数据。

（2）微信数据统计。微信公众平台的数据统计分析功能提供了用户分析、图文分析、消息分析及开发支持四个模块。

① 用户分析。分析用户增长情况及用户属性。用户增长关键指标包括新增人数、取消关注数、净增人数、累计关注人数等，以相应的曲线图和数据表来显示数据发展趋势。从用户属性中可以看到用户的性别、语言、省份分布数量以及各自所占的比例。

② 图文分析。其包括图文群发和图文统计两部分。通过图文分析可以看到图文消息中的每篇文章有多少用户接收、图文页阅读数量、原文页阅读次数以及文章的分享转发人数和次数等。后台也提供按照图文页阅读人数、分享转发人数进行排序的功能。

③ 消息分析。查看用户向公众账号发送的消息数统计，可以帮助了解读者与账号

的互动情况。

④ 开发支持。使用开发模式的管理者可以在此查看接口调用的相关统计，如调用次数、失败率和平均耗时等。

4.5.2 微博推广

微博即微博客（MicroBlog）的简称，是一个基于用户关系的信息分享、传播以及获取平台，用户可以通过 Web、Wap 以及各种客户端组建个人社区，以 140 字左右的文字更新信息，并实现即时分享。最早也是最著名的微博是美国的推特（Twitter）。随着互联网技术的发展，微博将会更加普及，用户的数量也会进一步增加。此外，随着跨境电商、电子商务等新兴行业的发展，微博也将会变成商家展示产品、推广信息的重要媒介。

课程思政

网络交易管理办法

从事网络商品交易及有关服务应当遵循自愿、公平、诚实信用的原则，遵守商业道德和公序良俗；鼓励支持网络商品经营者、有关服务经营者创新经营模式，提升服务水平，推动网络经济发展；鼓励支持网络商品经营者、有关服务经营者成立行业组织，建立行业公约，推动行业信用建设，加强行业自律，促进行业规范发展。

1. 微博的定义

国内知名新媒体领域研究学者陈永东率先对微博进行了定义：微博是一种通过关注机制分享简短实时信息的广播式的社交网络平台。微博有以下五个显著特点。

（1）关注机制，分为可单向、可双向两种。

（2）简短内容，通常为 140 字。

（3）实时信息，最新实时信息。

（4）广播式，公开的信息，谁都可以浏览。

（5）社交网络平台，把微博归为社交网络。

微博可以分为个人微博和企业微博两种。企业微博具备了企业官方的特性，具有实现信息发布，与消费者建立情感，前沿客服，危机公关、预警、快速公关等功能。

2. 微博营销

微博营销是指通过微博平台为商家、个人等创造价值而执行的一种营销方式。该营销方式注重价值的传递、内容的互动、系统的布局、准确的定位，微博的火热发展也使得其营销效果尤为显著。微博营销涉及的范围包括认证、有效粉丝、话题、名博、开放平台、整体运营等。当然，微博营销也有其缺点：有效粉丝数不足、微博内容更新过快等。自 2012 年 12 月后，新浪微博推出了企业服务商平台，为企业在微博上进行营销提供了一定的帮助。

微博发挥了“碎片时间源集合”的价值，用户可以利用计算机、手机等多种终端便捷地获取微博信息。正是因为碎片化信息以及碎片化时间，用户通常不会立即做出某种购买决策或者其他转化行为，因此硬性推广手段只能适得其反。

3. 企业微博营销运营策略

1）企业微博营销定位

对于企业来说，要明确通过微博想做什么、达到什么效果，即微博的功能定位。这一定位限制了微博企业发布的内容，也就是说微博的内容应该由功能定位决定。以凡客的官方微博运营为例，凡客应有两个官方微博账号：一个承担媒体的功能，公司有重大新闻公布，都会第一时间在这里发布，措辞风格相对中规中矩；另一个是凡客粉丝团，是一个互动平台，主要是组织各种有意思的活动，如“盖楼”、打折促销、新品上市等，与粉丝互动，维系品牌忠诚度，提升产品销量。在语言上，粉丝团更加拟人化，以朋友的身份与粉丝沟通。这种划分的主要原因在于：第一个账号的受众主要是本行业的媒体、竞争对手以及投资者，而第二个账号的受众是消费者。这样就不会因两个不同的定位而不断切换身份。

例如，星巴克官方微博的形象定位是一个有点“小资”、有亲和力、懂得生活的服务员。星巴克的微博思路是塑造亲和力，营造轻松融洽的氛围，让粉丝感觉自己正在一家咖啡馆里和服务员闲聊。一旦清晰了定位，这样的氛围和形象将深入人心，效果也会很好。

2）企业微博营销架构

（1）企业微博成员的身份认定。具体包括以下方法。

① 企业官方微博。企业官方微博是以企业在工商行政管理部门核准注册的字号为昵称关键词而建立的微博账号，主要以企业名义向社会公众、消费者传递与企业的思想文化、经营理念品牌、产品和服务等紧密相关的微博资讯。

② 企业产品官方微博。当企业旗下品牌众多，各具特色，很难统一到一个微博上时，可以根据产品特色开设企业产品官方微博。

③ 企业中高层管理人员个人微博。企业中高层管理人员个人微博表面看是个人微博、名人微博，实质上是企业重要的文化和品牌资产，不仅仅是中高层个人形象的展示窗口，更是企业整体形象的代言频道。企业中高层管理人员的个人微博既有个人微博属性，又兼具组织或官方微博属性。

④ 员工微博。企业员工微博主要依靠员工的意愿，可以发布工作中的点滴趣事和生活中的所见所闻，并为用户互动创造条件，这样大量的员工微博形成了“众星拱卫”之势，在很大程度上弥补了官方微博的不足。例如，东方航空公司的员工微博营销成功地将企业与个性化趣味结合在一起，推出了以凌燕为名称内容的个人微博，其集中呈现的是东方航空的空姐形象，而隐藏在背后的则是东方航空的企业整体形象。

（2）企业微博矩阵营销。微博矩阵是指企业通过品牌微博和客户微博，与员工微博、产品微博、粉丝微博和活动微博形成“4+2”模式下的矩阵分布。

企业开展微博矩阵营销可以根据企业规模、品牌及营销人员等进行架构。例如，大企业微博营销架构模式为企业官方微博、企业产品官方微博、企业中高层管理人员个人微博及若干企业员工微博（视员工意愿而定）；中小企业微博营销架构模式为企业官方微博、中高层管理人员个人微博及若干企业员工微博（视员工意愿而定）。

（3）账号认证。账号认证即实名加 V，这是微博针对企业微博账号、企业中高层管理人员微博账号、行业内有影响力人物的账号及员工微博账号，要先获得新浪认证。获得认证的好处是：一是形成较权威的良好形象，微博信息可被外部搜索引擎收录，更易于传播，也容易进入推荐微博单，获得大量的粉丝，快速提高影响力和传播力；二是可以预防假冒伪劣，尤其对于认证的企业，发布的产品或活动信息有了公信力，用户也敢于和乐于参与活动。

4. 企业微博内容营销

在运营微博营销时撰写高质量的微博内容要注意以下几点。

（1）图文结合。微博的内容信息尽量多样化，最好每篇文字都带有图片、视频等多媒体信息，这样具有较好的浏览体验。微博内容尽量包含合适的话题或标签，以利于微博搜索。发布的内容要有实用价值。

（2）长微博营销。长微博是通过图片发布文字信息的一种形式，最主要的作用是突破 140 字限制，但后来附带相应文字版本的链接演变为博客和长文章的入口。

（3）发布时机。企业官方微博每天发布条数为 5～10 条，可以合理利用发布者和用户的空闲时间，如上班之前、午休时间、下班之后及晚上休息之前这几个时段。

（4）内容策划。微博营销中，内容是非常重要的。只有内容吸引了用户，才能带来更多的转发和评论，最终影响微博营销的效果。微博内容要吸引人，在找准用户的基础上，“有用的内容 / 有趣的内容”更容易让用户参与其中。“有用的内容”可以从与用户关联或从用户专业性角度进行策划；“有趣的内容”可以从趣味、幽默和易懂等角度进行策划。在内容策划方面也可紧跟热点话题，参与讨论，吸引粉丝和转发。

5. 企业微博的互动

（1）互动交流创造营销机会。很多企业微博上有大量的“僵尸粉”，也有大量的“僵尸博”。“僵尸粉”就是没有几条微博发布，也基本不对别人的微博做任何转发和回复，这样的微博没有任何影响力和生气。“僵尸博”则存在于名人和企业微博中，几乎不关注任何人，形成一种完全单向的交流通道，完全没有发挥微博的推广作用，使微博成为通告器，这样的微博无人理睬，也激发不了用户的热情。

微博的价值在于粉丝圈子的存在，以及活跃粉丝的互动。为了形成良好的互动交流，企业微博应关注更多的用户，并积极参与回复讨论，将弱关系转化为强关系，在回复和转发中创造营销机会。

（2）利用微博的搜索功能实现精准互动营销。通过微博搜索功能，每天及时在微博的搜索框中检索与企业相关的关键词，与微博用户互动起来，实现精准互动营销。有效地和潜在客户群体建立极有针对性的精准营销，通过微搜索实现微传播，并且将这种微传播做到极致。

6. 企业微博的传播

（1）优质内容置顶。若发布的优质微博没有及时出现在订阅者和粉丝面前，可以通过其他的微博账号每隔一小时转发或者评论一次，微博就会重新出现在前列，会有更多的曝光机会。

（2）巧用 @ 和私信。@ 是告知粉丝，能够在粉丝打开微博的第一时间，提示有微博 @ 了他。微博发 @ 的使用技巧如下。

① 选择 @ 互粉的听众，这样回复率会提高。如果没有关注，尽可能不要 @ 他。

② 选择 @ 平时经常转发微博的朋友，可以进一步提高转发率。

③ @ 粉丝中被关注人数最多的几位，因为这些粉丝的转发能够获得更大范围的辐射。

④ 对于多次 @ 没有任何转发的粉丝，从 @ 名单中去掉。

私信只能由关注的人发给粉丝，并且只能发件人和收件人看到，通过私信可以做点对点精准营销。

7. 微博营销的其他技巧

微博是一个需要长期耕耘和积累的阵地，唯有用心才能让用户留下来。

（1）学习别的企业的做法。优衣库曾经在互动上有好的做法。一次优衣库在推特上陈列了十件衣服，规定“越多评论、价格越低”。如果有用户进入评论系统，网站就会告诉用户目前这件衣服有多少条评论，售价已经下降多少，距离最低价格还差多少评论。每写一段评论，系统都会提示“在你的努力下，价格又下降了”。

（2）坚持每日更新。坚持每天发布原创微博，如果很难有新鲜事情发布，也可以注意积累行业动态及趋势，分享一些对用户有价值的信息。

（3）主动互粉核心用户。企业微博要多关注经常转发自己微博的人，转发五次以上，又积极参与讨论的就是企业的核心粉丝。这些核心粉丝的关注会让客户有荣誉感，为口碑营销奠定基础。

（4）随时做好微博营销。微博的引爆点几乎是随时的，很多来自网民的主动创意，出现的时间可能在下班之后。这就要求营销人员随时搜索，把和网民的沟通作为工作，及时做好与企业话题相关的回复。

4.5.3 社群推广

社群是关系连接的产物，而关系要经过媒介才能连接。媒介在进化，关系的连接方式也一直在变。传统的社群形式大多受时空限制，社群的直接沟通也相应受到局限。不同社群之间沟通的媒介在历史上曾经有书信、电报、广播、传呼机、电话、邮件、聊天室、QQ 群等。

社群形态其实一直都存在，但基于连接方式的限制，其发展被地理空间约束。随着移动互联网的快速发展，计算机端转移到移动端，基于互联网的通信手段开始普及，受地理空间限制的社群关系开始逐步跨越时空，进入虚拟空间连接阶段，如微信的出现使社群组织开始摆脱这些限制，让社群组织的互动更容易、管理更容易。这是社群兴起和火爆的主要原因。

1. 社群的内涵

学而思

表 4-9 的哪些选项是社群？

表 4-9　社群判断

选　项	是否是社群	选　项	是否是社群
大一新生群		志愿者小分队	
羽毛球协会		专业论坛	
北京驴友俱乐部		吉他爱好者联盟	
在线游戏		读书会	

现在谈到社群，很多人想到的是微信群，其实这只是容纳网络社群的载体工具，而且只是工具之一。如何定义社群？什么样的群体才叫社群？

很多人对社群的第一反应就是“有同样标签的一群人”“在一起做一件事的一群人”等。但是给自己标签为“吃货”的人千千万万，他们全部是一个社群吗？

一起乘坐 2 路汽车的人在同一时间有“乘 2 路汽车”的行为，他们是一个社群吗？一堆人天天聚在一起叫社群吗？

以上显示的这些有特征的群体，其实都不一定是“社群”。这些可以作为一个社群的发端，但是要形成社群，还要有诸多元素。

学而思

在以下情形中，哪一种是社区？哪一种是社群？

- 在北京一起租房的几个年轻人。
- 周末坐了很久地铁去参加 BetterMe 大本营线下活动的人。

在一个空间生活，但是大多每天各忙各的，很少交流。即使买了房的，生活了很多年，和对门邻居都不认识的情况也不是少数。但是也有人有很多通过网络结交之后关系很好的朋友，他们每天不在群里一起聊几句就觉得少了点什么，周末窝在家里不出门也不觉得孤单。

所以社群是一群有相互关系的人形成的网络，其中人和人只有产生交叉的关系和深入的情感链接，才能被看作社群。

连接度就是人与人之间的一种了解和交流。如两个人是好朋友，相互肯定有对方的电话号码、微信号、QQ 号、邮箱，当有了这些深入的了解，即使他们离开了一个群，连接也不会轻易消失。

人和人之间绝不能只是在群里产生社交关系，在社群之外也应该产生各种各样的连接。一个人之所以会感觉到和另一个人有关系，是因为能隔空感到这个人的存在。今天看到他在QQ空间里留了个脚印，明天在朋友圈点赞看到他的头像，后天在哪个群里“潜水”时看他出来“冒了个泡”。虽然不一定直接交流，但对方经常出现在自己的生活圈和社交圈里。

而有很多社群只是每天发几个红包，发几篇文章，连接度很低，这也是不能称为社群的。

情感连接就是要增强群成员之间的情感度。要想在一个社群中创造出情感，就得让大家互相了解，互相关注对方的行为、喜好。

从这个定义看，同样是线下会员俱乐部，有的俱乐部成员互相认识，经常互动就是一个社群。有的会员俱乐部只是享受积分福利，会员和会员之间没有任何连接，这就不是社群。

2. 社群的建立

在一个社区，如果成员积极连接，经常组织活动，也可以是基于地理区位形成的社群。在网上有很多关系不错的网友，每天在群里一起聊天，互相影响，甚至组织一些线上线下活动，即便是在家里不出门也不觉得孤单，这也是社群。为了对社群有更直观的认识和评估，可以从社群运营的实践过程中总结出五个构成完整社群的要素，它们分别是同好（interest）、结构（structure）、输出（output）、运营（operate）和复制（copy）。

根据这五个单词的英文首字母，可简称为“ISOOC”。

（1）同好——社群成立的前提。社群构成的第一要素——同好，它是社群成立的前提。

所谓“同好”，是对某种事物的共同认可或行为。我们为了什么而聚到一起？最重要的是一起做什么。任何事物没有价值就没有存在的必要。

正如国内以自律为荣的最大女性社群“趁早”，在社群活动中所提到的那句话：“为了找到同类，我们造了一个世界。”

这些同类，可以基于某一个产品而聚集到一起，如苹果手机、锤子手机、小米手机；可以基于某一种行为而聚集到一起，如爱旅游的驴友群、爱阅读的读书交流会；可以基于某一种标签而聚集到一起，如星座、某明星的粉丝；可以基于某一种空间而聚集到一起，如某生活小区的业主群；可以基于某一种情感而聚集到一起，如老乡会、校友群、班级群；可以基于某一类“三观”而聚集到一起，如“一个人走得快，一群人走得远”的BetterMe大本营。

（2）结构——决定社群的存活。社群构成的第二要素——结构，它决定了社群的存活。

很多社群为什么走向沉寂？那是因为最初就没有对社群的结构进行有效规划，这个结构包括组成成员、交流平台、加入原则和管理规范。这四个组成结构做得越好，社群存在得越长。

① 组成成员：发现、号召起那些有“同好”的人抱团形成金字塔或者环形结构，最初的一批成员会对以后的社群产生巨大的影响。

② 交流平台：要有一个聚集地作为日常交流的大本营，目前常见的有QQ、微信、YY等。

③ 加入原则：社群有了元老成员，也建好了平台，慢慢会有更多的人慕名而来，那么就得设置一定的筛选机制作为门槛，一来保证社群质量，二来让加入者由于加入不易而格外珍惜这个社群。

④ 管理规范：社群人越来越多，就必须要管理。所以，一要设立管理员，二要不断完善群规。

（3）输出——决定社群的价值。社群构成的第三要素——输出，它决定了社群的价值。

持续输出有价值的东西是考验社群生命力的重要指标。

例如，拆书帮用拆书法输出高质量的读书笔记，形成了国内独具特色的读书社群；秋叶PPT社群以持续高质量的PPT作品，在新浪微博上时常引起大量转发，形成国内知名的职场教育品牌。

所有的社群在成立之初都有一定的活跃度，但若不能持续提供价值，社群的活跃度会慢慢下降，最后沦为广告群。没有足够价值的社群迟早会被解散，也有一些人会屏蔽群，再去加入一个新的群或选择创建一个新群。

为了防止以上情况的出现，优秀的社群一定要能给群成员提供稳定的价值，如坚持定期分享、某些行业群定期可以接单等。

所以，“输出”还要衡量群成员的输出成果，好的社群里所有的成员都有不同层次、不同领域的高质量输出，能够释放出更强大的能量。

（4）运营——决定社群的寿命。社群构成的第四要素——运营，它决定了社群的“寿命”。不经过运营管理的社群很难有比较长的生命周期，一般来说，从始至终通过运营要建立如下“四感”。

① 仪式感。如加人要通过申请、入群要接受群规、行为要接受奖惩等，保证社群规范。

② 参与感。如通过有组织的讨论、分享等，保证群内有话说、有事做、有收获的社群质量。

③ 组织感。如通过对某主题事物的分工、协作、执行等，保证社群的战斗力。

④ 归属感。如通过线上线下的互助、活动等，保证社群的凝聚力。

如果一个社群通过运营这“四感”有了规范，有了质量，有了战斗力，有了凝聚力，就可能持续运营。

（5）复制——决定社群的规模。社群构成的第五要素——复制，它决定了社群的规模。

由于社群的核心是情感归宿和价值认同，那么社群越大，情感分裂的可能性就越大，所以在“复制”这一层，有这样两个问题需要考虑。

第一，是不是真的有必要通过复制而扩大社群规模？

有时候人们会有一种误区，认为没有几万人都不好意思称为社群。其实经过前面四个维度考验的群，完全可以称为社群了，“小而美”也是一种社群，而且大多存活得还比较久。

现在很多人进入一个人数很多的群，第一件事是遴选信息的成本高，人员相互认知成本也高。

相反，小圈子里人员较少，大家的话题相对集中，成员也容易活跃起来。通过分析微信群、QQ 群等社群的大数据发现，90% 的用户在不足 20 个人的小群里活跃。人人都想组建人多的大社群，但是许多大社群非常不活跃，所以社群规模要看社群的成长阶段，每一个社群都有一定的成长周期，不同阶段用不同的节奏进行把控。

一般来说，规模越大的社群，越可能只是为新用户提供服务，在过滤优质信息上有很大的难度，这样的社群如果不控制活跃度，看着每天的信息不少，实则信息价值太小。这也会导致高价值成员沉默或者离开，社群价值就无法得到提高。

那么就要明确扩大规模是为了什么？扩大规模之后能解决什么问题？社群定位适合扩大规模吗？这些问题要先进行思考，盲目复制反而会起到反作用。

第二，是不是真的有能力维护大规模的社群？

复制不是即兴的事情，而是要对人力、财力、物力与精力等进行综合考量。

规模的扩大意味着更多的投入，那么相应的投入产出比是否能够支撑社群一直维护下去，这一点要考虑清楚。

技能实训

【实训题目】微博营销——建立个人品牌之路。

【实训目标】

（1）能够通过教师讲解、案例讨论掌握相应的知识点。

（2）初步学习团队合作，发挥每一个团队成员的能力，学习小组讨论、分析评价的方法，对讨论的问题进行记录并提交小结，完成案例讨论。

（3）能够形成初步的独立思考能力。

（4）能够培养初步的自主学习能力。

【实训内容与要求】

（1）由教师介绍实训的目的、方式、要求，调动学生参与实训的积极性。

（2）由教师布置模拟实训题目，题目如下。

① 选择不同类型的媒体微博、企业微博及个人微博，如人民日报、央视新闻、小米公司微博（小米、小米公司、小米手机、小米电视、小米盒子、小米平板）、东方航空微博（东方航空、东航官网、东航凌燕、凌燕资深美女）、秋叶、鬼脚七的 2014、陕西魏延安。

② 浏览上述不同类型的微博，总结不同微博类型的特点及微博营销技巧。

③ 结合上述微博营销技巧，针对个人爱好设计个人微博营销定位及微博营销思路。

（3）对学生进行分组，确定各小组的组长和人员分工，学习小组学习方式，确定小组团队要做什么，要达到什么目的。

（4）由教师介绍微博运营相关案例以及要讨论的话题。

（5）各小组对教师布置的问题进行讨论，并记录小组成员的发言。

（6）根据小组讨论记录撰写讨论小结。

（7）各组相互评议，教师点评、总结。

【实训成果与检测】

（1）成果要求。

① 提交案例讨论记录：教学分组按 3～5 名学生一组，设组长 1 人、记录员 1 人，每组必须有讨论、工作分工的详细记录，以作为考核的依据。

② 能够在规定的时间内完成相关的讨论，学习团队合作方式，撰写小结。

（2）评价标准。

① 上课时积极与教师配合，积极思考、发言。

② 认真阅读案例，积极参加小组讨论，分析问题的思路较为开阔。案例分析基本完整，能结合理论知识解答问题。

③ 团队配合较好，积极参与小组活动，分工合作较好。

思考与练习

一、填空题

1. 在选款时，需要与其他店铺进行竞争分析，竞争分析包括________、________、________。

2. 宝贝描述包括________、________、________。

3. 当顾客第一次光临店铺时，其关注的通常是产品的________、相关说明、价格、卖家信誉、店铺的专业性与整体感觉等。

4. 淘宝新店免费引流的渠道包括________、________、________。

二、简答题

橱窗推荐位是淘宝网为卖家设计的特色功能，合理利用橱窗推荐位，可以提高店铺商品的点击率。卖家在推荐商品的时候，要正确选择推荐的商品，以及充分利用橱窗位，商品推荐有什么原则？

第5章 店铺日常运营与管理

学习目标

- 了解店铺订单的管理以及维护；
- 理解店铺商品管理以及维护；
- 掌握店铺物流管理；
- 掌握店铺促销管理。

5.1 交易管理

交易管理是商家日常管理中最为重要的一部分，其内容包括“已卖出宝贝”和“评价管理”。“已卖出宝贝”的主要功能是管理客户订单，包含客户已付款订单、未付款订单、交易成功订单等；“评价管理”的主要功能是管理客户交易成功之后对商品的评价以及对客服人员服务的评价，商家可以根据客户的评价内容，对店铺进行优化。

5.1.1 已卖出宝贝管理

1.“已卖出宝贝”

单击“卖家中心”→“交易管理”→“已卖出宝贝”链接，进入“已卖出宝贝”页面。如图 5-1 所示，在“已卖出宝贝”页面，默认显示近三个月的订单，包括等待买家付款订单、买家已付款订单、卖家已发货订单、完成交易订单和已关闭订单。如需要查看三个月以前的订单，则需要单击“三个月前订单”，如图 5-2 所示。再看图 5-1，如订单有异常，或客户有特殊要求，客服人员可以单击小旗子图标进行备注，并可以为小旗子选择不同的颜色来代表不同的问题类型。

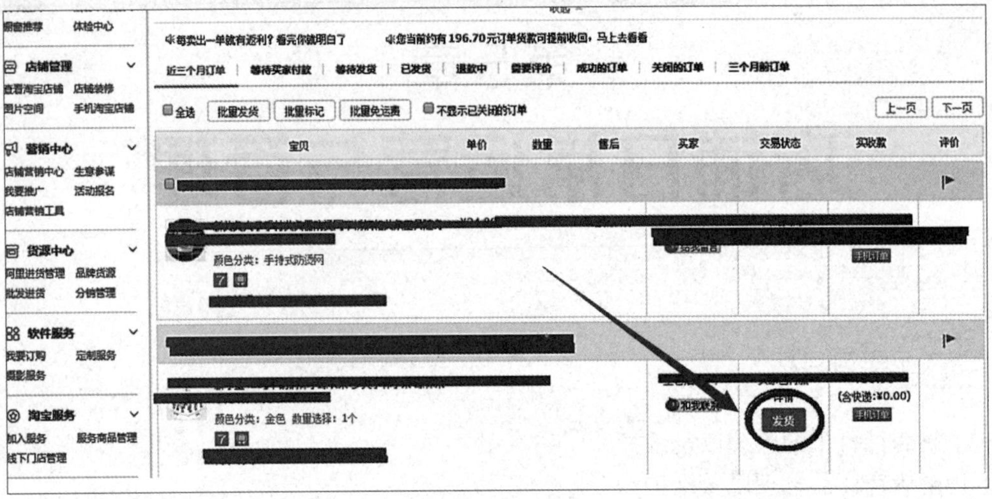

图 5-1　已卖出宝贝

图 5-2　查看近三个月订单

2. “已卖出宝贝”各种状态说明

（1）等待买家付款。客户已经拍下商品，尚未付款。

（2）买家已付款，等待卖家发货。客户已经拍下商品并且付款，但商家还未发货。

（3）卖家已发货，等待买家确认。卖家已经发货，等待客户收到商品并进行“确认收货”操作。只有客户确认收货后，货款才会真正打给商家。

学而思

网络营销的优点和缺点分别是什么？

优点：①传播速度快；②覆盖面广；③回款及时，减少欠款；④广告成本低。

缺点：①针对性较弱；②骚扰信息较多。

（4）交易成功。当客户确认收货并评价之后，订单交易状态变成“交易成功”。

（5）交易关闭。客户拍下商品但一直没有付款，一天后将自动关闭订单；在客户已经付款的订单或商家已经发货的订单中，如果客户申请退款，退款完成后，交易状态就会变成“交易关闭”。

5.1.2 评价管理

1. 商品评价

商品评价是指客户在购买商品以后，对商品质量、使用情况以及商家服务进行的评价。商家可根据客户的评价管理店铺商品，及时优化商品和客户服务。商品评价主要呈现在商品详情页中，如图5-3所示。商家单击“卖家中心”→“交易管理”→“评价管理”链接，进入“评价管理”页面，商家可以在评价管理页面查看店铺评价、管理异常评价以及解释评价，如图5-4所示。

微课13

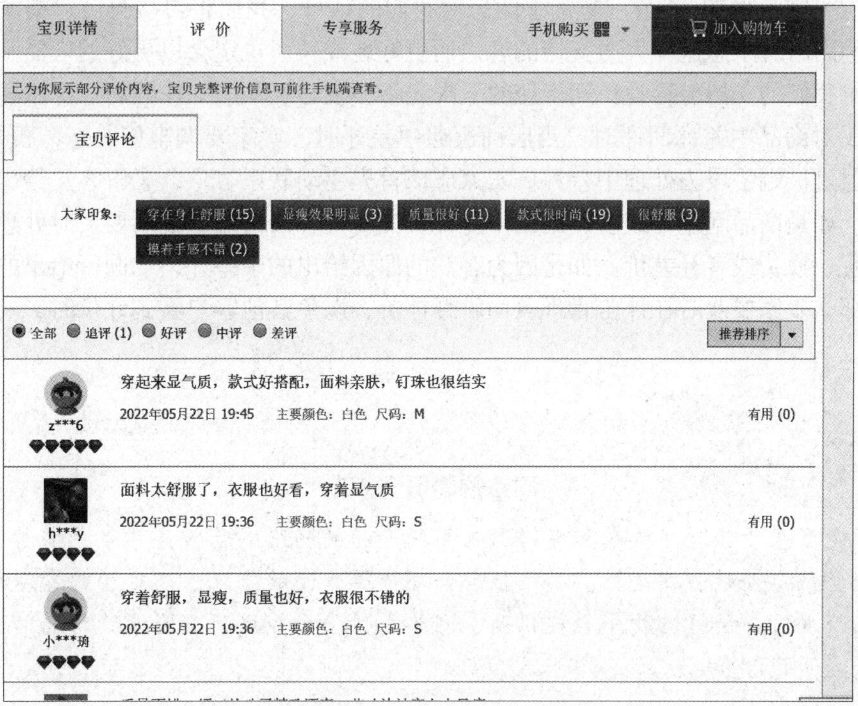

图5-3 商品页评价展示页面

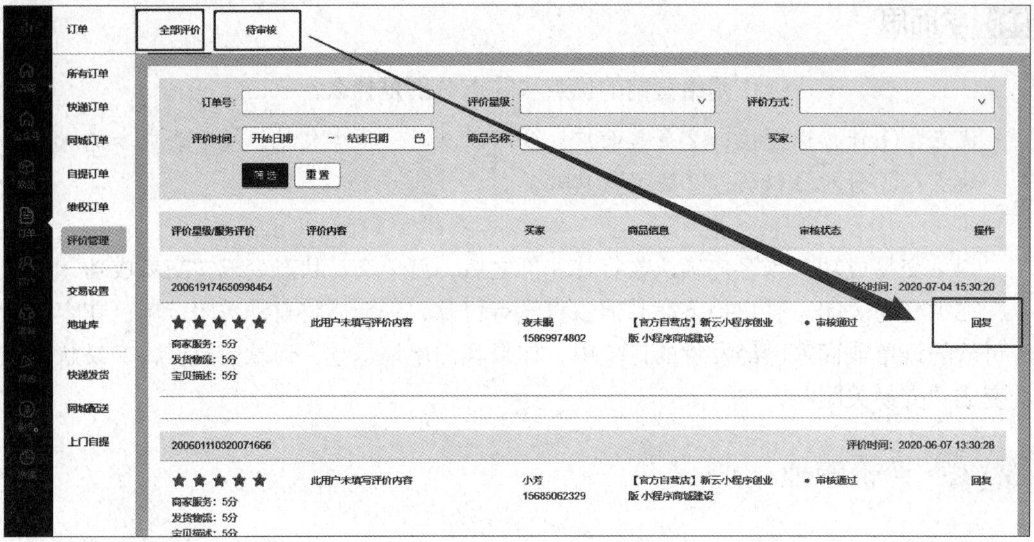

图 5-4　商家后台评价管理页面

2. 商品评价管理和维护

商品的评价分为两种：好评和中差评。商家在管理维护商品评价时，不仅要管理和维护商品的中差评，对于好评也应该及时回复，使其他客户能看到商家的服务态度。

（1）对商品好评回评时。商家首先要感谢客户对产品的支持、给予的肯定以及欢迎客户下次光临。例如，“亲，非常感谢您对我们的认可，我们将再接再厉，竭诚为您服务！我们因为有了您这样大力支持的客户而更好地成长，也定会以更好的产品和服务来回报您对我们的支持与喜爱！期待您的下次光临，衷心祝福您工作顺利！身体健康！”

（2）对商品中差评回评时。当店铺遭遇中差评时，卖家要调整好心态，积极面对，而不是通过极端手段去处理中差评。卖家应该首先主动联系客户，了解客户给出中差评的原因。如是商品问题导致客户给出中差评，先安抚客户情绪，之后要及时处理，帮助客户退货、换货或者补差价。如是因为客户的原因给出的中差评，如同行给出的恶意中差评，那么卖家要及时在评价管理页面解释评价，以免其他客户看到评价时影响店铺转化率。

课程思政

网络购物服务规范

规定了基于互联网技术和网络通信手段缔结的网络购物服务体系，描述了网络购物服务的合法性、安全性、公平性、合理性等方面的要求，规定了基本原则、网络购物交易方、网络购物平台提供商、网络支付平台提供商、网络购物辅助服务提供商等方面的行为规范。

5.2 商品优化管理

商品管理主要包括“出售中的宝贝”“仓库中的宝贝”“体检中心”等。“出售中的宝贝”主要管理店铺正在出售中的商品，对出售中的商品可以进行删除、修改、下架等操作。“仓库中的宝贝”主要管理店铺已下架的商品，对已下架的商品可以进行上架、修改、删除等操作。“体检中心”的主要功能是查看店铺的商品、订单、营销是否存在违规情况或店铺是否需要优化。卖家可以根据体检结果对店铺进行管理和优化。

5.2.1 出售中的宝贝

单击“卖家中心”→“宝贝管理”→“出售中的宝贝”链接，进入“出售中的宝贝”页面，如图 5-5 所示。在“出售中的宝贝”页面，卖家可以管理店铺在线商品，包括删除商品、下架商品、修改标题、修改价格、修改库存、修改上架时间、是否橱窗推荐和编辑商品信息。

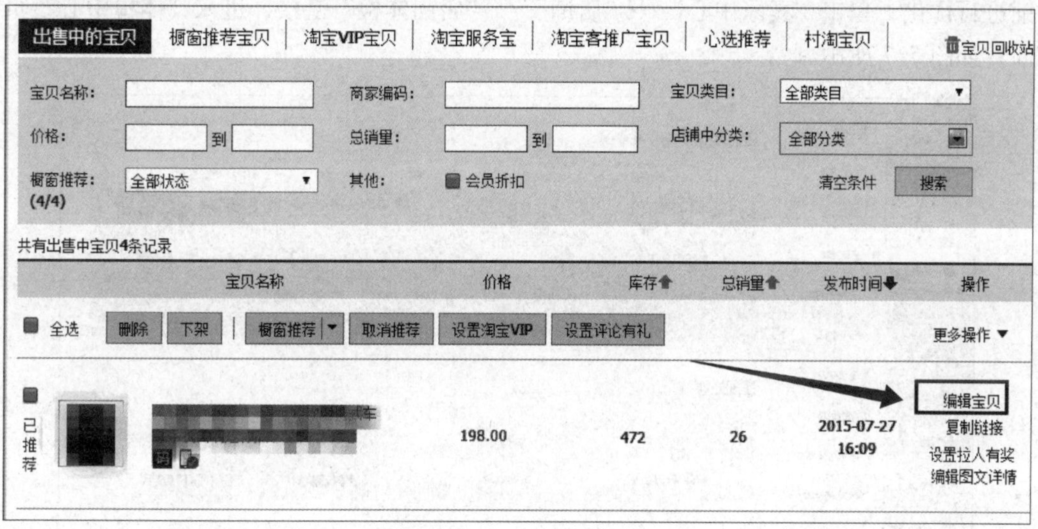

图 5-5　出售中的宝贝

5.2.2 仓库中的宝贝

单击“卖家中心”→“宝贝管理”→“仓库中的宝贝”链接，进入“仓库中的宝贝”页面，如图 5-6 所示。对“出售中的宝贝”单击下架之后，商品就会进入仓库中，卖家可以管理已下架的商品，如编辑商品信息或删除商品。

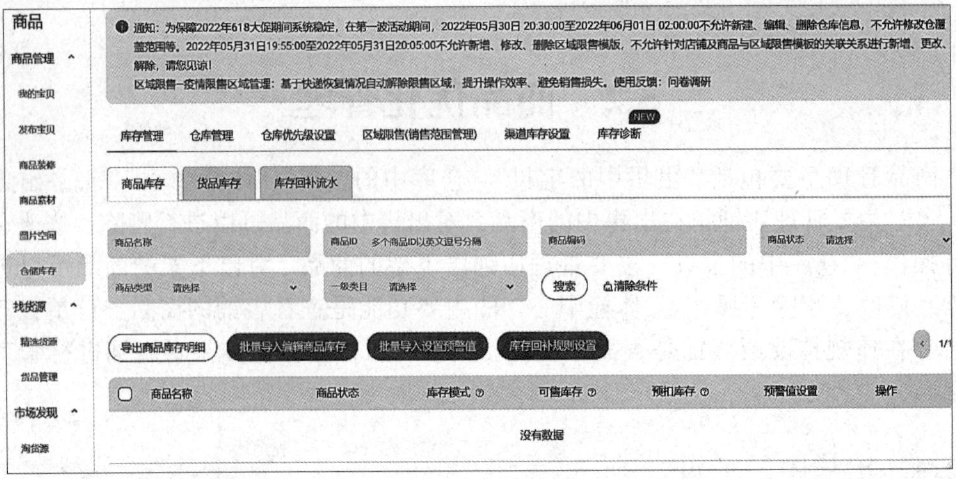

图 5-6 仓库中的宝贝

5.2.3 体检中心

在店铺管理中，体检中心是商家常用的店铺管理工具。卖家可以根据体检结果对店铺进行优化，单击“卖家中心”→“店铺”→“店铺体检”链接，进入“体检中心”页面，如图 5-7 所示。

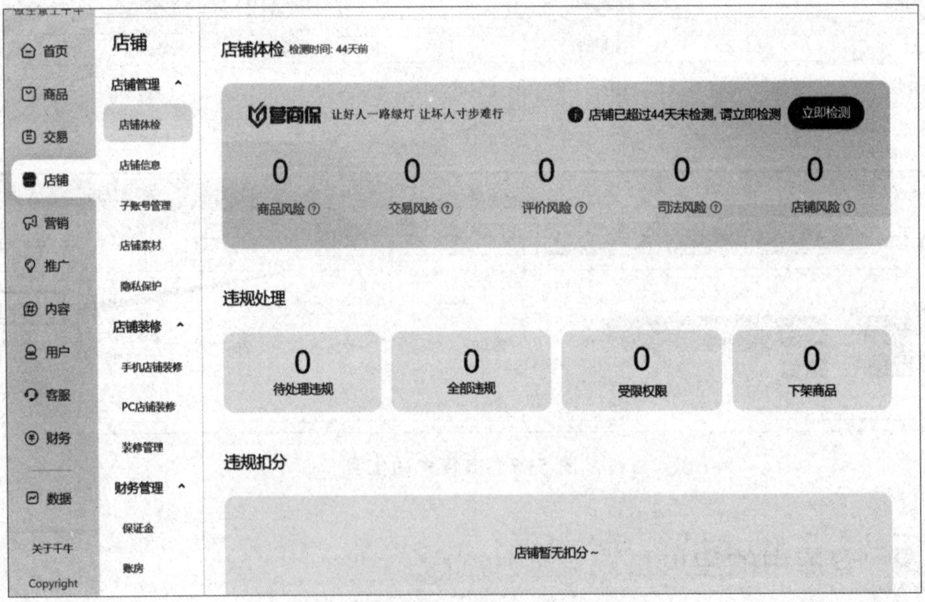

图 5-7 体检中心

1. 综合优化

卖家应密切关注官方重要提醒以及商品优化建议，并尽快修改，从而改善买家的购物体验，提高客户转化率。

2. 搜优体验

卖家优化符合自己商品属性的描述词可以提高搜索排名，滥用关键词和堆砌不相关的词将降低搜索排名。

3. 商品体检

卖家基于淘宝商品大数据对店铺商品进行更有效的诊断优化，及时优化商品体检，更有利于店铺经营。

4. 订单体检

卖家可以主动删除可能涉嫌虚假交易的订单。删除后，被清洗的订单所对应的销量、评价、评论、店铺动态评分将被删除。

5. 营销体检

营销体检是一个可以报名参加活动的入口，一些活动准入条件也可以在这里看到。

6. 资质体检

当今，尤其是食品类行业，需要提交一些资质材料才能进行正常的编辑，淘宝后台默认需要提交资质材料的类目应达到的具体要求可以在这里看到。

5.3 物流管理

物流管理主要包括设置物流运费模板和跟踪物流信息。物流运费模板可以设置包邮运费模板、不包邮运费模板、某些地方包邮或不包邮运费模板等，商家可以根据商品的具体情况设置不同的运费模板。商家可跟踪物流信息，掌握已发货订单的物流信息，如存在异常包裹，就及时联系合作快递公司，及时处理，以免被客户投诉。

5.3.1 物流运费模板设置

单击“卖家中心”→“物流管理”→“物流工具”→“运费模板”设置，进入运费模板设置页面，如图5-8所示。常用的运费模板有三种：第一种，少数地区不包邮，如偏远地区不包邮，其他地区包邮；第二种，全国包邮，所有地区包邮；第三种，所有地区不包邮。

1. 设置少数地区不包邮运费模板

单击图5-8中的“新建运费模板”按钮，进入运费模板设置页面，如图5-9所示。首先填写运费模板名称，运费模板名称无要求，商家可以区分就可以，之后设置发货地址以及发货时间。在选择是否包邮时，选择“自定义运费”，计价方式可根据商家情况选择。选择运送方式为“快递”，默认运费选择0元，不包邮的地区填写一定金额的快递费，单击“保存并返回”按钮即可完成设置。

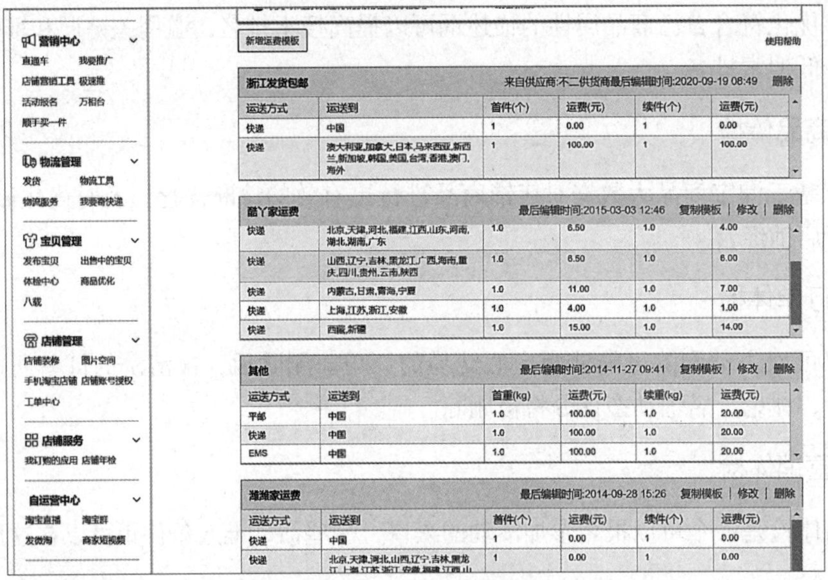

图 5-8　运费模板设置页面

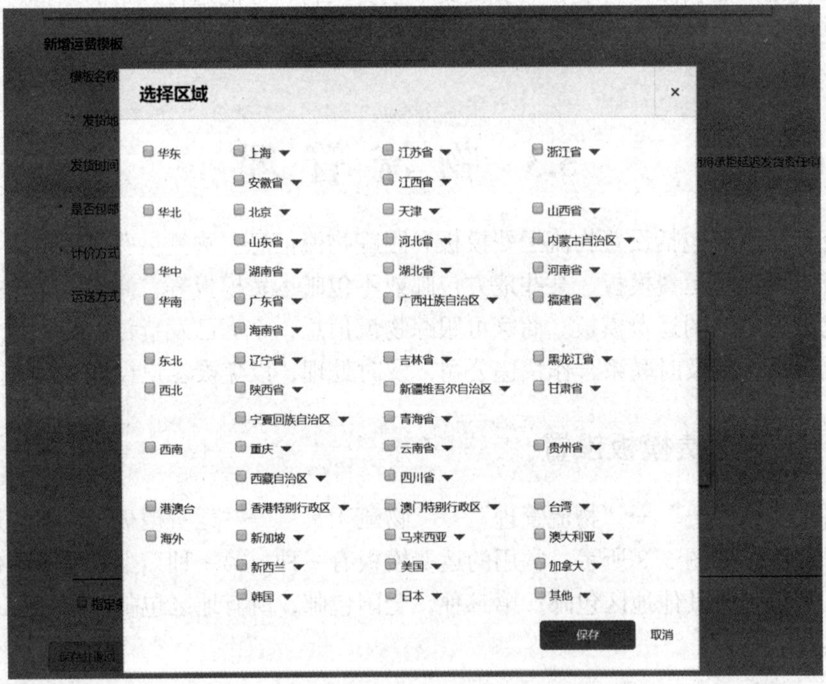

图 5-9　设置少数地区不包邮运费模板

2. 设置全国包邮运费模板

如图 5-10 所示，在设置是否包邮时，点选“包邮”单选按钮，其余条件设置同上，即可完成全国包邮运费模板设置。

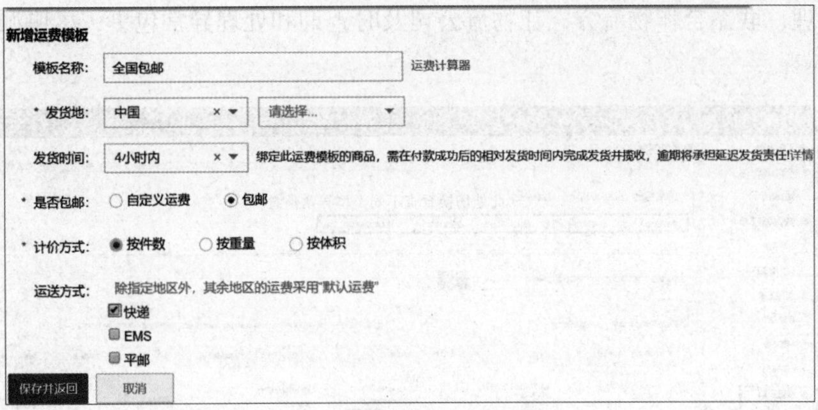

图 5-10　设置全国包邮运费模板

3. 设置不包邮运费模板

如图 5-11 所示，设置是否包邮时，点选“自定义运费”单选按钮，运送方式勾选“快递”复选框。输入不同地区的首重费用和续重费用，其余条件设置同上，即可完成不包邮运费模板设置。

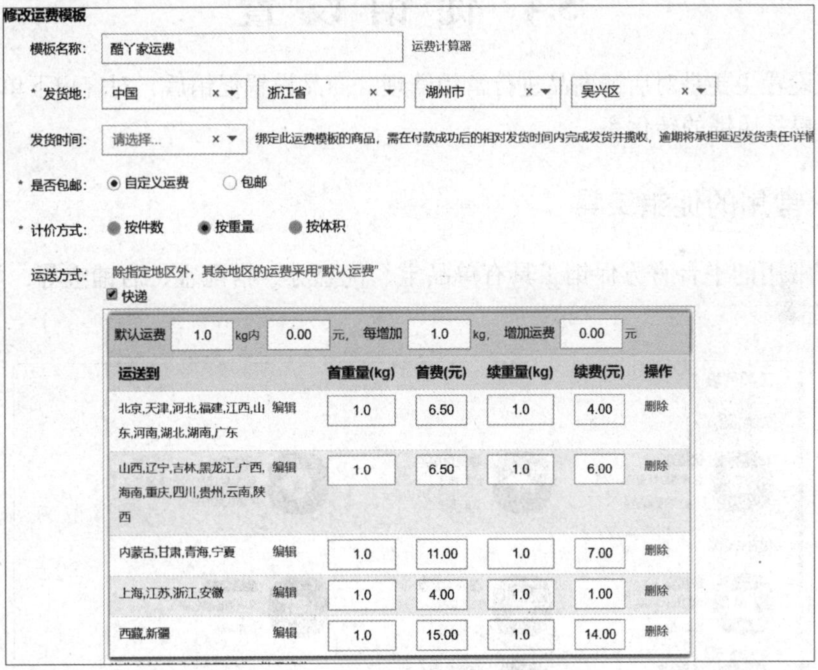

图 5-11　设置不包邮运费模板

5.3.2 物流信息跟踪管理

在客服人员管理订单物流信息时，对于物流信息跟踪正常的订单无须管理，客服人员只需要管理物流跟踪信息异常的包裹，如图 5-12 所示。对于异常包裹，客服人员需要及时处理，联系合作物流方，让物流公司及时查询和处理异常包裹，尽快派送到客户手中。

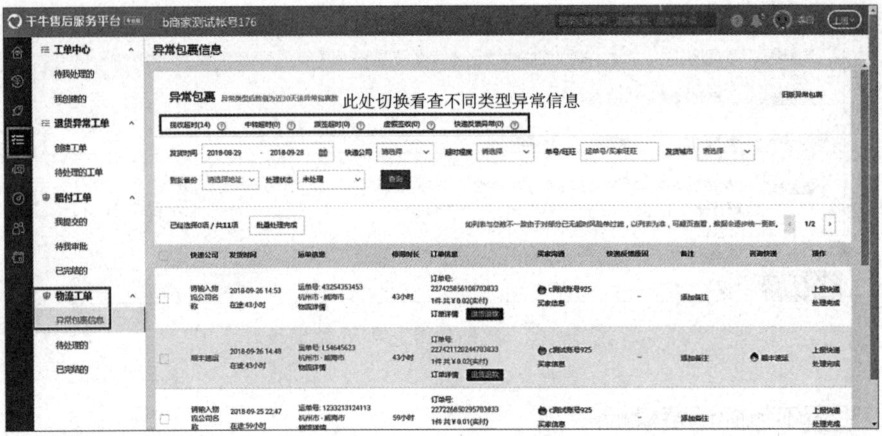

图 5-12　异常包裹

5.4　促销设置

促销设置主要是对店铺商品进行营销管理。商品设置促销后，对客户下单有促销作用，可以提升店铺的转化率。

5.4.1　常用的促销工具

商家常用的平台官方促销工具有单品宝、优惠券、搭配宝、店铺宝等，如图 5-13 所示。

图 5-13　促销工具

5.4.2 设置单品宝

单品宝是一个为单个商品打折的促销工具，如图 5-14 所示，支持商品级和 SKU 级打折、减现、促销价，对于已过期活动可以进行一键重启，还可以查看活动效果报表。在设置活动名称时输入“抢购价”，在商品页面显示的红色价格即是活动价格，如图 5-15 所示。

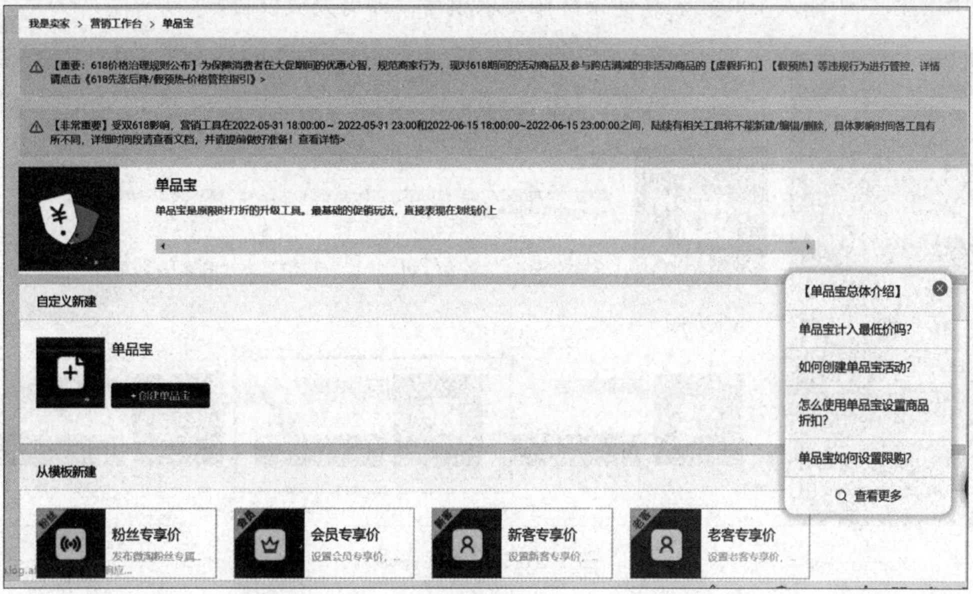

图 5-14　单品宝

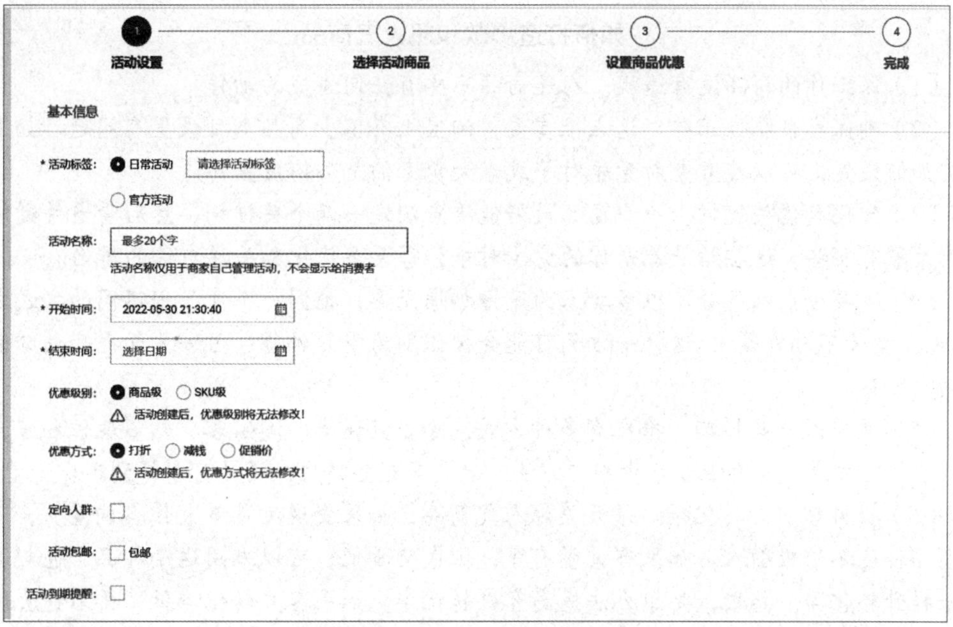

图 5-15　设置单品宝

5.4.3 设置优惠券

店铺优惠券设置页面如图 5-16 所示。首先选择推广渠道，可以选择全网自动推广、官方渠道推广、自有渠道推广。例如，选择全网自动推广，设置成功之后优惠券会被显示在店铺内。选择自有渠道推广，优惠券不会显示在店铺，可以由商家发送链接给客户。如商家想设置一个满 100 元减 20 元的优惠券，在“优惠金额”中输入 20 元，在“使用门槛”中输入 100 元，其他条件按要求填写，即可完成设置。

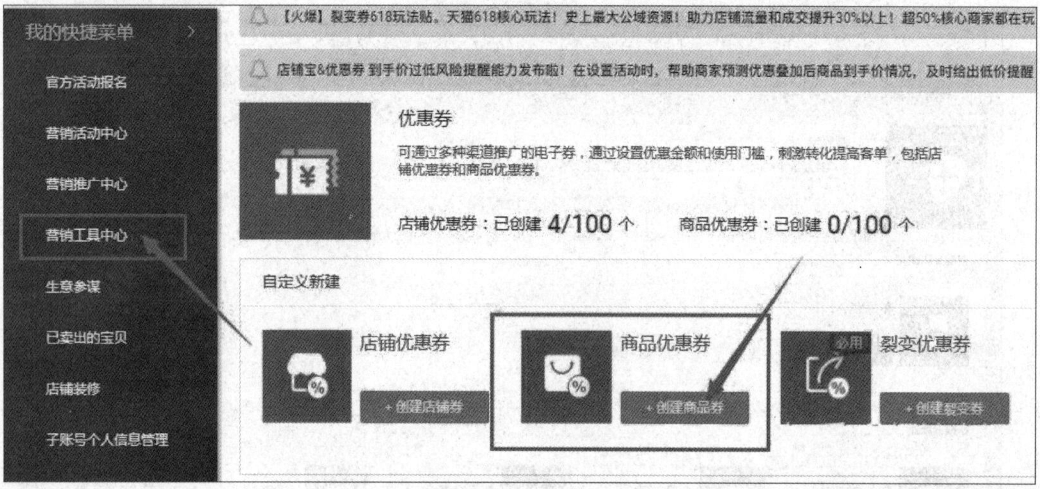

图 5-16　设置优惠券

学而思

如何打造爆款和超人气商品

（1）保证你的商品没有违规。人气商品不要有任何违规的动作。

（2）确保类目属性正确。这点很重要，淘宝上有不少商品类目设置有问题。如果不知道如何设置，可以搜索查看竞争对手或者大卖家们是如何设置的。

（3）优化具体关键词。一个商品最好能重点确定一两个关键词，然后看看关键词的搜索结果有哪些，这些结果就是你的竞争对手，每天多优化和关注自己的排名。

（4）不要分散人气分。很多卖家为了增加曝光率，把同一个商品用不同的方式发布（颜色、型号不一样等），这样一方面可能会被识别为重复铺货，另一方面也容易分散商品的人气分。

（5）适当做一些推广。推广有多种方式，除了直通车、淘宝客、钻石展位和焦点图等收费推广方式，还有很多免费推广方法。只要多花些精力，还是可以得到不少流量的。

（6）提升客户的转化率。每天关注人气商品，如果发现浏览量大但咨询量少，可能是商品描述不够吸引人。如果咨询量有了，但成交量低，可以采用送小礼品、包邮等方式来提升转化率。总之，要想办法提高客户转化率。如果客户转化率低，排名也会逐渐下降。

（7）多使用支付宝交易。从技术的角度讲，用支付宝成交，会对积累人气分有好处。

5.4.4 设置搭配宝

搭配宝是店铺商品关联的搭配工具，用来推荐适合的搭配商品，提升客单价和转化率。搭配套餐是指商品以组合捆绑的形式销售，如牛仔裤和帆布鞋搭配销售，鞋子和袜子搭配销售等。套餐促销可以提升店铺客单价、动销率和转化率，会对单品搜索排名加权，可以提升商品之间的关联性。搭配宝设置如图 5-17 和图 5-18 所示。

图 5-17　搭配宝

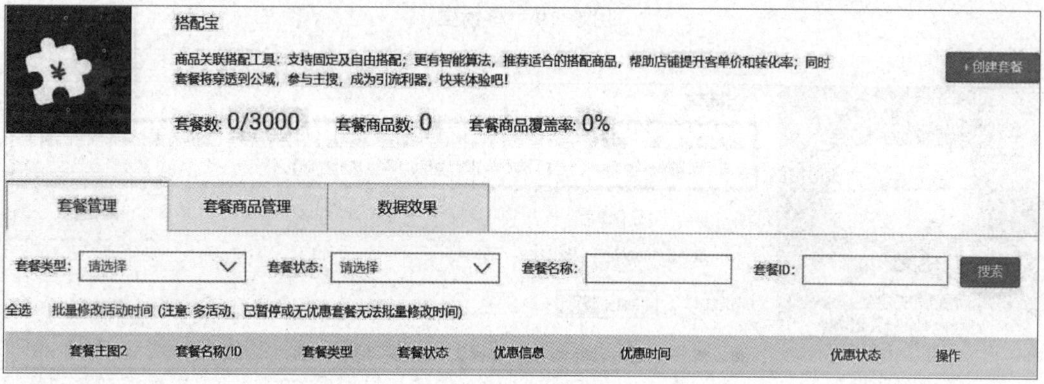

图 5-18　设置搭配宝

课程思政

第三方电子商务交易平台服务规范

规范第三方电子商务交易平台的经营活动，规定第三方交易平台的设立与基本行为规范、平台经营者对站内经营者的管理与引导、平台经营者对消费者的合理保护、平台经营者与相关服务提供者的协调，保护企业和消费者合法权益，促进电子商务的快速发展。

5.4.5 设置店铺宝

店铺宝是一款店铺级优惠活动软件，支持创建部分商品或全店商店的满减、满折、满包邮、满送权益、满送赠品等营销活动。例如，商家计划设置一个全店满 100 元减 10 元的活动，具体操作如图 5-19 和图 5-20 所示。

图 5-19 店铺宝

图 5-20 设置店铺宝

技能实训

【实训题目】设置店铺各种促销活动。

【实训目标】

（1）能够通过教师讲解、案例讨论掌握相应的知识点。

（2）初步学习团队合作，发挥每一个团队成员的能力，学习小组讨论、分析评价的方法，对讨论的问题进行记录并提交小结，完成案例讨论。

（3）能够形成初步的独立思考能力。

（4）能够培养初步的自主学习能力。

【实训内容与要求】

（1）由教师介绍实训的目的、方式、要求，调动学生参与实训的积极性。

（2）由教师布置模拟实训题目，题目如下：①设置单品宝；②设置优惠券；③设置搭配宝；④设置店铺宝。

（3）对学生进行分组，确定各小组的组长和人员分工，学习小组学习方式，制订小组计划，确定团队要做什么，要达到什么目的。

（4）由教师介绍店铺各类促销活动案例以及要讨论的话题。

（5）各小组对教师布置的问题进行讨论，并记录小组成员的发言。

（6）根据小组讨论记录撰写讨论小结。

（7）各组相互评议，教师点评、总结。

【实训成果与检测】

（1）成果要求。

① 提交案例讨论记录：教学分组按 3～5 名学生一组，设组长 1 人、记录员 1 人，每组必须有讨论、工作分工的详细记录，以作为考核的依据。

② 能够在规定的时间内完成相关的讨论，学习团队合作方式，撰写小结。

（2）评价标准。

① 上课时积极与教师配合，积极思考、发言。

② 认真阅读案例，积极参加小组讨论，分析问题的思路较为开阔。案例分析基本完整，能结合理论知识解答问题。

③ 团队配合较好，积极参与小组活动，分工合作较好。

思考与练习

一、单项选择题

1. 对使用淘宝推荐物流的订单，如果买家还没有确认收货，那么卖家看到的订单状态是（　　）。

A. 等待发货的订单　　B. 等待对方签收的订单　　C. 等待物流公司的确认

2. 如果有多张优惠券，客户在购买商品时，每个订单最多可以使用（　　）。

A. 1 张　　B. 5 张　　C. 不限张数

二、简答题

1. 假如买家评价为“质量很好，性价比很高”，卖家应该如何回复买家评价？

2. 简述官方常用的四个促销工具的各自特点。

第6章 客服与会员管理

学习目标

- 了解网店客服的工作内容；
- 理解网店客服售前、售中、售后工作中可能出现的问题及解决办法；
- 掌握如何进行客服团队管理。

6.1 客 服 管 理

6.1.1 网店客服概述

1. 网店客服的定义

沟通是人类行为的基础，是信息、感情在个人或群体中传递的过程。在电子商务盛行的年代，看似有着距离之隔的客户与店铺之间，沟通是必不可少的，类似于实体店导购角色的“客服”随之出现，在电商时代具有不可或缺的作用。

客服工作，顾名思义就是为客户服务的工作。和我们在实体店看到的导购服务人员一样，电子商务环境下的客服，依然担当着迎接客人、销售商品、解决客户疑惑等职责。落实到网络平台上的客服，在工作的环境与服务的媒介方面与传统实体店的导购人员又有一定的差异：传统实体店的导购人员服务客户是一种面对面的交流，双方的互动及时性极强；网店客服服务客户则是通过互联网进行信息传输，以阿里旺旺作为信息传输的固定平台，双方的互动是通过文字、图片的传达而形成的。但这二者的本质是一样的，即为满足客户的需求提供一系列的服务。

在电子商务的发展过程中，网店的经营模式日趋多样化，单打独斗的“独狼”模式日渐势微，力不从心是其留给人最大的感受。尤其是那些销量日佳的网店，咨询人数迅速上涨，网店的回复稍有迟缓，就会有流失客户的风险。在这种情况下，网店对客服人员的需求也就随之攀升。不同的网店根据发展规模的不同，对客服人员的数量以及工作内容的要求是不同的。大一点的网店会将客服工作分为售前客服、售中客服和售后客服三大类，一般由 2～6 名客服组成专业的客服团队；小一点的网店则不需要如此细致的划分，1～2 名客服即可保证店铺的正常运作。作为店铺和客户交流的第一平台，客服工作在电子商务企业中发挥的作用不可小觑，不仅可以引导客户、为客户提供帮助，增加服务的附加价值，促成客户愉快购物，还能提升店铺的竞争力。客户服务的竞争永远比价格竞争更能打动客户，从而为店铺带来更多的交易。

2. 顾客对客服的期望

服务是一种具有无形的特征却可以给人带来某种利益或满足感的活动。客服服务作为产品重要的附加价值，同其他有形产品一样，强调产品对消费者需求的满足。一般情况下，是由客户点击客服头像，与客服进行交流。在与客服正式沟通之前，客户通常会对客服工作抱有一定的期待，主要表现在以下几个方面。

（1）热情友好。当你进入一家商店，售货员露出不悦的脸色，对你爱答不理，甚至完全忽视你的到来，这样的店铺你还会来第二次吗？答案自然是否定的。这个道理同样适用于电子商务领域。当客户满心期待地询问客服关于商品的信息，那种简单地回应“嗯”“哦”“是”，恨不得早早结束聊天的服务态度必然会惹来客户的抱怨。也就是说，客户在与客服沟通之前，对于客服的热情、友好、尊重有着很高的期待值。

以热情的态度欢迎客户的到来，以热情的话术回答客户的疑惑。热情是客服迎接客户所必备的态度，热情的文字、愉悦的表情传递能让客户有一种宾至如归的感觉。沟通、交流在电子商务平台上存在着天生的缺陷，即买卖双方在沟通的过程中无法进行面对面的交流，客服也就不能运用恰当的肢体语言拉近与客户之间的关系，而只能通过计算机屏幕，利用文字传递自己的热情、友好。当客户感受到客服的热情、友好之后，两者间的交流自然会更加融洽。

（2）诚实守信。电子商务的发展促进了网络购物的普及，人们越来越热衷于这种鼠标轻轻一点的快捷消费。网络购物虽然方便、快捷，但最大的缺陷就是买卖双方信息的模糊性。看不见对方、摸不着产品，客户难免对这种新型购物方式产生怀疑，而作为客户与网店沟通桥梁的客服，需要用诚信来消除客户的疑虑。要知道客户在向客服咨询之前，都希望客服是诚实守信的，能给自己切实有效的“干货”信息。

当客户打开购物网站，无数耀眼的产品让他们迫不及待地想要拍单购买，客服的推荐与奉承也让客户急于付款，但当产品送到他们手上，发觉与购物网站上的图片相差甚远时，差评、投诉也就随之而来，店铺的信誉就会降低。

在网上经常可以看到一些很另类的买家秀和卖家秀图片，卖家秀和买家秀图片差异的存在，在很大程度上反映了店铺和客服的诚信。在真假难辨的电子商务世界，能否保持诚信是网店成败的关键，尤其是作为网店形象代表的客服，在工作中一定要以诚心赢得客户的信赖。

（3）专业耐心。客服要做产品的专家。所谓产品的专家，不能仅了解产品的一般信息，而是要从产品的选材、加工制作、洗涤保养、尺寸大小、适宜人群等各方面进行了解。帮助客户解决问题是客服应尽的职责，只有全面掌握了产品的相关信息，才能为客户答疑解惑。当客户通过旺旺找到了客服，他们所期望的是客服帮助他们解决问题，促进购买，而不是问牛答马，什么都不知道。

客服是产品的专家，但绝不意味着客服可以凭借自己的专业知识居高临下，嘲笑、蔑视客户的疑虑，这种骄傲的心态在与客户的交流中很容易被客户察觉。客户多问几个问题就回复慢、回复字数少，这些都能让客户感觉到客服的不耐烦。客户在购买商品时所存在的顾虑各不相同，但既然客户提出来，就期望能得到客服的耐心解答，而不是敷衍搪塞。客服需要明白自己的工作就是为客户解答疑惑的，自己所掌握的知识也是工作所必需的，没有丝毫骄傲的必要。

（4）快速解答。等待是让客户心烦的一件事。在电子商务平台，买卖双方你一句我一句的互动时效性是很重要的，客户不会将大把时间耗在等待客服回答上面，而是希望客服能够在最短的时间内回答自己的疑问，所以客服及时反应的能力十分关键。网店一般将客服的反应时间称为"首次响应时间"和"平均响应时间"，这两个概念会在之后的章节中详细讲解。总之，客服不能让客户等候太久，否则会让客户觉得自己没有受到重视，损失客户的概率很大。当然，这也是对客服工作集中性的考验，通俗点讲就是客服有没有"开小差"。

打字速度也是影响客户等待时长的因素，较快的打字速度是客服人员必备的专业技能。客服的工作是通过互联网进行销售，其主要途径便是通过打字向客户传递相应的信息，打字速度对客服的工作效率有着很大的影响。一般来说，50～60 字 / 分钟的速度为基本及格，70～80 字 / 分钟的打字速度是较为优秀的。打字速度可以通过训练得以提高，网店要重视客服的打字速度，定期进行检查。

课程思政

电子商务信息公示管理办法

电子商务经营者应当依法公示有关信息或信息的链接标识。鼓励电子商务经营者公示绿色包装的应用信息以及第三方信用评价的信息，支持电子商务经营者对企业责任、平台责任、公益事业等内容的公示。

3. 网店客服对客户体验的影响

客户购买商品的意愿是之前就有的，但客服的服务可以在很大程度上增强或削弱客户的购买欲。网店客服虽然不能直接决定客户买或者不买，但会在很大程度上对客户体验产生影响。留住老客户、吸引新客户是客服人员创造业绩的不二法门。客户通过电子商务平台购买商品，期望通过这个平台获取的不仅是超值的商品，还有令人满意的服务体验。图 6-1 所示为客户对客服的服务感到满意所形成的一个良性循环。

微课14

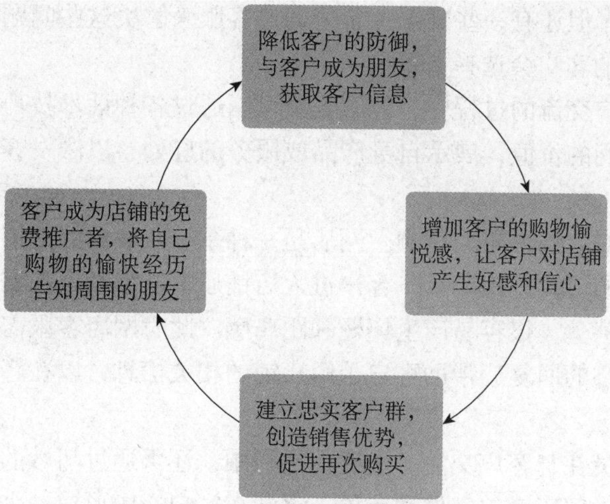

图 6-1　服务体验良性循环

倘若客户对客服的服务感到不满，那么其中有超过 90% 的客户不会再次光顾该店，这其中将有 70% 的客户会向周围 9～11 人抱怨，还有约 20% 的客户会告诉 20 个人以上他们的不愉快服务体验。图 6-2 所示为一种服务体验的恶性循环。

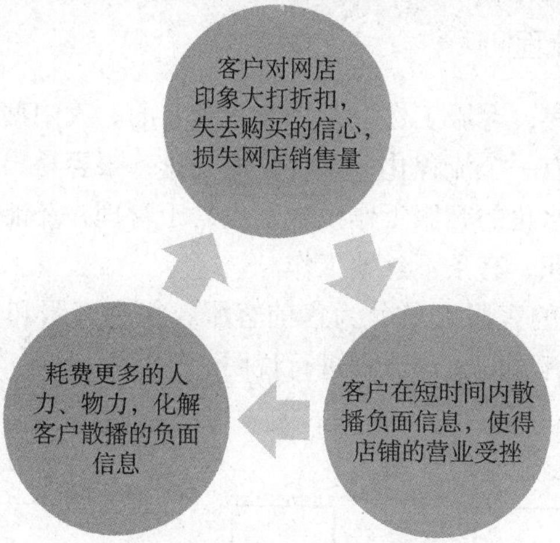

图 6-2　服务体验恶性循环

（1）网店客服对成交量的影响。成交量是店铺在某段时间内的具体交易数。成交的订单越多，成交量越大，店铺的生意越好，店铺所具有的竞争力就越强。在瞬息万变的淘宝市场中，影响店铺成交量的因素有很多，其中客服就是一个相当重要的因素。

试想，当店铺通过各种渠道获得流量，引来客户进店咨询时，若商品详情页展示的内容能够满足客户的需要，让客户下定决心购买，就产生了直接的成交量。但这种情况毕竟是少数，大多数客户会因为某些主观或客观的原因产生咨询的欲望或需求，此时客服服务的好坏就成为客户是否成交的决定性因素。客户产生咨询的需求就意味着客户已经有了购物的欲望，但还有一些疑虑，希望通过客服来解决这些问题。若得到令人满意的答复，90% 以上的客户会选择下单。

再者，在与客户交流的过程中，客服人员可以通过各种话术技巧引导客户了解商家产品或服务带给他们的价值，展示自身产品或服务的好处，以激发客户的购物欲，提高订单的成交率。

（2）网店客服对店铺形象的影响。网店是一种基于互联网的虚拟店铺，上架的商品都是以文字、图片的形式进行展示，客户进入店铺后不能接触到真实的商品实物，对店铺的整体情况知之甚少，很容易产生怀疑和距离感。此时网店客服需要做的就是通过良好的服务态度和细心的回复，帮助客户了解店铺的相关信息，以在客户心中逐渐树立起良好的店铺形象。

同时，客服人员在与客户交流、沟通的过程中，还可通过巧妙的语言文字来传递品牌信息，帮助客户了解店铺的定位和形象，逐渐在客户心中形成一个清晰的认识。如果店铺产品质量优、服务态度好、性价比高，一旦客户有相关方面的需求，就会第一时间想起该店铺，从而达到品牌宣传的目的。

6.1.2 售前客服

1. 售前客服工作流程

对于大中型网店而言，客服工作分工是非常重要的。大中型网店的订单繁多、咨询量大，如果客服工作没有一个流程化、系统化的安排，很容易出现订单错误的情况。对于大中型网店而言，流水化的客服工作模式不仅易于管理，还能降低客户对客服工作的投诉率，让客服各司其职、有条不紊地工作。

一般将大中型网店的客服人员分为售前客服、售中客服和售后客服，如图 6-3 所示。下面分别对这三类客服的工作流程进行说明。

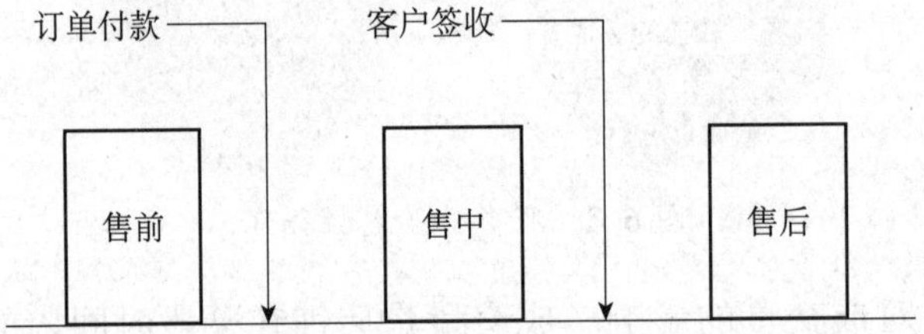

图 6-3　客服人员分工

（1）售前客服的工作内容。售前客服主要从事引导性的服务，如客户（包括潜在客户）对产品技术方面的咨询，从客户进店咨询到拍下订单付款的整个工作环节都属于售前客服的工作范畴。图 6-4 所示为售前客服的工作内容，主要包括售前准备、接待客户、推荐产品、解决异议、下单指引、欢送客户等。

① 售前准备。售前准备阶段的工作内容主要包括以下三个方面。

一是学会沟通技巧，熟悉产品。熟悉产品信息，并掌握基本的交流、沟通方法是网店客服最基本的工作。特别是店铺上架新产品前，要开展相关的产品培训，以便客服快速为客户答疑解惑。

二是熟悉沟通工具，了解活动。除了熟悉产品信息，客服人员还要掌握店铺正在进行的活动，熟悉活动的运作方式，并根据实际情况为客户介绍，以引起客户的购物兴趣。同时，还要会使用基本的沟通工具。目前淘宝平台中使用的交流、沟通工具为千牛，在该工作平台中客服可以同时接待多个客户。掌握千牛的基本使用方法，如快捷回复、自动回复的设置方法，聊天时间排序的设置方法，客户分组的设置方法等，可以提高客服人员接待客户的效率。

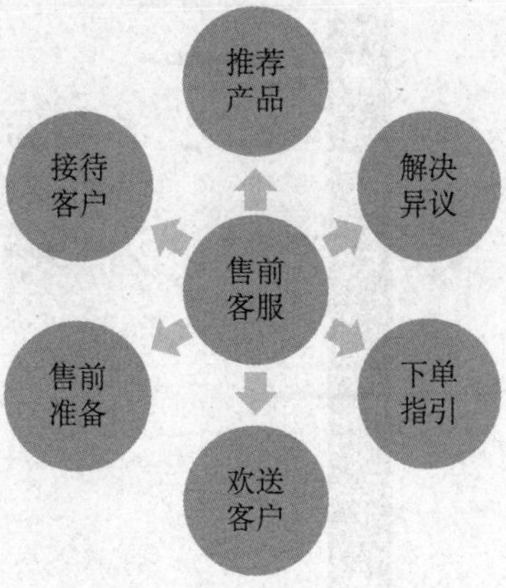

图 6-4 售前客服的工作内容

三是了解平台规则与注意事项。作为网购平台，必定有其运行的规则，客服需要先了解清楚，以免触犯规则被处罚。同时作为一名专业的客服，必须注意细节，哪些可以说、哪些不可以说，要做到心里有数，方能在不违规的情况下促成更多的订单。

② 接待客户。售前客服应该做好随时接待客户的准备，并时刻保持热情、耐心、周到的服务态度，反应要及时，不要客户提了好几个问题，客服才回答，也不要冷冰冰地回答，要通过一些语气词来尽量调动气氛，给予客户热情、真诚的服务。

③ 推荐产品。当客户咨询相关产品时，客服人员要从客户的语言中主动挖掘客户需求，专业、耐心地解答客户提出的问题。同时客服要主动向客户推销产品，以产品的质量、卖点、优势等来打动客户，引起客户的购买欲，并在适当的时候推荐与产品相关联的其他产品，做到二次营销。

④ 解决异议。当遇到疑难问题时，客服人员要通过专业的销售技巧来进行处理，并且始终保持着热情、耐心的态度。客户可能遇到产品、发货、操作和服务等方面的问题。

产品问题，包括产品材质、产品尺寸、产品板型等问题。

发货问题，包括发货时间、快递时效等问题。

操作问题，包括提交订单、使用优惠券、购买运费险等操作问题。

服务问题，包括品牌售后服务、产品售后保障等问题。

⑤ 下单指引。客户在店铺中成功下单后，客服人员要仔细核实订单，并发给客户确认，充分体现出客服人员细心的服务水准，以及热情、周到的服务态度。

⑥ 欢送客户。客户完成购物后，客服人员要向其表达感谢，体现出感恩、热情的态度。

（2）售前客服操作流程。售前客服主要通过千牛工作平台为客户提供服务，如图 6-5 所示。

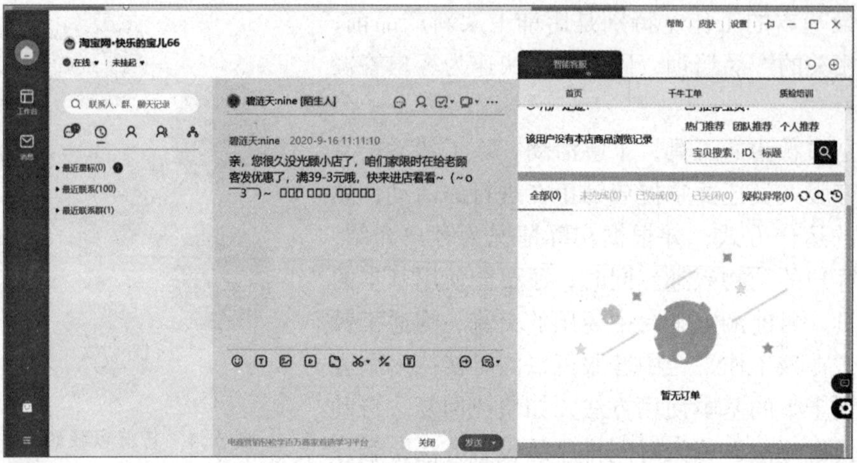

图 6-5 千牛工作平台客服工作端

通过千牛工作平台右侧的“客户插件”可以了解当前买家的相关信息，从而更加了解顾客，提高转化率，如图 6-6 所示。

通过千牛工作平台右侧“商品”下面的“搜索”“橱窗”“热销”快速找到相应的产品连接，提高效率，促进买家购买，如图 6-7 所示。

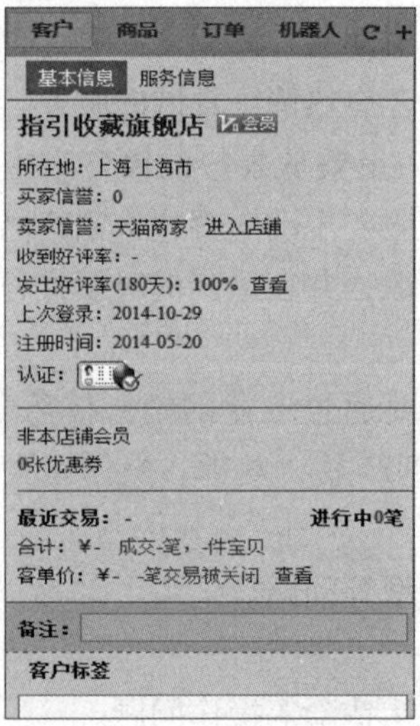

图 6-6 买家基本信息

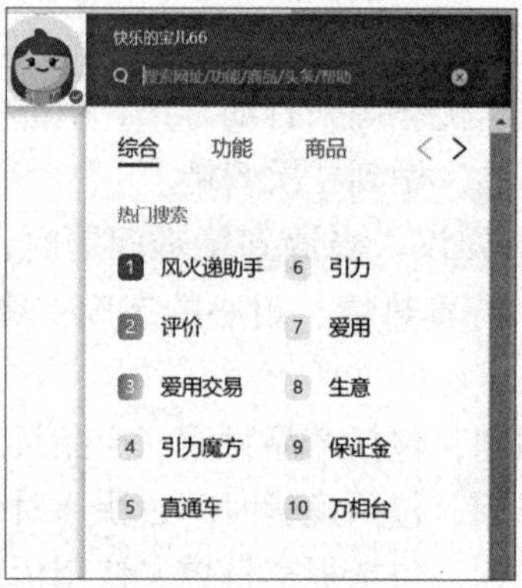

图 6-7 寻找产品链接

通过千牛工作平台右侧“订单”可查看买家3个月之内的订单状态，如图6-8所示。

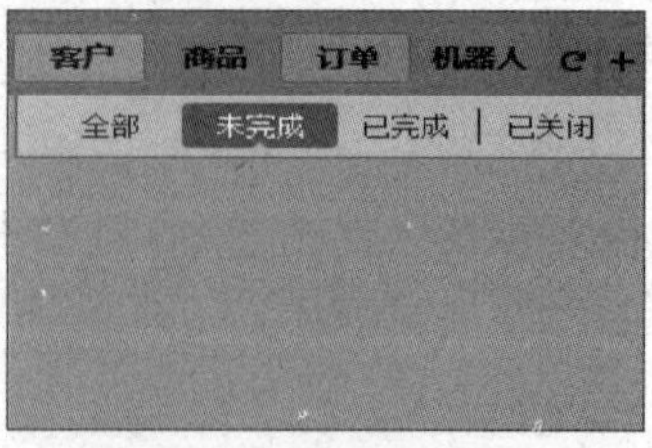

图 6-8 买家订单状态

同时客服还可借助千牛工作平台中的客服机器人来提高服务质量和效率。可以在“配置服务”和“查看自动应答问题”中设置更多的自动回复，如图 6-9 所示。比如问候、快递这些简单的问题都可以设置为机器人自动回复，如图 6-10 所示。

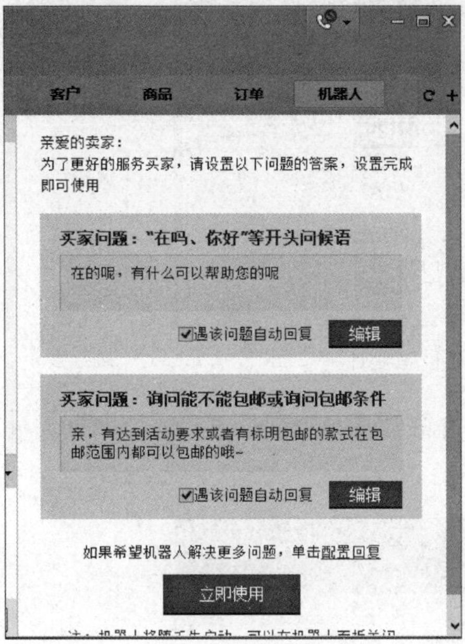

图 6-9　设置自动回复

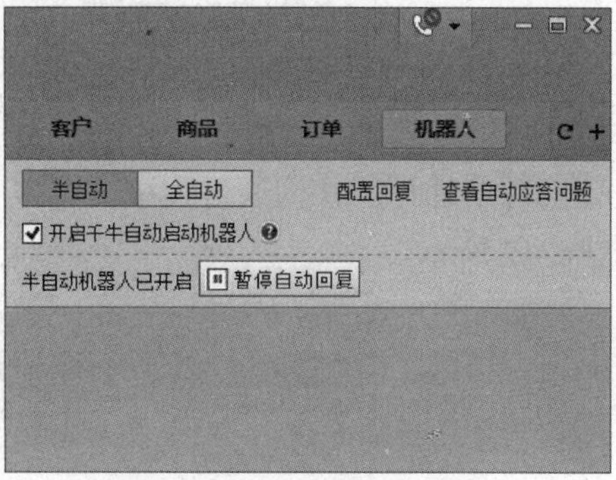

图 6-10　机器人自动回复

在千牛工作平台上，客服还可以完成订单处理工作。

① 订阅交易消息，如图 6-11 所示。

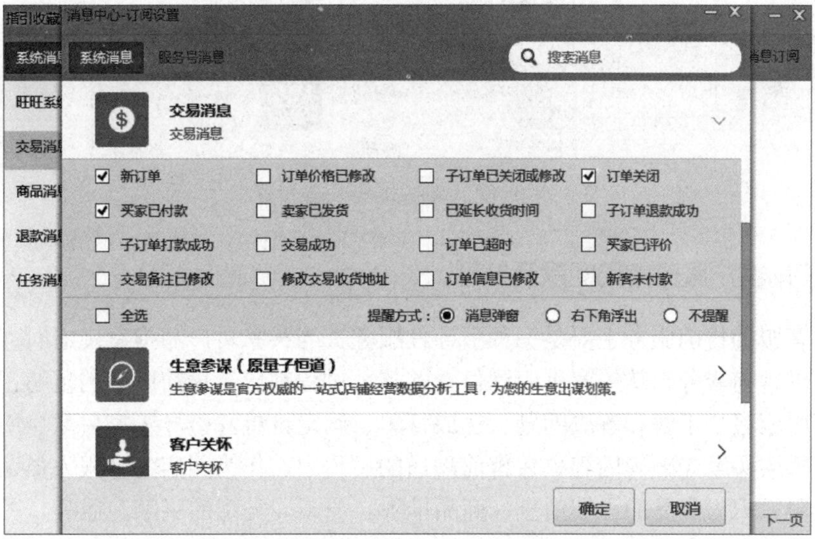

图 6-11　订阅消息设置

② 店铺订单处理。进入插件中心，选择一个自己喜欢的交易管理插件，包括“订单查询”“改价”“备注”“发货”“评价”等操作，如图 6-12 所示。

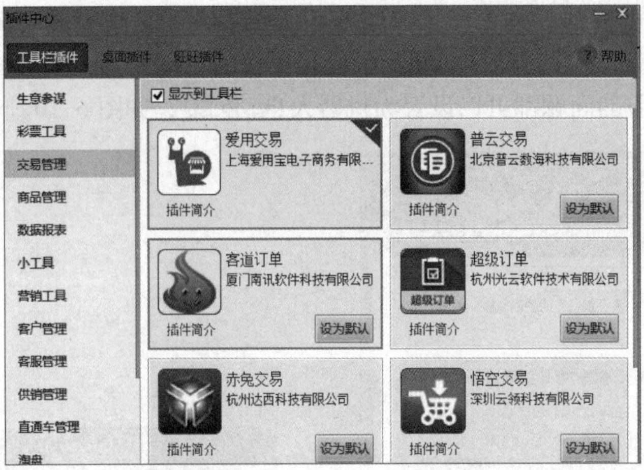

图 6-12　选择交易管理插件

③ 订单处理。在沟通过程中，可以直接用旺旺“订单”插件进行快速的交易处理，如图 6-13 所示。

图 6-13　订单插件交易处理

2. 售前客户服务常见问题及处理

网店客服的售前服务主要是一种引导性服务，当买家对产品抱有疑虑时，即需要客服人员提供售前服务，从买家进店到付款的整个过程都属于售前服务的范畴，包括客户咨询、客服应答、了解和解决问题、达成订单、确定订单并引导买家付款、引导买家收藏店铺、感谢买家光顾等内容。在售前沟通的过程中，作为网店的客服人员，通常需要掌握的客服知识为商品的详细信息、商品推荐、与不同类型的买家沟通等。

（1）介绍商品。一名专业的网店客服，必须具有基本的专业性，即必须掌握商品的专业性知识和周边知识，了解同类产品信息和网店促销方案。

① 商品专业知识。主要包括产品质量、产品性能、产品寿命、产品安全性、产品尺寸规格、产品使用注意事项等内容。

② 商品周边知识。主要指与产品相关的其他信息，如与同类产品进行分辨的方式、产品的附加值和附加信息等，这类信息有利于提高商品的价值，使买家更加认可商品。

③ 同类商品信息。同类商品是指市场上性质相同、外观相似的商品。由于市场同质化现象十分严重，买家会面临很多相同的选择，但是质量是顾客选择的最稳定的因素，因此客服人员需要了解自己的劣势、突出自己的优势，以质量比较、货源比价、价格比较等方式稳固买家。

④ 促销方案。网上商店通常会推出很多促销方案，客服人员需要熟悉自己店内的各种促销方案，了解每种促销方案所针对的顾客群体，再根据买家的类型有针对性地进行推荐。

（2）推荐商品。当客服了解了产品信息后，就可游刃有余地对产品进行推荐。对于网上商店而言，商品推荐包括商品本身的推荐和商品搭配推荐两个主要方面。

① 商品推荐。商品的推荐需要因人而异，客户的需求、使用对象、性格特点等不同，推荐的方式和类型就不一样，如买家购买自用商品，则实用性、美观性、适用性等就是首要推荐点；如果买家购买商品是为了赠送他人，则产品的包装、产品的品牌、实用性、美观性等都需要同时考虑。

② 搭配推荐。商品的搭配主要包括色彩搭配、风格搭配、效果搭配等，在推荐搭配时可以店内模特、流行元素等进行举例。

课程思政

电信业务经营许可管理办法

经营电信业务，应当依法取得电信管理机构颁发的经营许可证。电信业务经营者在电信业务经营活动中，应当遵守经营许可证的规定，接受、配合电信管理机构的监督管理。电信业务经营者按照经营许可证的规定经营电信业务受国家法律保护。

（3）与不同类型的买家沟通。一般来说，常见的买家主要有以下几种类型。

① 便利型。这类买家的网上购物行为多以省时、快捷和方便为主要原因，特别是没有充足的时间逛街购物的人群更愿意选择网上购物平台满足自己的需求，同时他们也是网络消费的一大群体。这部分消费者一般对网上购物的流程比较熟悉，且购物行为比较果断、快速，目的性较强。与这类买家谈时，卖家只需提供优质的商品和良好的服务态度，注意倾听他们的需求并尽可能提供帮助即可得到认可。

② 求廉型。这类买家大多喜欢价格便宜的商品，同时对质量的要求也不低，他们在购物时比较喜欢讨价还价，在应对这类买家时，首先应该以亲切热情的用语表达自己的态度，在语言上委婉地提示他已经购买到了足够低廉的价格，若买家一再要求店家降低价格，可在不造成损失的前提下，适当迎合顾客的心理，如略微降低价格或赠送其他赠品等，以促进交易的成功。

③ 随和型。这类买家一般性格较为开朗，容易相处，与他们交谈时要保留足够的亲和与诚意，这类买家一般很好交流，只要站在他们的角度尽可能地满足他们的需求，即可促成交易的达成。

④ 犹豫不决型。这类买家一般会在店铺浏览很长时间，花较长的时间选购商品，并且在客服人员的详细解说下仍然犹豫不决，迟迟不会下单。与这类买家交谈时，耐心是非常重要的，就算买家一再询问重复的或者已经解释多遍的问题，客服也要耐心详细地进行说明，做到有理、有据，用事实说服买家，促成交易。

⑤ 心直口快型。这类买家下单比较果断，看好了想要购买的商品后就会立刻下单，对于不喜欢的则直接拒绝。在与这类买家交谈时，尽量快速而准确地回复买家的问题，表现出专业性，尽量用语亲切，以买家的立场来说服买家，这样可增加交易的成功率。

⑥ 沉稳型。这类买家较为精明，做决定时一般会仔细考量，缜密应对。他们的个性沉稳且不急躁，要说服这类买家，需要迎合他们的思路来进行沟通，让他们自己说服自己的购买行为。

⑦ 慢性子型。这类买家一般会花上较多的时间来查看商品，可能同时查看很多商品，并重复进行查看和比较，与他们沟通时，一定要有耐心，并详细回答他们提出的问题。

⑧ 挑剔型。这类买家很多会对网上购物持不信任和怀疑的态度，认为商品描述的情况都言过其实，并会针对商品提出各种各样的刁难问题。与这类买家沟通时，首先要仔细说明商品的详细情况，消除他们的不信任，积极解决他们提出的各种问题，适当给予一些优惠和赠品等，促进其购买行为。

6.1.3 售中客服

售中客服的工作贯穿于从客户付款到订单签收的整个时间段。其工作流程如图6-14所示，主要概括为以下四个方面。

1. 订单确认及核实

下单后，售中客服第一时间与客户确认订单并核实信息，保证客服填写的信息正确无误，减少订单出错的概率。若发货后才发现客户姓名、地址或联系电话有误，应尽快与快递公司联系修改，保证货物及时送到客户手中。

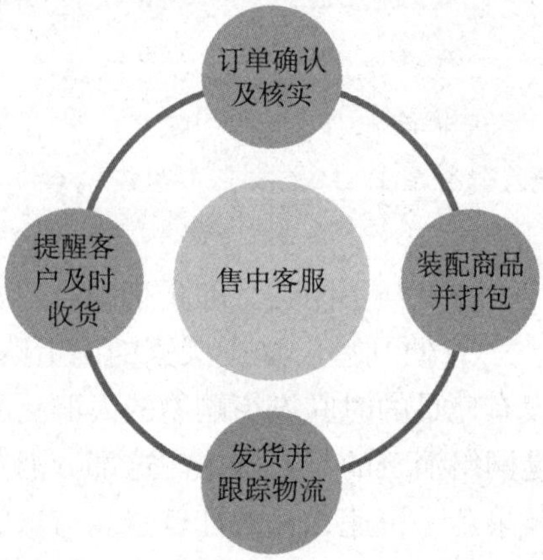

图6-14 售中客服的工作内容

2. 装配商品并打包

核对订单无误后，应尽快装配商品并打包，做好商品的发货准备工作，保证产品能在第一时间送达客户手中。打包时要仔细检查产品与包装，避免产品出现瑕疵或者包装有问题。同时，还要细心核对客户信息与快递信息，特别是客户添加的备注信息，一定不要遗漏。另外，也不要出现发错货或者少发货的情况。

3. 发货并跟踪物流

做好商品装配与包装后，要及时通知物流公司揽货，并对订单进行发货处理，告知客户已经正常发货。发货后，需要实时跟踪商品的物流状态。若发生意外事件导致客户收货时间延迟，一定要事先与客户沟通，请求客户的谅解，并尽快与物流公司联系，尽快解决问题，保证客户顺利收到商品。

当客户顺利收货后，若迟迟没有确认收货，可以稍加提醒，不能生硬地要求客户。在这个过程中，可能会出现中差评或投诉等问题。这时，客服人员需要冷静分析原因，尽最大能力给客户一个满意的答复，做到双赢。

4. 提醒客户及时收货

货物运输到客户所在城市后，客服人员可以短信或旺旺消息提醒的形式通知客户，商品已经到达所在城市，马上进行配送。快递公司配送后，还要提醒客户及时收货，防止货物遗失。

6.1.4 售后客服

1. 售后客服工作流程

微课15

（1）售后客服工作内容。售后服务的质量是衡量网店服务质量的重要方面，好的售后服务不仅可以提高店铺的形象，还能留住更多老客户。图 6-15 所示为售后客服的工作内容，主要包括客户反馈问题处理，退换货、投诉处理和客户回访。

① 客户反馈问题处理。客户收到货物后，在使用过程中可能出现某些问题。此时，客户一般会返回店铺，找到店铺客服人员进行反馈，或是直接在评论中进行描述。若直接找到客服进行反馈，客服人员一定要认真对待，先安抚客户的情绪，再根据实际情况进行处理，尽量优先考虑客户的利益。

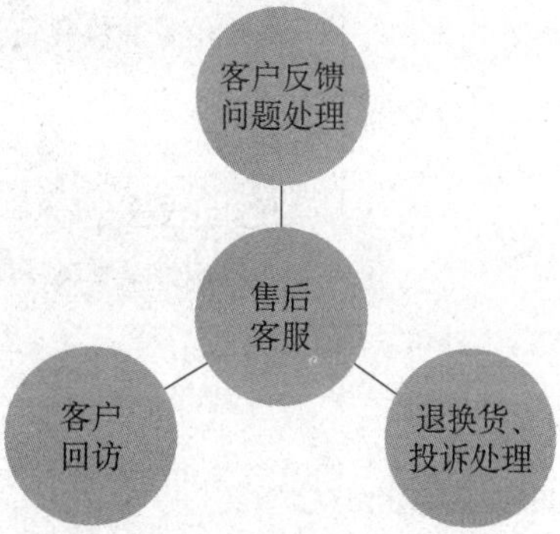

图 6-15　售后客服的工作内容

② 退换货、投诉处理。当客户提出退换货请求时，先了解客户退换货的原因。若是产品或物流等商家方面的原因，要及时同意客户的请求并详细告知客户退换货的流程和注意事项，帮助客户快速处理，保证其利益不受损。图 6-16 所示为退换货的工作流程。若客服遇到退换货问题，需要按照这个流程来处理。

若客户投诉店铺，首先店家应该进行自我反思，并分析产品投诉的原因。若是自身原因则应承担后果，并向客户道歉。若是客户无理取闹，则要找人工客服进行询问，采取必要的措施，保护自己的正当权益。

③ 客户回访。售后工作还有一项重要的内容，就是客户回访。客户回访可以增加客户的黏性，加深客户对店铺的印象。客服人员可以通过短信、邮箱、旺旺等方式进行回访。回访的内容不要是毫无技巧的推销，可以简单告知店铺的最新活动，吸引客户主动购物的兴趣，或邀请客户参加店铺的产品质量调查，让客户感受到自身的重要性，并

提高产品的价值。

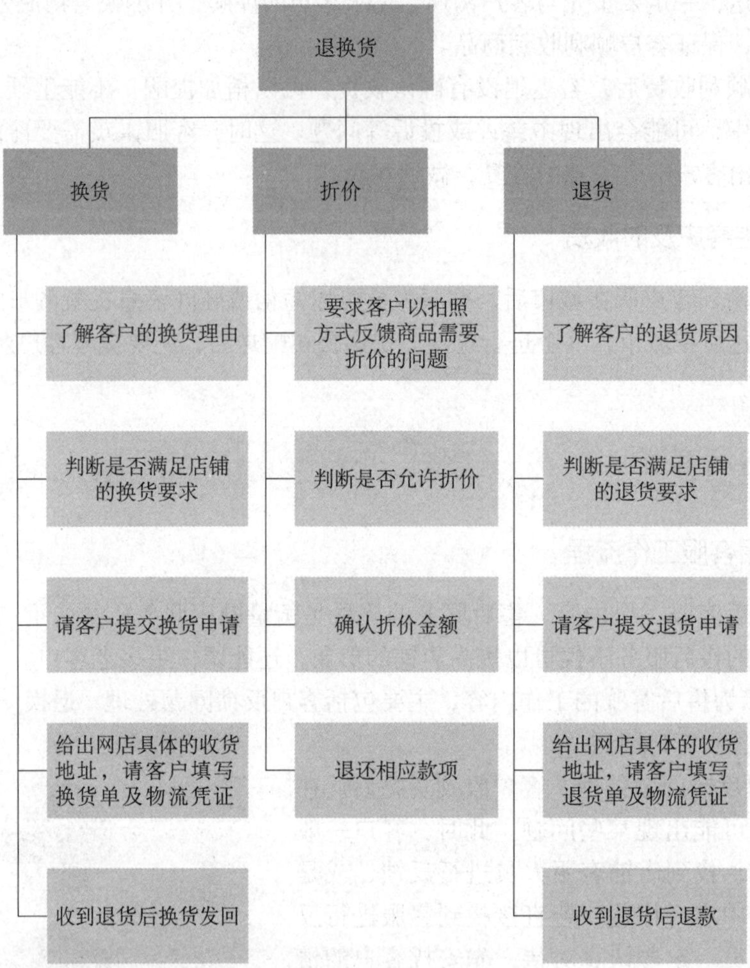

图 6-16 退换货的工作流程

课程思政

《关于深入推进电子商务与快递物流协同发展工作的通知》

深入推进电子商务与快递物流协同发展，确保协同发展重点任务和工作举措落地生效。重点突破：着力解决电商配送“最后一公里”问题，加快推动快递车辆便利通行，加强农村快递物流体系建设。

（2）售后客服操作流程。

① 售后维护跟进主要包括两部分：第一部分是订阅退款消息，进入千牛消息中心，在退款消息一栏根据需要订阅推送消息；第二部分是退款订单处理，进入交易插件就可进行退款订单处理。

② 任务安排。如果和客户正在沟通，暂时没有时间处理，或者已经约好在什么时

间处理，都可以记录在任务中心，直观且不容易遗漏。

③ 新客订单催付。针对从未在淘宝购买过的买家，可在消息中心订阅消息推送，接到消息推送后可以通过旺旺联系买家，沟通原因。

④ 客户维护跟进。千牛工作平台中最多可以显示 1 000 个最近联系客户，通过旺旺好友列表下方的“最近联系客户”打开“客户”，可以按照最后联系时间、加量备注进行搜索，还可以显示联系人的交易状态，点击“记忆状态”可以打开订单管理插件进行处理。

客户完成购买后，在订单下方为该客户创建一个任务，到时千牛工作平台会提醒你对客户进行回访，从而提升客户回购率，提高客服业绩。

如果客户只是咨询，客服也可以设置提醒，以便日后跟进客户，提高询单转换率，或者交给其他的客服负责日后跟进事宜。

客服可以在插件栏选择彩票工具，客户给出五星好评后会自动为客户购买随机彩票。客服还可以在机器人处设置快捷短语，客户付款之后及时告知客户。

2. 售后客户服务常见问题及处理

售后服务是指买家签收商品之后，客服针对商品的使用、维护等进行的服务。售后服务质量是店铺服务质量的重要组成部分，好的售后服务不仅可以提高店铺的动态评分，还能吸引更多新顾客，留住更多老顾客。网店售后服务包含的内容非常多，商品使用解答、商品维护解答、退换货处理、中差评处理等都属于售后服务的范畴，其中退换货处理和中差评处理是售后服务中比较集中的两个方面。此外，完善的售后服务还包括主动问询买家的使用情况，根据买家反馈信息及时调整、引导买家好评、好评回复、引导买家收藏店铺等。

（1）售后客服注意事项。售后服务是交易过程中的重点环节，好的售后服务会给顾客带来非常好的购物体验，因此客服在处理售后问题时要特别注意以下几点。

① 态度端正。热情、耐心、礼貌、尊重是客服人员应该具备的基本素质，这一点在售后服务中体现得非常明显，客服人员要耐心温和地处理各种售后问题，满足客户的合理要求。

② 回应买家的投诉与抱怨。买家收到商品后，如果对商品的质量、性能或服务不满意，会有各种各样的投诉与抱怨，此时客服人员要积极面对买家的投诉或抱怨，不能回避问题或消极处理。

③ 避免与买家发生争执。少部分买家如果对商品不满意，态度会十分恶劣，客服在遇到这类买家时，一定要避免与其发生争执，防止事态恶化，应该尽快提出实际可行的解决方法安抚买家并解决问题。

④ 留住回头客。当买家使用了商品并有比较积极的反应时，客服要抓住机会，将其发展为老客户。

⑤ 引导买家给出好评和收藏店铺。好评和店铺收藏对于店铺的发展非常重要，一个优秀的客服人员应该善于引导买家给出好评和收藏店铺。

（2）对待买家投诉和中差评。当店铺的信用和规模不断扩大之后，成交量也会随之增加，随之而来买家投诉和中差评也可能会不断增加。买家投诉和中差评对店铺的影响非常大，因此客服人员需要认真处理。

① 应对投诉的原则和方法。买家投诉是一种可能经常会遇到的问题，在应对买家投诉时，客服应该在遵循一定准则的基础上对投诉进行处理，具体分为四步。

第一步，及时道歉。当买家所投诉的内容属实时，客服首先应该主动道歉，表达出诚恳的态度。若是买家投诉不属实，客服应该委婉温和地详细解释，解除误解。

第二步，耐心倾听。当买家抱怨发泄时，客服要耐心倾听，态度良好，理解买家的抱怨，认真对待和判断买家的问题。

第三步，及时处理。当买家进行投诉时，一般都想尽快解决问题，因此客服在处理投诉时要迅速及时，切忌拖延。

第四步，提出完善的解决方案。买家进行投诉时，基本都是想解决问题、挽回损失，客服应该针对买家这种心理迅速提出让客户满意的解决方案，如更换商品、退货、赠送赠品等。

② 对待中差评。在经营网店的过程中，会遇到各种各样的买家，当遇到比较挑剔的买家时，很小的一个误会都可能造成中差评的出现。作为网店的客服人员，不能对买家的中差评表达不满，而应该将中差评看作提升商品和服务质量的机会，认真对待，及时解决。

一般来说，造成中差评的原因主要有以下几种。

不满意物流速度，收货时间较长。

客服未及时回答买家的问题，或服务态度不够好，或买家对售后服务不满意。

对商品的颜色、质量、大小、外观、价格等不满意。

收到的商品有损坏。

遇到不同的问题，需要提出不同的解决方式，如对商品不满意的，可以为买家退货或换货等。

③ 避免买家的中差评。好评率是影响网店运营非常重要的一个因素，会对买家的购买行为产生直接影响，差评不仅会影响好评率，还会扣掉网店信用，因此卖家要尽量避免买家的中差评，而在避免中差评之前，应该先分析产生中差评的原因，并有针对性地进行解决。下面对一些常见的避免中差评的方法进行介绍。

做好售前、售中的商品介绍。在进行售前、售中的商品介绍时，要注意对一些重要问题和细节问题主动进行提醒，如商品尺码、颜色偏差等，并说明原因，有特别需要注意的问题也要进行标识和说明。

质量把关。质量是买家追求商品的首要品质，因此质量问题一定不能忽视。在进货时要注意对质量进行甄选和对比，发货前也要仔细检查商品是否破损或存在缺陷。

解释色差。色差是网上商品很难避免的一个问题，色差存在的原因有很多，光线、显示器分辨率等都可能形成色差，因此卖家可以对色差问题做出适当的提醒。

包装。包装也是商品的卖点之一，好的包装可以让买家感觉更超值，卖家可以在包装上做一点小创新，博取买家的好感。

完善的售后。售后是避免和挽回中差评的关键举措，完善的售后服务甚至能弥补商品质量上的细小缺陷。

热情的服务。服务质量在很大程度上决定着买家对整个店铺的评价，如果买家对店铺的印象好，中差评的概率就会更低。

面对买家评价。收到买家的中差评后，应该诚恳地面对评价，虚心接受买家的批评，表达自己立即更改的态度，从而说服买家更改评论。

④引导买家修改中差评。中差评是网店不可避免的情况，很多中差评产生的原因都不算严重，在与买家沟通后一般会得到修改。作为一名合格的客服人员，应该能够合理地引导买家修改中差评，其过程一般如下。

第一步，及时联系买家。当收到买家的中差评之后，首先要及时联系买家，了解产生中差评的原因，并分析原因。

第二步，进行沟通。了解了中差评的原因之后，客服要耐心与顾客进行沟通，恳请买家修改中差评。如果中差评的原因在于卖家，则要主动承认错误，为顾客换货，进行补偿。如果中差评的原因在于买家，也可通过一定的补偿措施恳请买家修改中差评。

（3）退换货处理。退换货处理在网店中十分常见，当客户对物品不满意或者尺码不合适时，都会申请退换货服务，客服应该根据实际情况快速做出相应处理。一般来说，买家申请退换货时主要有退货、折价、换货三种处理方式。

①退货。当买家对收到的商品不满意时，即可申请退货。买家申请退货时，卖家应该先了解退货原因，以及是否符合退货要求，确认之后再将卖家的退货地址告知买家并请买家告知物流凭证，收到货物后尽快为买家办理退款。目前买家在淘宝申请退货时，淘宝网会根据买家的信用等级直接退还货款。

②折价。当买家对商品不满意或商品存在瑕疵时，会向卖家进行反馈，此时客服可以要求买家以拍照的方式反馈商品问题，再根据商品的具体情况判断是否折价、折价多少等，选择折价后再退还相应款项即可。

③换货。当买家觉得尺码、颜色等不合适时，即会申请换货。卖家首先需要判断商品是否符合换货要求，如果符合换货要求，则告知换货地址并请买家告知物流凭证，收到货物后再换货发回。

6.1.5 客服团队的管理

1. 客服的招聘

微课16

通过前面的学习，我们已经明白了客服工作对于网店发展的重要性。网店要想获得规模发展，配备足够的客服人员是必要的。这就涉及网店客服人员的招聘问题。网店在招聘客服人员时，要对客服的工作模式、招聘流程、组织框架搭建进行思考。

（1）确定网店客服的工作模式。客服工作模式分为集中化工作模式和分散化工作模式。集中化工作模式是指网店在发展的过程中已经建立起自己的团队，有了自己的办公场地和较为固定的网店员工，网店的内部发展与平时所见的公司运营没有太大的差别。分散化工作模式则是以远程方式建立团队，团队的参与者分散在各地，从未谋面，但通过同一平台进行联系、共事，共同促进网店的发展。

根据店铺工作模式的不同，客服的招聘模式也有所区别。对于大型店铺而言，多选择集中化的客服招聘模式。由于网店已经形成了固定的规模，对客服的招聘在数量和质量上都会有一定的要求。一般通过网络发布招聘信息，并通过面试和笔试两种方法进行招聘。对于客服任职的标准，应有可供衡量的参考标准。这样的招聘是比较专业的。

小型网店为了控制成本，常通过网络招聘一些时间较为充足的人员，以远程指挥的方式指导以及监督其工作。适合这类要求的应聘人员需要具备充足的时间，一般适合全职主妇、大学即将毕业的学生等人群，只需要告诉他们一些工作中的必要流程，让他们及时与店铺取得沟通即可。这种招聘的成本是非常低廉的，对小型店铺而言也是更加切实可行的，但这类客服不易管理，对网店的长期发展还是有一定阻碍的。

（2）客服招聘流程及注意事项。网店在招聘客服时需把握整个招聘流程，一些大型网店的招聘流程如图 6-17 所示。

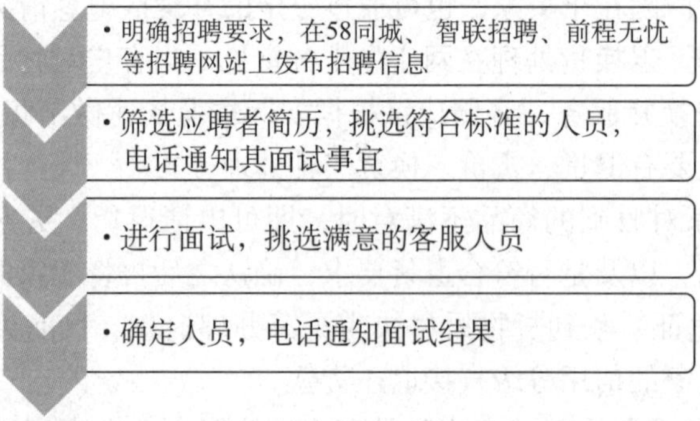

图 6-17　大型网店的招聘流程

图 6-17 反映了网店招聘的常规流程，那么在这个招聘流程中还需要注意哪些细节呢？下面介绍招聘过程中的注意事项。

① 降低人员规格、工作描述以及简历的重要性。网店招聘新员工的第二个环节就是要看简历，了解面试者的工作经历，但大多数简历只能提供应聘者的基本情况，而缺乏其能力和个性特点的重要信息。即使有些应聘者擅长写作并且能够清晰描述自己的精神、情感和价值观，也不可能提供足够的信息。当希望得出关于候选人能力和特点的看法时，简历的价值是很小的。在实际招聘过程中，人员规格和工作描述的作用同样具有局限性，没有深度，更缺乏感情，所以在招聘客服时要尽量跳出简历的桎梏。

② 将挑选客服的标准进行有效排序。卖家往往期待挑选出的客服能够面面俱到，然而这样的客服很难找到。卖家对客服或多或少都有一系列的要求，可这些要求较为零散，无法形成衡量客服的标准。可以将这些零散的标准进行有效排序，然后根据排序来衡量客服是否合格。有些网店是按照下面的标准进行排序的：一是个性特点，如积极的态度、时刻准备采取行动、温和、友爱、诚实、可靠、真诚地帮助他人、高水平的自我意识、主动学习的心态等；二是技能和知识，如打字速度、软件使用能力、能否快速获得对产品的了解、好的记忆力等；三是经验，具有丰富的阅历。

③ 组建包括客服组长在内的面试小组。挑选什么样的客服并不是店主一人独断的事情，需要和客服部的管理人员共同探讨，因为直接接触、管理客服的人员并不是店主，而是直接领导客服的客服主管，他们对于挑选什么样的手下员工有着更清晰的认

识。不仅如此，让网店其他成员加入面试环节，不仅可以根据部门的具体需求合理挑选员工，还能让老员工更加准确地认识网店的发展。

④ 把每一个应聘者当成潜在客户，提高对他们的反应速度。一旦做出录用决策，网店应尽快和应聘者进行联系，像对待最佳客户那样对待他们。最佳应聘者被雇佣的机会是很多的，一个出色的应聘者不会被动等待，你提供的工作机会对他来说可能不是唯一的。所以，当确定一个应聘者被录用后就应及时告诉他，让对方感觉到他的重要性。

课程思政

《关于促进移动互联网健康有序发展的意见》

围绕“一带一路”，推进网上丝绸之路的国际合作，促进移动互联网基础设施互联互通，大力发展跨境移动电子商务。在第五代移动通信（5G）、下一代互联网、物联网、网络安全等关键技术和重要领域，积极参与国际标准制定和交流合作。支持移动互联网企业走出去，鼓励通过多种方式开拓国际市场，加大移动互联网应用、产品、服务海外推广力度，构建完善跨境业链体系，不断拓展海外发展空间。

（3）团队组织框架的搭建。不是一群人一起做事就能称为团队，真正的团队是一个共同体，可以利用这个队伍里每一个成员的知识和技能协同工作，共同解决问题，达到理想的目标。这就需要搭建一个客服团队框架，明确团队的建设需要怎样的层级结构。所谓团队框架建设，简单说就是重新梳理你的团队，做到“一个萝卜一个坑”，大家各司其职，做好自己的事情。如图 6-18 所示为综合了一些大中型店铺的客服团队构架后总结出来的客服团队框架，一些中小型店铺可以根据自己店铺的规模对一些岗位做出调整。客服团队构架是根据店铺的实际运营情况进行设置的。在和许多中小卖家的沟通中发现，很多网店的客服管理都是混乱的，流程混乱、职责不清。当然，这些问题在小网店不会造成大的隐患。可当店铺规模逐步扩大，员工数量从 6 个人扩展到 60 个人，原本客服部的 3 个人变成了 20 个人时，客服团队框架建设的问题便暴露出来了。所以，卖家不妨随着店铺的扩大，把客服团队的框架建设也设置得更为科学些。一个完整的客服部门一般包括客服、客服组长、客服主管和客服经理，那么他们各自的工作职责是什么呢？

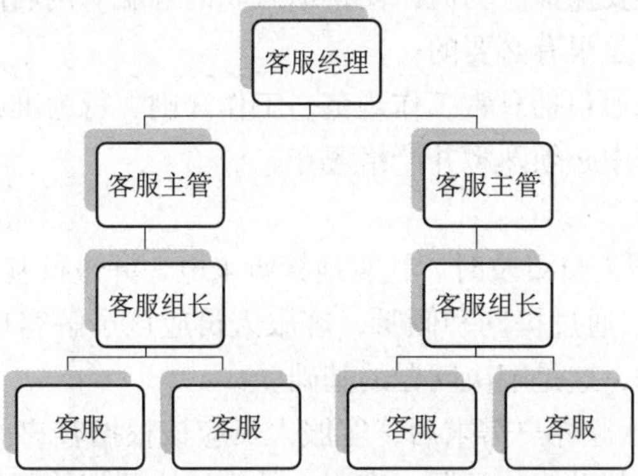

图 6-18　大中型店铺的客服团队构架

① 基础客服。基础客服是客户在咨询时最常遇到的客服人员，他们直接与客户进行接触、交流，主要负责售前、售中、售后处理以及一些常见问题的解答等，同时还肩负着向客户宣传公司及推广活动等任务。

② 客服组长。客服组长的工作主要是对组员进行管理、指导，监督基础客服的工作执行情况，了解组员在工作中存在的问题，并及时帮助组员解决问题，尤其是协助组员及时处理重要或突发事件，并将组员的工作情况反馈给自己的上级领导，协助客服主管完善各种规章制度、工作流程，督促组员严格执行网店的规章制度。

③ 客服主管。客服主管要对客服部所有客服组长与基础客服进行培训，包括工作职责、工作流程、会员管理操作手册、表格登记、系统具体操作指导以及绩效考核等内容。同时客服主管还要负责客户满意度的回访测量、分析，不断优化客户服务体系和流程。除此之外，客服主管要全面组建 CRM 系统，对客户关系进行管理，为市场营销提供基础数据。

④ 客服经理。客服经理是整个客服团队的管理者，其主要职责包括网店客户关系、客服关系的协调与管理，执行、维护、传播网店的客户管理理念，客服团队的更新及岗位职责的补充，网店客服管理制度的制定与实施，网店会员管理策略的制定与实施，以及策划实施各类客户关系活动。此外，还要不定期地对网店客服的工作进行监督抽查等。客服经理直接对网店卖家负责。

总之，网店要明确各个不同级别的客服岗位的工作要则，划分工作职责，将客服团队搭建得更加细致、明确。

2. 客服的培训

网店卖家们必须承认客服的力量是巨大的，一个好的客服能够维护好老客户；相反，如果客服做得不到位，那么店铺想长远发展就比较难了。现在越来越多的淘宝店铺开始注重对客服工作的培训，尤其是培训新入职的客服时，变得更加具体、更有针对性。网店可以从四个方面对新入职的客服人员进行培训，分别是基本制度的培训、服务流程的培训、知识技能的培训、价值观的培训。下面分别对这四个方面进行详细解释。

（1）基本制度的培训。制度建设是每一个网店都应该重视的环节，完善的制度是网店工作安排和发展的必要保证。为此，安排新入职的客服对网店的基本管理制度进行半天到一天的阅读、学习是很有必要的。

网店的基本制度一般包括日常工作规范、工作守则、行为准则、工资待遇、奖惩规定等内容，客服在工作中必须熟悉并严格遵守。

（2）服务流程培训。

① 接听来电：客服人员要及时、礼貌地接听来电，并进行基本的客户信息录入。

② 了解客户需求：通过提问和倾听，客服人员应该了解客户的需求和诉求，准确识别并理解客户的问题，这是解决问题的基础。

③ 提供帮助：在掌握客户需求后，客服人员应该根据客户的问题提供相应的解决方案或建议。如果需要帮助解决问题，客服人员应该协调相关部门或人员，为客户提供

更好的服务。

④ 回访或关怀：客服人员应该根据客户的情况进行回访或关怀，帮助客户解决问题，并保持沟通和联系。

⑤ 记录反馈：客服人员应该及时记录客户的反馈信息，对客户的问题和需求进行分析和归纳，为公司的管理和改进提供参考。

⑥ 处理投诉：对于客户的投诉，客服人员应该及时处理和解决，尽可能地为客户带来满意的服务体验。

（3）知识技能的培训。通过前面内容的学习，我们知道客服工作是十分繁杂的，客服的工作技能主要反映在与客户的沟通中，那么客服需要掌握哪些知识技能呢？

① 对客户的分析能力。客服与客户的沟通大多是通过文字来完成的，客户的需求能通过字里行间反映出来，卖家需要着重对客服把握客户需求的能力进行培训。

② 对产品的熟悉度。对产品的熟悉度是客服最应该掌握的硬性知识，商品的颜色、款式、尺码大小、销量、评价、细节知识等都应该手到擒来。客户的询问多围绕着产品，客服需要对客户咨询的问题回答得游刃有余，这样不仅能够体现自己的专业性，也能节省销售过程中再次查询的时间。

③ 话术的整理。对客服来说，话术的整理和分类并不是一个陌生的内容。客服若要快速、准确地提高自己的工作效率，设定必要的话术是十分有必要的。同时，市场在变化，网店的各种活动也在不断更新调整，客服的话术也要随之调整。客服要根据竞争产品、市场变化及时调整话术，卖家也要对客服的话术进行检查和调整，有针对性地指出哪些话术是对的，哪些话术有失偏颇。可能新入职的客服并不清楚话术的时效性是非常重要的。例如，某客服在“双十一”大促销的时候，将欢迎话术设置为“亲，欢迎您的光临，今天全场五折哟，赶快来选购”，可这位粗心的客服在“双十一”促销活动结束之后忘记了更改话术，导致很多客户前来理论“为何客服承诺全场五折却不能实现”。

（4）价值观的培训。职业价值观是一个人对他的职业的认识和态度，以及他对职业目标的追求和向往的具体表现，通俗一点讲就是支配他工作的信念目标。具体反映在客服工作中的职业价值观有以下几个方面。

① 诚实守信。诚实守信是客服价值观的核心，客服在工作中无论对前来咨询的客户还是一起共事的同事都应该做到这一点。不欺骗客户，说过的话要努力去完成，树立网店诚信经营的理念。

② 客户第一。客服工作属于服务性质，服务对象是不计其数的消费者，而消费者的购买习惯和购物偏好是各不相同的，客服要秉承“客户第一”的工作价值观，尽自己最大的努力为客户提供最佳购物体验。

③ 团结互助。团结互助是网店所推崇的团队精神。客服团队是整个网店能够正常运转的润滑剂，而一个团队的协作是必不可少的。融入一个团队，势必会被团队的工作氛围所感染，一个具有主人翁意识，积极向上、努力奋进的团队是网店所向往的。

④ 爱岗敬业。“干一行爱一行”是一个人应该具有的职业价值观，客服也不例外。对自己所从事的行业怀有热爱与忠诚是支撑客服努力工作的动力，也是在工作中不断要

求自己进步的推动器。

⑤ 勇攀高峰。勇攀高峰的职业价值观是客服工作进步的源泉，网店要科学、合理地为客服制定销售目标和销售战略，让客服人员随时保持一颗上进、努力的心。

3. 客服的激励机制

客服服务并不是一件轻松的事情，繁忙的工作和负面的情绪会让客服感到厌倦、失落、缺乏活力。此时，店长或客服管理人员就应采取必要的激励机制，来帮助客服人员应对这种负面情绪。建立怎样的激励机制才能让客服人员活力四射呢？这里总结了四条激励机制，分别是竞争机制、晋升机制、奖惩机制和监督机制。

（1）竞争机制。优胜劣汰是永恒的规律，在客服团队中要形成积极、良性的竞争机制。一旦竞争机制在网店中发挥了良性的作用，对网店的客服团队管理就会产生不可小觑的影响。良性的竞争促使客服成员之间通过数据与服务的比较，不断发现自身所存在的不足，使客服处于不甘落后的状态。和其他客服的比较会在工作中形成一种极富正能量的动力，促进客服通过不断提高自己的知识与技能来获得客户的满意。需要注意的是，一旦这种竞争机制失衡，就会造成客服之间钩心斗角、员工心理压力大等各种负面影响。网店店主们应该从哪些方面来实施这种竞争机制才较为科学呢？

在这个以数据说话的时代，数据的对比最具有说服力与真实性。可能客服 A 平日性格很好，整天乐呵呵的，客服 B 则性子急躁，老爱板着脸，卖家可不能喜欢谁就认为谁的工作做得好，一切得以数据说话。这些数据从何而来呢？衡量客服工作的指标有询单转化率、客单价、客服响应时间等，以这些数据作为衡量的标准，可以更加科学地发挥竞争的正面作用，让客服活力四射。

某女装服饰网店四位客服的工作数据统计如表 6-1 所示。

表 6-1　客服工作数据对比

客服人员	销售额 / 元	咨询人数 / 人	购买人数 / 人	浏览时间 / 秒
琳琳	32 500	500	200	45
小申	25 638	800	300	40
赵申	2 200	100	50	32

表 6-1 中的数据在一定层面如实反映了客服的工作状态和工作能力，依据这样的数据进行分析论证，不仅能在客服之间形成你追我赶的良性竞争环境，还能让卖家及时发现客服工作中存在的不足。

科学、有效的竞争机制一定要以有说服力的数据为支撑，让客服真正感到工作的压力与挑战都来源于强劲的对手，只有科学、合理的竞争才能让客服不断督促自己，做出更好的成绩。

（2）晋升机制。在电子商务的运营过程中，为了使工作流程更加顺畅、劳动分配更加合理，卖家往往会在网店内部按照专业划分许多职系，这些职系又被分为许多职位，从而形成层级系列。有了层级，员工便有了提升自己的平台与空间。员工晋升是指员工由较低层级职位上升到较高层级职位的过程。为了充分调动客服的主动性和积极性，打造团结协助、战斗力卓越的团队，真正实现客服在网店的个人价值，卖家在网店内部营造公平、公正的晋升机制是很有必要的。客服的晋升一定要遵循以下几点。

① 规范管理人才的培养、选拔和任用制度，推动管理水平不断提高。

② 建立管理人员晋升通道，激励员工不断提高业务水平，以卓越的现场管理能力推动网店的发展。

③ 树立学习的标杆，不断引导其他客服向其学习、不断改进，保持网店的持续发展。

客服的晋升机制主要分为逐级晋升和薪酬晋升，二者是不可拆分的组成因素。当客服的职位提升时，相应的待遇也能得到改善。当然，客服的晋升要有一定的制度参考，而晋升的制度和条件需要店铺根据自己的实际情况而定。

除了层级性晋升机制，设立不同的维度来管理客服也同样重要。例如，以时间或贡献为基准来晋升基础客服，可以将基础客服分为试用客服、铁牌客服、铜牌客服、银牌客服、金牌客服几档，整体晋升和局部晋升相统一的原则可以使晋升机制更加完善。

卖家要确保晋升制度得到保护和发展，确保晋升流程的完善与顺畅。网店可以设定在某一固定的时间段进行评级晋升。在晋升过程中，需要客服根据评定的标准结合自己实际的工作情况进行申请，再由客服经理和卖家共同审核客服的晋升资格，经过审议和讨论，最终确定客服晋升与否，如图 6-19 所示。

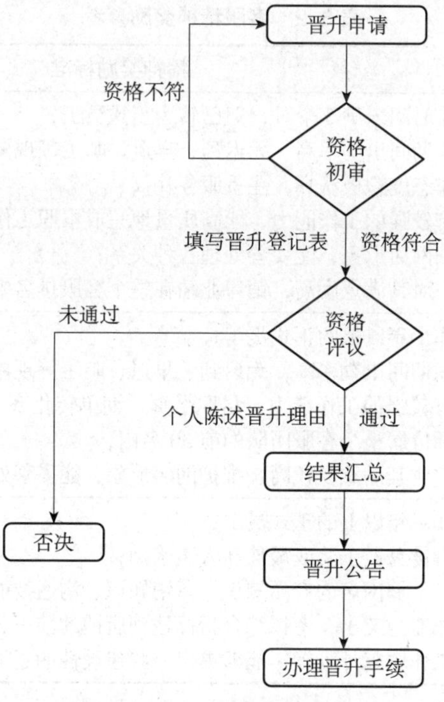

图 6-19 客服晋升流程

（3）奖惩机制。网店的客服少则几人，多则数十人。由于个人能力差异，客服的工作表现总是不一样的，有的认真负责、热情踏实，有的粗心大意、缺乏耐心。客服在工作中的表现对于网店的运营是十分重要的。为了让整个客服团队保持积极向上的工作作风，网店需要建立奖惩机制。

所谓“见贤思齐焉，见不贤而内自省也”，优秀员工的标杆作用对于网店客服的建设是十分重要的。突出优秀员工、表扬先进员工，不仅可以让优秀员工收获认真工作所带来的惊喜，还能让全体客服人员向他们学习。网店一般会采取精神奖励与物质奖励两种形式激励员工。从调动人的积极性来说，物质奖励和精神奖励都是不可或缺的，一般以精神奖励为主、物质奖励为辅。

① 精神名誉奖励。精神名誉的奖励是为了满足人们的精神需要，激发人的荣誉感、进取心、责任感和事业心。从心理学的角度上讲，奖励对每个人都适用，均能引起愉快的感受，任何人都希望得到他人或社会的赞赏。这是一种普遍的心理状态，已成为人们的人格特征之一。网店可以根据自己店铺客服的数量和质量对客服进行奖励。表 6-2 所示是某女装品牌店铺对客服的奖励标准，可供卖家参考。

② 物质奖励。物质奖励即基于员工良好的工作表现而增加员工的薪酬、福利待遇，这对调动客服的积极性有着显著的作用。奖励的金额多少，达到怎样的标准才实现这样的奖励，这些都需要店铺根据自己的实力进行设置。

③ 有奖就有罚。当网店出现不合格的客服时，一定不要抱着“睁一只眼闭一只眼”的态度，发现问题就要及时解决。店铺可以根据客服的工作失误、违规的严重性来权衡惩罚的轻重。可以参考的惩罚一般有警告、通报批评等，屡教不改者则应淘汰。

表 6-2　客服精神奖励参考

奖项名称	精神奖励标准
最佳新人奖	（1）工作时间未满 3 个月，但已转为正式员工； （2）在职期间出勤率高，无迟到、早退、旷工等现象； （3）工作态度积极认真，注重服务礼仪； （4）具有较强的工作能力，能高质量地完成本职工作； （5）维护网店形象，能妥善处理各种关系； （6）客户对其满意度高，销售业绩在整个客服排名中处于前 30 名内
优秀员工奖	（1）工作半年以上的正式员工； （2）在职期间出勤率高，无迟到、早退、旷工等现象； （3）具有较强的工作能力，尽职尽责，询单转化率、客单价、平均响应时间等指标位居整个客服团队的前 30 名内； （4）客户对其满意度较高，维护网店形象，能妥善处理各种关系
杰出员工奖	（1）工作一年以上的正式员工； （2）拥有优秀员工奖或最佳新人奖奖励； （3）熟练掌握网店的产品知识、营销知识、沟通技能等； （4）工作能力突出，考核综合指标达到店铺的前三分之一； （5）在工作中献计献策，能够提出一些建设性的意见

（4）监督机制。监督机制是对客服工作情况的跟踪监督，即从客服的工作状态、工作成效、客户满意度、员工认可度等方面进行监视、督促和管理，促使客服的工作结果能达到预定的目标。对客服的工作进行监督时，可以利用数据监控对客服的工作成效和

开展的进度、质量进行评估。除了关键绩效指标考核法的监督机制，网店还可以从客户的反馈中对客服的工作进行有效的监督。其中问卷调查不失为一种有效的监督方法。

6.2 客户关系管理

6.2.1 新客户的寻找和邀请

客户关系管理是一个不断与客户交流、了解客户的需求，从而提供更完善的产品和服务的过程。客户关系管理不仅可以使卖家更了解自己的客户群，制订出更合适的营销方案，还可以通过交流管理不断发展客户，培养客户忠诚度。

淘宝网上的店铺数目非常多，要想让“游客”发现你的店并成为常驻客户，是一个需要投入很多精力的过程。一般来说，新客户的发展比老客户的维护更难，且需要花费更多的时间、金钱、精力等，但新客户是网店客户群中必须发展的对象，一个成功的网店必须懂得如何寻找和邀请新客户。

淘宝店铺的推广，除了淘宝网内的推广，还有淘宝网外的推广。这里我们主要介绍如何在淘宝网以外推广淘宝店铺。

1. 到各大搜索引擎中注册、登记

搜索引擎是一个进行信息检索和查询的专门网站，是许多网友查询网上信息和在网上进行冲浪的第一去处，所以在搜索引擎中注册你的店铺，是推广和宣传你的店铺的首选方法。如果你注册的搜索引擎数目越多，你的店铺被访问的可能性就越大。

（1）自行提交。虽说在搜索引擎注册是使站点扬名的主要办法，但这里也有技巧问题，并非注册了就了事。其中搜索的关键词（key words）的作用非常重要。在淘宝网，你在店铺的主营业项目里设置过关键词，后来在店铺的分类也属于关键词，因此这里该怎么写，还有位置该怎么排列必须好好研究。

（2）让搜索引擎快速抓取店铺。自行提交后，搜索引擎需要较长时间才会收录，有没有其他方法能更快地让搜索引擎快速收录店铺信息呢？这里有一些方法可以尝试，效果不错。其一，由于搜索引擎是按照 PR 值来恒定一个网站受欢迎的程度，所以，可以到一些 PR 值比较高，且和你的店铺内容相关的网站的社区论坛去发布信息，在信息后加上签名，注意必须是活动的签名，也就是必须能链接到你的店铺的签名。这样，由于搜索引擎对 PR 值高的网站进行信息抓取比较频繁，因此能最大限度地检测到你的活动链接，如果你的链接出现的频率高，就会引起注意从而被抓取后收录。其二，可以注册地图软件并查询店铺被收录的情况，虽然淘宝店铺无法提交网页地图文件，但是网上店铺营销方法和网站是一样的。

2. 在聊天室、BBS 上发出邀请

很多人上网的一个主要目的就是交流，想交到更多的朋友。在聊天室里你可以适时

地向这些网友发出邀请，请他们访问你的店铺，并谦虚地请他们能够给你的店铺提出一些宝贵的建议，同时你在与他们聊天之际，可以把你的店铺特色的内容大肆宣传一番，以引起网友们足够的兴趣和注意。

（1）交流第一，掌握好度。切不可完全变成广告，否则适得其反。

（2）论坛里用好头像、签名。头像可以专门设计一个，宣传自己的品牌，签名可以加入自己店铺的介绍和连接。

（3）发帖要求质量第一。发帖不在乎数量多少、发的地方多少，而帖子的质量特别重要，为什么呢？因为发的多，但总体流量不多，我们发帖，关键是为了让更多人看，变相宣传自己的店铺。

3. 在新闻组上发布你的店铺

参加过网络新闻组的网友们可能经常在相关的新闻组讨论区中见到诸如“某某某网站今天正式开张啦！”“某某某店铺最新商品上市了，增添了许多特色的商品”“欢迎各位网友常到某某某店铺做客！”等信息，其实这就是这些网站或店铺的站（店）主们在通过新闻组来宣传自己的主页。新闻组中的其他成员一旦看到上述信息，如果觉得有需要就会去访问你的网站或店铺。

一是要将帖子发布到合适的主题讨论区，也就是说如果你的店铺是以计算机为主题的，那就不能将帖子发到娱乐类讨论组中，否则将引起其他成员的反感；二是充分利用好主题的作用，把要发布网店这样的事件用言简意赅的词语表达出来，以增强帖子的可读性。虽然通过新闻组来发布信息能起到一定的宣传效果，但由于新闻组访问人数有限，这种宣传方式的效果也不太明显。

4. 使用专门注册工具提交店铺

目前搜索引擎已经有好几千个了，如果一个一个将自己的店铺加入进去，可能需要花费几个月的时间，这时你可以使用专门的注册软件，只需几分钟的时间就能自动在搜索引擎的相关目录下和主题下注册。这方面的软件很多，大多是免费的，你可以去网上输入关键字“搜索引擎登录工具”搜索下。

（1）要选择一个好的登录工具。自己去搜索下，然后注意筛选。

（2）可以选择按照推广网站的方法将自己店铺的供求信息发布到各大商业平台、门户网站。工作量比较大，所以仍然要借助软件来发布，有很多免费的，大家自己去搜索。搜索技巧是技巧关键词：网站推广 + 软件。

5. 邮件广告模式宣传

如果你手中有许多朋友或者客户的电子邮件地址，可以考虑利用电子邮件来通知他们来访问你的店铺。利用这种方法来宣传主页的关键之处在于要留心收集用户电子邮件的地址，你拥有的电子邮件数量越多，就意味着你的主页蕴藏着越大的访问量。你也可以利用邮件搜集工具，只要输入关键字，就可以搜索你想要的邮件，然后可以利用邮件群发工具把你店铺的情况发到这些邮箱。

（1）标题方面的建议：吸引人，简单明了。不要欺骗人。

（2）内容方面的建议：采用 HTML 格式比较好。另外，排版一定要清晰。

6. 信息登录工具宣传

专门有登录买卖信息的商务工具，可以在几分钟内把你的店铺买卖信息提交给和你店铺商品相关的主题网站上，而这些网站上有比较多的浏览量。

店铺信息描述不能太长，但一定要吸引人，一定要留下店铺的网址、电话、QQ 等联系方式。

7. 利用一切可能的方法帮助宣传

除了上面的宣传方法，你还可以在店铺中放上计数器，通过排行榜来吸引访客。也可以动员周围的亲朋好友一起行动起来，利用大家的智慧和力量帮助你进行宣传。在日常生活中，还可以印制一些名片，在名片中放上自己店铺的地址，在与人交往时可以通过名片来宣传你的店铺。

8. 口碑相传宣传店铺

你必须用心服务顾客，争取回头客，而他们是你最好的口碑相传的资源。

利用口碑宣传注意的事项如下。

（1）服务好每个顾客，和顾客建立朋友关系，能从顾客角度出发考虑问题。

（2）商店名字不能太长，不能有不明符号。这点很重要，有不少店铺名字里含有一些奇怪的符号，虽然一定程度上能吸引人注意，但是，我们要知道，别人替我们宣传的时候，是宣传店铺名字的，“某某店铺很好啊，下次你去看看，我就是在那买的！”这是人们的习惯用语，而别人说名字的时候只会说店铺名字中能识别的汉字，不会说没有实际意义的符号。

（3）店铺的主营关键字要设置正确或者店铺类型要设置正确，如果口碑相传中没有记住你的店铺名字，还能通过搜索方式找到你的店铺。

（4）用户名最好能用汉字，而且好记，和你店铺的主题相关。

6.2.2 影响客户回头率的因素

客户关系维护对网店的影响非常大，要想使网店发展得更好，不仅需要发展新顾客，还需要维护老顾客，让他们能够留在店里固定消费。为了实现这一点，卖家首先要了解会对客户回头率产生影响的主要因素。

（1）产品。产品性价比是买家非常关注的一个问题，也是影响客户回头率的重要因素。产品性价比越高，对老顾客的维护越有利。

（2）品牌。店铺品牌和商品品牌在很大程度上影响着买家的回头率和忠诚度，因此要做好品牌定位。

（3）服务。买家是否选择再次在店内消费，服务质量占很大的因素，良好的服务品质和购物体验也很有可能将新客户发展为老客户。

（4）促销。不断变化且能吸引买家的促销手段，也会刺激客户的再次购买，在卖家开展促销活动时，可以通过短信、旺旺、网站宣传等方式提前告知买家。

（5）会员。会员折扣、会员积分等优惠政策可以维护更多的老顾客。

（6）回访。不定期地通过短信、旺旺、邮件等形式回访买家，可以增加买家的印象，使其在选购该类商品时首先想到和选择熟悉的店铺，提高买家的回头率。

学而思

影响搜索排名的因素

（1）买家体验包括买家保障、退款率、纠纷率等。

（2）影响搜索排名的因素：公司因素。

（3）公司因素包括店铺是否是实力商家，公司的诚信等级，店铺的服务质量等。

6.2.3 老客户的发展与维护

网店的新客户来之不易，因此一定要做好老客户的发展工作，在将新客户发展为老客户之后，也要懂得对老客户进行维护。

1. 老客户的发展

将新客户发展为老客户，是很多卖家都希望做好的一项工作。一般来说，想要更好地发展老客户，需要做到以下几点。

（1）为买家着想。做好售前、售中和售后服务，可以使买家对店铺产生好感。而站在买家的角度考虑问题，分析和考虑他们的需求并满足其需求，可以让买家觉得卖家值得信任，更容易交流，不仅可以减少交易纠纷，也可以让买家对店铺的态度更宽容。

（2）推荐合适的商品。如果卖家为买家推荐的商品不够好，则会让买家对卖家产生不信任感。如果卖家为买家推荐的商品质量、价格等都能使买家满意，就能使买家再次光顾店铺。

（3）建立买家的信任度。买家在网上购物时，通常都希望获取的信息是真实准确的，因此卖家如果证明了自己商品信息的真实性，就能在一定程度上获得买家的信任。销量、好评等都是获取买家信任度的方式。

2. 老客户的维护

老客户的重复消费是网店中非要重要的销售数据，对店铺的影响很大。一个成功的网店必须懂得维护老客户的方法，下面对常用的老客户维护方法进行介绍，主要包括建立会员制度、定期举办促销活动和老客户回馈三种方法。

（1）建立会员制度。建立会员制度能帮助卖家更好地维护老客户，防止买家流失。会员制度的消费奖励额度一般根据店内商品的价格而定，最好保持在既能抓住客户又能保证经济效益的程度上。会员制度可以分不同等级，如普通会员、高级会员、VIP 会员等，针对不同消费能力或消费总额的客户，给出对应的优惠。

（2）定期举办促销活动。目前各大网络购物平台以不同的名义衍生出节日、店庆、回馈等各种促销活动，好的优惠活动可以为店铺带来非常大的经济效益。在策划促销活动时，一定要提前对活动进行宣传。促销活动必须有时间限制，不然容易让买家产生倦怠感。促销活动推荐的商品一般为畅销商品，但是需要适当搭配滞销商品，带动其他商品的销量。

（3）老客户回馈。回馈老客户是一种比较常见的老客户维护方法，如果店铺值得信任、商品性价比高、服务质量好，就很容易赢得回头客。在淘宝的客户关系管理系统中，显示了光临店铺的客户的基本信息和光顾次数，通过这个功能，卖家可以对已有客户进行分类，并通过短信、旺旺等方式定期向老客户推荐优惠活动，还可以通过以往的交易信息对客户数据进行分析，针对不同的买家进行分层营销。

课程思政

客户关系的基本原则

客户关系的基本原则：明确目标、责任和期望；明确的沟通；设置项目阶段；事前沟通增加的费用；与客户价值观保持一致。

技能实训

【实训题目】快捷短语、好友分组、黑名单的设置。

【实训目标】

（1）能够通过教师讲解、案例讨论掌握相应的知识点。

（2）初步学习团队合作，发挥每一个团队成员的能力，学习小组讨论、分析评价的方法，对讨论的问题进行记录并提交小结，完成案例讨论。

（3）能够形成初步的独立思考能力。

（4）能够培养初步的自主学习能力。

【实训内容与要求】

（1）由教师介绍实训的目的、方式、要求，调动学生参与实训的积极性。

（2）由教师布置模拟实训题目，题目如下：①快捷短语。单击千牛工作平台左上角的“接待中心”→“快捷短语”来进行设置，将一些经常使用、固定不变的语句设置成快捷短语。②好友分组。单击千牛工作平台中的好友列表，使用鼠标右键单击已有分组，选择添加分组，建立小组。③黑名单。选择需要加入黑名单的好友，使用鼠标右键单击头像，选择“加入黑名单”。

（3）对学生进行分组，确定各小组的组长和人员分工，学习小组学习方式，制订小组计划，确定团队要做什么，要达到什么目的。

（4）由教师介绍有关千牛软件后台的使用的相关案例以及要讨论的话题。

（5）各小组对教师布置的问题进行讨论，并记录小组成员的发言。

（6）根据小组讨论记录撰写讨论小结。

（7）各组相互评议，教师点评、总结。

【实训成果与检测】

（1）成果要求。

① 提交案例讨论记录：教学分组按 3～5 名学生一组，设组长 1 人、记录员 1 人，每组必须有讨论、工作分工的详细记录，以作为考核的依据。

② 能够在规定的时间内完成相关的讨论，学习团队合作方式，撰写小结。

（2）评价标准。

① 上课时积极与教师配合，积极思考、发言。

② 认真阅读案例，积极参加小组讨论，分析问题的思路较为开阔。案例分析基本完整，能结合理论知识解答问题。

③ 团队配合较好，积极参与小组活动，分工合作较好。

思考与练习

一、填空题

1. 客服考核中，一般是根据客服的销售业绩和客单价来算工资的，客单价是____________。

2. 转化率可以看出客服的能力，转化率是指________。

3. 如果你卖的是衣服，你认为作为客服，应该做的准备工作有________。

4. 作为售前客服，为避免中差评，你会________。

5. 当顾客说你卖的衣服掉色，要求退货，但是那件衣服已经下过水了，这个时候你会________。

二、简答题

1. 售前客服的工作内容包括哪些？
2. 如何应对顾客的中差评？
3. 常见的顾客类型有哪些？
4. 售后客服的工作内容有哪些？
5. 客服如何应对客户投诉？

第7章

店铺物流与仓储管理

学习目标

- 了解商品包装的形式和国内主流的快递公司；
- 掌握选择快递公司的方法；
- 掌握有关物流设置的内容；
- 掌握包装不同类型商品的技巧。

7.1 店铺物流管理

7.1.1 物流与物流公司

物流配送是店铺销售的重要组成部分，直接关系着消费者对店铺的评价。商家都希望选择成本最低、效率最高的物流，但有哪些快递公司可供选择？怎样在众多快递公司中进行选择？这些问题是每个商家都需要思考的。确定了合作的快递公司后，商家还需要在千牛卖家工作台中进行相关物流设置。

电子商务物流主要研究物流在电子商务和现代科学技术条件下的运作和管理。电子商务物流的目标是在电子商务条件下，通过现代科学技术的应用，实现物流的高效化和低成本化，促进物流产业的升级以及电子商务和国民经济的发展。电子商务物流的本质是实现物流的信息化和现代化。

随着电子商务行业竞争的白热化，物流已经成为电子商务的瓶颈环节，被电商巨头们视为新的核心竞争力，甚至有人提出“得物流者得天下”。

1. 物流与电子商务物流

微课17

（1）物流。物流（Logistics）概念最早形成于美国，1963 年这一概念引入日本，20 世纪 80 年代中国引入这一概念。Logistics 原意为后勤，后来转用于物资流通，形成了沿用至今的现代物流概念。

根据国家标准 GB/T 18354—2001 的规定，物流是指物品从供应地向接收地的实体流动过程，即根据实际需要，将运输、储存、装卸搬运、包装、流通加工、配送、信息处理等基本功能实施有机结合。

（2）电子商务物流的概念。电子商务物流是指基于电子化、网络化后的信息流、商流、资金流下的物资或服务的配送活动，它包括软体商品（或服务）的网络传送和实体商品（或服务）的物流传送。电子商务物流是对一系列机械化、自动化工具的应用，以准确、及时的物流信息对物流过程进行监控，从而加快物流流动的速度，提高准确率，有效减少库存，缩短生产周期，最终达到与电子商务中的商流、资金流、信息流相匹配的目的。从根本上来说，物流电子化是电子商务概念的组成部分。

2. 电子商务物流的特征

（1）信息化。电子商务时代，物流信息化是电子商务的必然要求。物流信息化表现为物流信息的商品化，物流信息收集的数据库化和代码化，物流信息处理的电子化和计算机化，物流信息传递的标准化和实时化，物流信息存储的数字化等。因此，条码技术（bar code）、数据库技术（data base）、电子订货系统（electronic ordering system，EOS）、电子数据交换（electronic data interchange，EDI）、快速反应（quick response，QR）及有效的客户反映（effective customer response，ECR）、企业资源计划（enterprise resource planning，ERP）等技术与观念在我国的物流中将得到普遍的应用。信息化是一切的基础，没有物流的信息化，任何先进的技术设备都不可能应用于物流领域，信息技术及计算机技术在物流中的应用将彻底改变世界物流的面貌。

学而思

什么是快速反应

快速反应是指物流企业面对多品种、小批量的买方市场，不是储备了“产品”，而是准备了各种“要素”，在用户提出要求时，能以最快速度抽取“要素”，及时“组装”，提供所需服务或产品。

（2）自动化。自动化的基础是信息化，自动化的核心是机电一体化，自动化的外在表现是无人化，自动化的效果是省力化。另外，自动化还可以扩大物流作业能力，提高劳动生产率，减少物流作业的差错等。物流自动化的设施非常多，如条码 / 语音 / 射频自动识别系统、自动分拣系统、自动存取系统、自动导向车、货物自动跟踪系统等。在发达国家这些设施已普遍用于物流作业流程中，而在我国由于物流业起步晚，发展水平低，自动化技术的普及还需要相当长的时间。

（3）网络化。物流领域网络化的基础也是信息化。这里指的网络化有两层含义：一是物流配送系统的计算机通信网络，包括物流配送中心与供应商或制造商的联系要通过计算机网络，另外与下游顾客之间的联系也要通过计算机网络通信。比如，物流配送中心向供应商提出订单这个过程，就可以使用计算机通信方式，借助增殖网上的电子订货系统和电子数据交换技术来自动实现，物流配送中心通过计算机网络收集下游客户订货的过程也可以自动完成。二是组织的网络化，即所谓的企业内部网。比如，中国台湾的计算机业在20世纪90年代创造出了“全球运筹式产销模式”，这种模式的基本点是按照客户订单组织生产，生产采取分散形式，即将全世界的计算机资源都利用起来，采取外包的形式将一台计算机的所有零部件、元器件、芯片外包给世界各地的制造商去生产，然后通过全球的物流网络将这些零部件、元器件和芯片发往同一个物流配送中心进行组装，由该物流配送中心将组装的计算机迅速发给客户。这一过程需要有高效的物流网络的支持，当然物流网络的基础是信息、计算机网络。物流的网络化是物流信息化的必然，是电子商务下物流活动的主要特征之一。当今互联网等全球网络资源的可用性及网络技术的普及为物流的网络化提供了良好的外部环境，物流网络化不可阻挡。

（4）智能化。这是物流自动化、信息化的一种高层次应用，物流作业过程大量的运筹和决策，如库存水平的确定、运输（搬运）路径的选择、自动导向车的运行轨迹和作业控制、自动分拣机的运行、物流配送中心经营管理的决策支持等问题都需要借助大量的知识才能解决。在物流自动化的进程中，物流智能化是不可回避的技术难题。好在专家系统、机器人等相关技术在国际上已经有比较成熟的研究成果。为了提高物流现代化的水平，物流的智能化已成为电子商务下物流发展的一个新趋势。

（5）柔性化。柔性化本来是为实现“以顾客为中心”理念而在生产领域提出的，但要真正做到柔性化，即真正能根据消费者需求的变化来灵活调节生产工艺，没有配套的柔性化的物流系统是不可能达到目的的。20世纪90年代，国际生产领域纷纷推出弹性制造系统（flexible manufacturing system，FMS）、计算机集成制造系统（computer integrated manufacturing system，CIMS）、制造资源系统（manufacturing requirement planning，MRP）、企业资源计划（ERP）以及供应链管理的概念和技术，这些概念和技术的实质是将生产、流通进行集成，根据需求端的需求组织生产，安排物流活动。因此，柔性化的物流正是适应生产、流通与消费的需求而发展起来的一种新型物流模式。这就要求物流配送中心要根据消费需求“多品种、小批量、多批次、短周期”的特色，灵活组织和实施物流作业。

另外，物流设施、商品包装的标准化，物流的社会化、共同化也是电子商务下物流模式的新特点。

7.1.2 物流公司的选择

对网店运营来说，物流是非常重要的环节，物流速度的快慢、服务态度的好坏同样会对店铺的盈利造成直接影响。

1. 选择物流配送方式

目前，网店最常使用的物流配送方式有邮政配送、快递公司配送和物流公司配送。

（1）邮政配送。中国邮政提供的服务主要包括邮局普通包裹（平邮）、快递包裹、EMS、e邮宝、国际特快专递五种配送方式，如表7-1所示。

表 7-1 中国邮政配送方式及其特点

邮政配送方式	特 点
普通包裹	（1）普通包裹一般寄达时间为 7～15 天，全国范围内 7～30 天到达，每天中午和晚上发件； （2）基本邮费按目的地远近及包裹重量计算，每 500 克为一个计费单位，附加费用有挂号费、保价费和回执费
快递包裹	（1）全国范围内运达时间通常是 3～5 天； （2）计费方式与普通包裹大致相同，首重 1 000 克，续重以 500 克为一个计费单位，具体资费标准以邮局当期公布的价格为准
EMS	（1）主要采取空运方式，运送速度较快，根据地区远近一般 1～8 天到达； （2）速度快，物品安全有保障，但价格较为昂贵，20 元起价，而且不包括包装和运单费用，节假日不送货
e 邮宝	（1）采用全程陆运模式，其享有的中转环境和服务与 EMS 大体相同； （2）价格大致为 EMS 的一半，省际起重 1 000 克资费为 8 元，省内及江浙沪互寄、京津互寄起重资费低至 5 元
国际特快专递	（1）在各国邮政、海关、航空等部门均享有优先处理权； （2）高速、高质地为用户传递国际紧急信函、文件资料、金融票据、商品货样等各类文件资料和物品，同时能为用户提供多种形式的邮件跟踪查询服务； （3）提供代客包装、代客报关、代办保险等一系列综合延伸服务

（2）快递公司配送。由于快递公司的运费比较便宜，配送速度较快，多数卖家会选择通过快递公司来配送商品。但是，快递公司配送也存在不足之处，即一些偏远地区难以运抵，大件商品快递费过高，如表 7-2 所示。

表 7-2 卖家最常用的快递公司及其特点

快递公司	优 势	劣 势
顺丰快递	速度快、准时，承包了专门的航空仓位	价格相对较高
中通快递	价格比较便宜，续重便宜，适合较重的商品	相对于顺丰，速度较慢，一些偏远的地方可能到不了
圆通速递	价格比较便宜	东北、西北件走得较慢
申通快递	可到达的范围广，很多小城市和县城都可以到达	速度一般
天天快递	可到达的范围比较广，费用比较合理，中小卖家使用较多	速度不是太快，西北、东北地区的送达时间更长一些
韵达速递	可以到达的范围较广	相对于顺丰，速度较慢
百世汇通	可以提供全国多个省区市的门到门快递服务	偏远地区速度较慢
宅急送	运输价值高的商品可以保价	起步价较高，对较轻的商品显得不太划算

（3）物流公司配送。物流公司专门为单件商品数量比较多、包装体积比较大的卖家提供服务，国内比较知名的物流公司有佳吉快运物流公司、天地华宇物流集团等。物流公司所谓的“一件货”就是一箱货（一个包装箱的商品），一件货的配送费用一般是 15～30 元。显而易见，大批量（如批发）交易适宜使用物流配送方式。

2. 选择快递公司

卖家要选择最适合自己的快递公司，以保证店铺的物流服务质量。根据商品的情况，卖家可以先多选几家快递公司，经过一段时间的合作后，再确定长期合作的公司。卖家在选择快递公司时，要特别注意以下几点。

（1）包裹安全。丢件、商品破损等情况会严重损害店铺的服务质量，引起买家的强烈不满。卖家不管选择什么运输方式，都要优先考虑包裹安全方面的问题。

（2）快递价格。快递价格与物流成本息息相关。为了降低物流成本，很多卖家都愿意优先选择价格更低的快递服务，但在此之前，卖家最好对不同快递公司的价格和服务进行详细的对比，从中选择性价比最高的快递公司。

（3）发货速度和运送速度。卖家不要一味地追求运费的低廉，而忽视了快递公司的发货速度和运送速度。卖家要对本地快递公司发件的速度有所了解，最好选择发件速度较快、物流信息更新及时、运送速度较快的快递公司，以缩短买家的等待时间。卖家最好多找几家快递公司，进行多方面的对比之后再决定选用哪一个或者哪几个快递公司。因为快递公司的网点都是独立核算的，所以同一个快递公司不同地区的网点在服务态度、质量、配送速度上也可能有所不同。

（4）人员素质。在摸清快递公司的各种硬件设施之后，也要注意调查快递人员的个人素质。因为快件是需要快递人员直接经手的，如果快递人员的个人素质不高或存在道德问题，就很可能导致贵重商品丢失等问题，从而直接影响店铺的声誉。

（5）公司规模。在选择快递公司时，卖家除了要考虑以上因素，还要考虑快递公司的规模，因为快递公司的规模直接体现了这个公司在市场中的实力，也在一定程度上代表了公司的服务能力。

3. 降低快递成本

对卖家来说，尤其是对交易量较高的卖家来说，每个月在物流上也会产生不小的开销。因此，要想提高店铺的经营效益，卖家要考虑如何有效地降低物流费用，以降低店铺的物流开支。

（1）关注快递公司的优惠信息。一些快递公司会对运费价格进行一些调整，有时为了推广还会推出各种优惠活动，这对卖家来说非常划算。因此，卖家可以利用空闲时间查看快递公司官网，及时掌握快递公司的优惠活动信息。

（2）强调长期发货。一般来说，对偶尔发货的客户，快递公司不会给出太多的优惠。因此，卖家在与快递公司谈价格时，要向对方强调自己会长期发货，这样快递公司为了留住客户，通常会给出一定的优惠。

（3）处理好与快递人员的关系。卖家处理好与快递人员的关系很重要。当快递人员上门取快递时，卖家可以和他们像朋友一样聊聊天。夏天天气炎热，可以为快递人员递纸巾擦汗，或者为其提供一杯水来解暑。快递人员是最了解快递公司相关政策的人，如果卖家能够与他们成为很好的朋友，他们就愿意与卖家分享一些公司的优惠信息，使卖家受益颇多。

（4）快递量大可以选择月结。如果店铺商品的销量高，快递数量比较大，那么卖家在与快递公司结算费用时可以选择月结。月结不仅减少了卖家每次零付的麻烦，还可能使卖家进一步享受快递公司提供的优惠政策。当然，卖家选择月结的前提是快递量足够大。

（5）不刻意谈论其他公司的优惠政策。卖家在和快递公司谈价格时，不要刻意谈论其他快递公司的优惠政策。提及竞争对手，虽然可能会让对方产生一定的危机感，但更会让人产生反感，有一种被威胁的感觉。

（6）选择适当的时机再次谈价。快递的价格不见得一次就能谈妥，尤其对新手卖家来说，在店铺运营初期没有较大数量的快递业务，这时快递公司能够提供的优惠其实是很有限的。当店铺发展到一定规模后，订单量不断增大，店铺的快递业务量也就不断增加，这时卖家可以向快递公司争取更多的优惠措施。

7.1.3 商品包装

卖家为商品提供的物流包装直接决定了买家看到商品后产生的第一感受。所谓细节决定成败，用心的包装更容易赢得买家的好评。

1. 物流包装材料的选择

包装，主要的作用是保护商品在运输过程中的安全。先不管商品的包装是否漂亮、高档，卖家首先应该保证包裹送达买家手中时是完好无损的。因此，卖家要懂得选择最适合所售商品的包装材料，并打包牢固，这样才能降低商品在运输过程中被损坏的概率。

（1）内包装。内包装是直接接触商品的那层包装。一般情况下，商品出厂时会自带一层包装，卖家在不损坏商品的前提下，可以直接使用商品自带的包装。如果商品没有自带包装，卖家可以使用自封袋、热缩短膜等作为商品的内包装。

① 自封袋。自封袋作为内包装，其主要的作用就是防潮、防水，还能有效避免物品的散落，如图 7-1 所示。自封袋适合包装小件的、容易散落的商品，如邮票、明信片、化妆品小样、小饰品、小件零食等。

图 7-1　自封袋

② 热缩短膜。顾名思义，热缩短膜就是遇热会缩短的薄膜，也就是平常看到的桶装方便面外面的那层薄膜，如图 7-2 所示。卖家可以用热缩短膜包裹自己生产的食物或小玩具。

图 7-2　热缩短膜

（2）中层包装。中层包装指在外包装和内包装之间，用来填充两者之间的空隙，具有防震、防水、防潮、防腐蚀等作用的填充物。中层包装多为具有一定形状的物品，一般情况下主要有以下四种样式。

① 气泡膜。气泡膜（见图 7-3）具有很好的防震、抗摔的作用，非常适用于脆弱的商品，能够有效降低商品在物流搬运过程中发生损坏的概率。

图 7-3　气泡膜

② 珍珠棉。使用珍珠棉来包装玻璃制品、手机、数码产品等商品，可以起到预防刮花和防潮的效果，也可以在一定程度上达到减震的效果。珍珠棉有薄有厚，薄的可以用来包裹商品，厚的可以分割使用，也可以制作成模具，相当于塑料泡沫的效果，如

图 7-4 所示。

图 7-4　珍珠棉

③ 塑料泡沫。塑料泡沫一般是一些成型的模具（见图 7-5），主要用于固定商品。塑料泡沫适用于一些大件的或者比较脆弱的、怕碰怕摔的商品，如家电类商品的中层包装。

图 7-5　塑料泡沫

④ 废报纸。用废报纸充当填充物是一种很实用的办法，能够达到很好的防震、防潮的效果。而且在成本方面，废报纸具有上述几种材料都无法比拟的优势。但报纸只适用于中小型商品，不适用于大件商品。

（3）外层包装。外层包装就是买家收到包裹后第一眼看到的包装，如包装袋、纸箱、纸类等。

① 包装袋。外包装的袋子一般有布袋、编织袋及邮政复合气泡袋三种，其对比如表 7-3 所示。

表 7-3　布袋、编织袋及邮政复合气泡袋对比

包装袋类型	优　点	缺　点	适合的商品
布袋	韧性好、美观	不防水，所以还需要给商品加个内包装，成本相对略高	不怕压的商品，如书、衣服、抱枕等
编织袋	相对来说成本较低	不防水，容易磨损	柔软的商品，如衣服、被子等
邮政复合气泡袋	外观高档、美观、大方，具有较强的防震功能	成本较高	容易损坏的商品，如电子商品配件、手机壳等

② 纸箱。纸箱也是常见的一种包装方式。纸箱能让商品的包装看起来更显档次，也能降低商品被损坏的概率，如图 7-6 所示。但是，对新手卖家来说，困难的是怎样获得大量的纸箱。其实纸箱的获得方式有很多，实体店中的很多商品本身就是用纸箱包装的，而在商品售出之后，很多纸箱就成废弃物了，它们就可以被用作商品的外包装。如果卖家有可以免费获得纸箱的途径就更好了，实在没有这种途径，也可以用极低的价格回收这些本身就需要处理的“废品”。

无扣手　　带扣手　　塑料扣手

图 7-6　纸箱

③ 纸类。有些卖家销售的是印刷品，那么可以使用牛皮纸（见图 7-7）或者牛皮信封作为商品的外层包装。牛皮纸比牛皮信封更厚，所以牛皮纸是书类包装的首选。对于一些十分轻的器械来说，卖家也可以将其装在信封中寄挂号信。

图 7-7　牛皮纸

2. 物流包装的要求

微课18

对网店来说，物流包装是提升客户购物体验的重要细节。在包装商品时，卖家需要注意两点，即包装的完整性和包装的超值性。

（1）包装的完整性。所谓包装的完整性，指经过包装后的商品在送到买家手中时，商品的外观、商品的质量等要和商品信息描述中的一样，这就要求卖家在包装商品时保证商品包装结实、完整，以免商品在长途运输过程中被损坏。

（2）包装的超值性。除了商品本身的完整性，精巧的包装必然会进一步增加买家对商品和店铺的好感。如果商品包装敷衍，买家收到商品时可能会心理感受不好，甚至给出负面评价。对许多追求极致体验的卖家来说，他们对商品包装的要求从来不限于包装的完整性，商品包装的外观、包装中夹带的赠品等都是他们提升客户体验的方式。例如，“三只松鼠”有独具特色的精美包装箱，并有效利用各种包装材料来输出其品牌信息，如包装箱上萌萌的松鼠头像、“三只松鼠”专用胶带封条、快递面单信息等，这些材料都承载着品牌信息的输出工作。

此外，有的卖家还充分考虑了买家在使用商品的过程中可能产生的需求，并给予满足，为买家打造了高质量的感官体验。例如，卖家在包装箱中向买家赠送了开箱器（图7-8）、湿纸巾、果壳袋等。这样，买家在收到包裹的一刹那，便会对卖家产生专业、可靠、细心的印象。

图 7-8　赠送开箱器

3. 不同物流包装的技巧

为了保证商品的完整性，减少因为物流包装产生的纠纷和损失，卖家在进行商品包装时需要考虑商品的特性，针对不同的商品选择不同的包装材料。

（1）易变形、易碎商品。最常见的易变形、易碎商品就是护肤品、化妆品、保健品。针对这些商品，卖家可以使用报纸、泡沫塑料或者泡沫网等作为内包装，这些包装材料重量轻且能起到一定的防震作用。另外，在易碎、怕压商品周围可以用泡沫网、泡沫块等填充物来充分填充，以缓冲商品在包装箱内的晃动。包装完成后，最好在最外面的包装上贴上“易碎”的标签。

（2）首饰类商品。一般来说，首饰类商品需要附送首饰袋或首饰盒。如果是比较贵重的首饰，商品内包装可以使用专门的首饰盒，商品的中层包装可以选择用三层的12号纸箱。为了避免运输过程中的不确定因素对商品造成不良影响，如其他液体类商品泄漏导致自己的商品被影响或被浸泡，商品的外层包装最好使用宽胶带封好，且中层包装和外层包装之间用泡沫等物品进行填充，以减轻撞击对商品造成的影响。

（3）皮包、衣服、帽子类商品。对皮包类商品，卖家可以先用牛皮纸、白纸等单独包好，防止商品被污损，然后加一层塑料袋用来防潮，最后将商品放在纸盒中。如果是衣服、帽子类商品，卖家要先用防水塑料袋装好，再将其放入纸盒或袋子中。

（4）食品类商品。食品的包装最重要的是干净、抗挤压。无论是用来装食物的袋子，还是外层包装使用的纸箱，都要保证干净。如果将食品装在一个脏兮兮的纸箱中，不仅会影响买家的食欲，还会让买家对食品的卫生安全产生怀疑。有了这层阴影，买家就很难再次光顾了。此外，食品的分量一定要足，千万不能缺斤少两，最好在货物中附一张清单，注明食品的品名和购买数量。清单一式两份，给买家一份，卖家自己留一份。

（5）电子类商品。对比较贵重的精密电子商品，如手表、手机、相机等，可以先将商品用防静电袋、气泡膜等材料包装好，并使用瓦楞纸将商品边角或容易磨损的地方保护起来。将商品装入纸箱后，要用报纸、海绵、塑料泡沫等材料将纸箱空隙填满，以减轻商品在纸箱内的晃动。

（6）液体类商品。液体类商品有其独特的包装方法：先将商品用棉花裹好，然后用胶带缠好，再在外层包一层塑料袋，最后将商品装入纸盒中。这样在运输中即使有液体漏出来，也会被棉花吸收，同时又有塑料袋的保护，不会让液体流到纸盒外面污染其他包裹。

7.2 仓储管理

7.2.1 仓储的概念

1. 仓储的相关概念

（1）仓库。仓库是保管、储存物品的建筑物和场所的总称。物流中的仓库功能已经从单纯的物资存储保管，发展到具备物资接收、分类、计量、包装、分拣、配送、存盘等多种功能，如图7-9所示。仓库根据产权性质可以分为自建仓库、租赁仓库和公共仓库三种。

图 7-9　物流仓库

（2）库存。库存是指企业在生产经营过程中为销售或者耗用而储备的物品。一般来说，库存是处于储存状态的物品或商品，但广义的库存还包括处于制造加工状态和运输途中的物品。所以企业的原材料、燃料、低值易耗品、在产品、半成品、产成品等都属于库存范畴。库存的含义有两层：其一，物资所储存的位置，不在生产线上，不在车间里，也不在非仓库中的任何位置（如汽车站、火车站等类型的流通结点上），而在仓库中；其二，物资的储存状态可能由任何原因引起，而不一定是某种特殊的停滞。这些原因包括主动的各种形态的储备、被动的各种形态的超储、完全的积压。

（3）储备。储备是有目的的储存物资的行动，也是这种有目的的行动和其对象总体的称谓。物资储备的目的是保证社会再生产连续不断地、有效地进行。因此，物资储备是一种能动的储存形式，或者说，是有目的的、能动的生产领域和流通领域中物资的暂时停滞，尤其是指在生产与再生产、生产与消费之间的暂时停滞。

储备与库存的本质区别在于：第一，库存明确了储存的位置，而储备这种储存所处的地理位置远比库存广泛得多，储备的位置可能在生产及流通中的任何结点上，可能是仓库中的储备，也可能是其他形式的储备；第二，储备是有目的的、能动的、主动的行动，而库存有可能不是有目的的，有可能完全是盲目的。

（4）储存。储存是包含库存和储备在内的一种广泛的经济现象，是一切社会形态都存在的经济现象。储存不一定在仓库中，也不一定有储备的要素，而是可在任何位置，也有可能永远进入不了再生产和消费领域。但在一般情况下，储存、储备两个概念是不做区分的。

（5）仓储。仓储是指通过仓库对商品进行储存和保管。“仓”也称仓库，为存放物品的建筑物和场地，可以为房屋建筑、大型容器、洞穴或者特定的场地等，具有存放和保护物品的功能；“储”表示收存以备使用，具有收存、保管、交付使用的意思，当适用有形物品时也称储存。“仓储”则为利用仓库存放、储存未及时使用的物品的行为。简而言之，仓储就是在特定的场所储存物品的行为。

（6）冷链物流。冷链物流泛指使冷藏冷冻类物品在生产、贮藏、运输、销售到消费前的各个环节中始终处于规定的低温环境下，以保证物品质量和性能的一项系统工程，如图 7-10 所示。冷链物流是随着科学技术的进步、制冷技术的发展而建立起来的，是以冷冻工艺学为基础、以制冷技术为手段的低温物流过程。

图 7-10　冷链物流

冷链物流应遵循“3T 原则”：产品最终质量取决于在冷链的储藏与流通的时间（time）、温度（temperature）和产品耐藏性（tolerance）。“3T 原则”指出了冷藏物品品质保持所允许的时间和产品温度之间存在的关系。由于冷藏物品在流通中因时间—温度的变化而引起品质降低的累积和不可逆性，对不同的产品品种和不同的品质要求都有相应的控制和储藏时间的技术经济指标。

2. 储存保管方法

物品保管是指根据仓库的实际条件，对不同的物品进行保护和保存以及对其数量、质量进行管理控制的活动。在经营过程中对物品进行保管的主要目的是通过物品的保管，产生物品的时间效用。物品的保管不仅是技术问题，还是一个综合管理问题，为此要做好人、物、温湿度养护等方面的工作。

（1）储存保管的原则与要求。储存保管的原则有两个：一是效率原则，仓储生产管理的核心就是效率管理，实现以最少的劳动量投入，获得最大的产品产出；二是经济效益原则，实现利润最大化需要做到经营收入最大化和经营成本最小化。

（2）仓储管理人员的基本要求。仓储管理人员必须具备以下基本素质。

① 具有丰富的商品知识储备，懂得商品的物理、化学性质和保管要求，能采取合理措施保管好商品。

② 掌握现代仓储管理的技术，能熟练应用现代仓储管理信息系统。

③ 熟悉仓储设备，能合理高效地安排使用现有的仓储设备。

④ 办事能力强，能分清轻重缓急，有条不紊地处理各项事务。

⑤ 具有一定的财务管理能力，如查阅财务报表，进行经济核算、成本分析，能根据仓储经济信息进行成本管理、价格管理和决策。

⑥ 具有一般的管理素质。

仓储管理人员要做到严格遵守各项操作规程和规章制度，为了保证在仓库储存保管的物品质量完好、数量准确，必须经常、定期和有针对性地对所保管的物品的数量、质量、保管条件、安全等进行检查，特别要注意检查和测试物品的仓储环境、温湿度变化。检查中发现问题，如积水、漏雨、阳光照射、虫鼠害、潮湿发霉、高低温、倒垛等，要及时处理。

（3）分区分类作业。仓库商品的分区分类储存是指根据“四一致”原则（性能一致、养护措施一致、作业手段一致、消防方法一致），把仓库划分为若干保管区域，把储存商品划分为若干类别，以便统一规划储存和保管。

在仓库分区时，可以根据货物特性分区、分类储存，将性质相近的物品集中存放，或者根据商品的体积和重量进行分区，将单位体积大、重量大的物品存放在货架底层，并靠近作业通道，或者根据商品的周转率进行分区，将周转率高的物品存放在仓库装卸搬运最方便的位置，或者根据供应商或客户的不同进行分区，将相同供应商或客户的物品集中存放，便于分拣和配货作业。

仓库分区分类储存商品应遵循以下原则：①商品的自然属性和性能应一致；②商品的养护措施应一致；③商品的作业手段应一致；④商品的消防方法应一致。

具体做法：可以将相关性高的商品放在同一个分区里，这样可以实现一次性拣货作业，减少装卸搬运的距离，使仓库完成一定任务所发生的装卸搬运量最小，速度最快。

分区分类储存商品能保证商品储存的安全，减少商品耗损，有利于商品的合理堆码，便于仓库管理人员熟悉商品的性能特点，做好商品的养护工作，便于查找，有利于检查、入库和出库。

由于仓库的类型、规模、经营范围、用途各不相同，各种仓储商品的性质、养护方法也迥然不同，因而分区分类储存的方法也有多种，需统筹兼顾、科学规划。

① 按商品的种类和性质分区分类储存。按照商品的自然属性，把怕热、怕光、怕潮、怕冻、怕风等具有不同自然属性的商品分区分类储存。

② 按商品的危险性质分区分类储存。商品的危险性质主要是指易燃、易爆、易氧化、腐蚀性、毒害性、放射性等。

③ 按商品的发运地分区分类储存。商品的储存期较短，并且吞吐量较大的中转仓库或待运仓库，可按商品的发往地区、运输方式、货主进行分区分类储存。

7.2.2 商品入库管理

商品入库是网店日常运营工作中的一个环节，其基本要求是保证入库商品数量准确，质量符合要求，包装完整无损，手续完整清楚。具体来说，商品入库包括以下几个步骤。

1. 接收商品

事先掌握入库商品的品种、性能、数量和到库日期等信息，安排入库商品的接收工作。入库商品的接收主要有四种方式，即车站码头接货，专用铁路线或码头接货，到供货方仓库提货和本库接货。

2. 商品验收

商品验收指对入库商品进行检查，主要包括商品数量检查、质量检查和包装检查三个方面。卖家依照订货单和送货单核对商品的品名、等级、规格、数量、单价、合价和有效期等信息，检查商品外包装是否完好、商品外观有无破损和明显污渍等。要确保商品数量、品种准确无误，质量、包装完好，配件齐全后方可入库。

3. 编写货号

在商品种类较多和商品数量较大的情况下，卖家可以为商品编写货号，这样便于对商品进行管理。最简单的编写货号的方法就是“商品属性＋序号”，如“EH—001”代表耳环类的001号款式商品。

为商品编写货号的操作方法如图7-11所示。

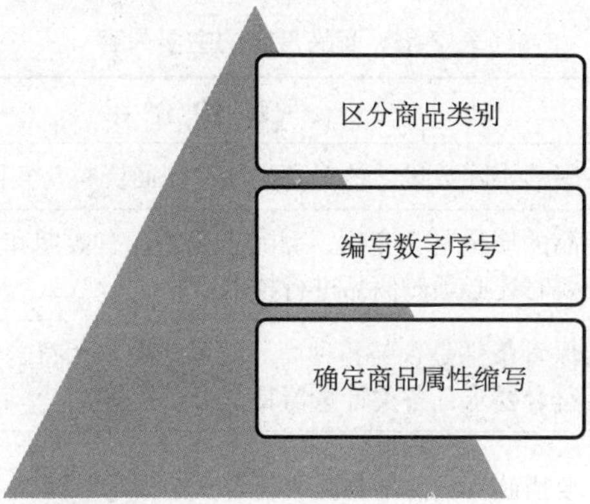

图7-11 编写商品货号的操作方法

4. 入库登记

入库登记指按照商品的属性、材质、颜色、型号、规格、功能等分别将商品放置到不同的货架中，并编写入库登记表的过程。入库登记表需要详细记录商品名称、款号、尺码、颜色等信息，如表7-4所示。

表7-4 入库登记表示例

序号	商品名称	款号	尺码	颜色	数量	参考单价	备注
1							
2							

7.2.3 商品出库管理

1. 商品盘点，准确掌控库存状况

为了掌握商品的流动情况（如商品入库、在库、出库的流动状况）和商品的库存数量，卖家需要定期或者临时对商品的数量进行清查、清点，即所谓的商品盘点。商品盘点通常有两种方式，即定期盘点和临时盘点，如表7-5所示。

表 7-5　商品盘点的方式

盘点方式	详 细 介 绍
定期盘点	卖家要在一定时间内，一般是每季度、每半年或年终财务结算前对仓库进行一次全面盘点。由货主派人会同仓库保管员、商品会计一起进行盘点对账
临时盘点	当仓库发生货物损失事故、保管员更换，或者仓库与货主认为有必要盘点对账时，货主可以组织一次局部性或全面盘点

商品盘点主要包括数量盘点、质量盘点、保管条件检查、库存安全状况检查等内容，如表 7-6 所示。

表 7-6　商品盘点的主要内容

盘点内容	详 细 介 绍
数量盘点	检查商品在库的实际数量，核对商品库存账面资料与实际库存数量是否一致
质量盘点	检查在库商品的质量有无变化，商品有无超过有效期和保质期，商品有无长期积压等现象，必要时还必须对商品进行技术检验
保管条件检查	检查商品的保管条件是否与各种商品的保管要求相符合，如码堆是否合理稳固，库内温度是否符合要求，各类计量器具是否正常等
库存安全状况检查	检查各种安全措施和消防器材是否符合安全要求，建筑物和设备是否处于安全状态

2. 商品出库

商品出库是指仓库根据商品出库凭证，按所列商品编号、名称、规格、型号、数量等，准确、及时、保质保量地将商品发给收货方的一系列工作。对于淘宝商家而言，商品出库主要包括提取商品并选择快递公司、联系快递员取货和填写并打印物流信息等主要步骤。

提取商品并选择快递公司：当收到出库通知时，商家首先需要核对出库商品的信息，并根据商品信息提取对应的商品，填写商品出库表，登记商品出库信息，选择快递公司。

联系快递员取货：根据商品所在地区联系快递公司该区域的快递网点，通知其前往取货。

填写并打印物流信息：填写商品的物流单，记录并打印商品的物流信息，以对物流信息进行保存和跟踪。

7.2.4 物流突发事件的处理

在快递运输的过程中，有时会出现货物丢失、货物破损的情况，从而使店铺获得负面评价甚至被投诉。因此，遭遇这种情况时，商家必须及时了解货物的物流情况，与物流方取得联系，并快速实施相应的解决方案，降低中差评出现的概率。

1. 货物丢失

货物丢失是物流中比较严重的问题，出现货物丢失的情况时，商家一定要与物流方进行沟通，及时对货物丢失的详细情况进行了解。一般来说，货物丢失分为人为和非人为两种情况，如果是人为原因造成的货物丢失，商家需追究责任人的责任。为了防止这种情况的发生，商家在包装商品，特别是包装电子商品等贵重商品时，一定要做好防拆措施，并提醒消费者先验收再签字，将风险降至最低。如果是非人为原因造成的货物丢失，那么商家可以要求快递公司对商品的物流信息进行详细排查，检查商品是否被遗落在某个网点，如果确实丢失了，可以追究快递公司的责任。不管是何种原因造成的货物丢失，都会延迟消费者收到货物的时间，为了避免纠纷，在出现商品丢失情况时，商家应该尽快告知消费者，并与之协商好处理办法，如果消费者不接受，商家则要尽快重新发货。

2. 保价

对于贵重商品，建议进行保价，保价时需了解清楚保费、赔偿以及保险公司等信息。

售出贵重物品时，商家一定要提醒消费者先验收再签字，否则一旦出现商品损坏的情况，非常容易引起耗时耗力的纠纷。

3. 货物滞留

货物滞留是指货物长时间停留在某个地方，迟迟未进行派送。货物滞留分为人为和非人为两种情况，其中人为滞留多由派送遗漏、派送延误等问题引起，非人为滞留则多由天气等客观原因造成。如果是人为滞留，则需要商家联系物流方了解滞留原因，催促快递公司及时进行派送。如果是非人为滞留，商家应该及时与消费者进行联系，告知物流滞留原因，并请求消费者理解。

4. 货物破损

货物破损是一种非常影响消费者好感度的情况，商品包装不当、快递运输不当等都可能导致货物破损情况的发生。为了避免这一情况，商家在包装商品时，一定要填满包装空间，包装贵重物品一定要注意防震、防刮、防水、防压，一般需要将包装盒中的空间填满，防止商品在运送过程中破损，所以要仔细严谨，选择合适的包装材料，保证货物在运输过程中的安全。如果是运输不当导致的货物破损，商家需要追究快递公司的责任。

对于消费者而言，收到破损的商品是一件非常影响心情的事情，这可能直接导致中差评的产生，因此商家一定要重视商品的合理包装，如果是易碎易坏商品，则要告知快递员小心寄送，并在包装箱上做出标识。

学而思

与快递员沟通的好处

与快递员沟通是发货工作的最后环节，商家与快递员打好交道益处多多，一般表现在以下两个方面。

· 获得价格上的优惠：许多快递公司快递员自己就有控制价格的权利，从快递员手中获得更加优惠的快递价格，也是商家降低物流成本的一大手段。商家与快递员打好交道可以降低商品的成本，特别是销量较多的商家。

· 优先发货：有些快递员的客户很多，因此容易迟迟未能发出部分快件，若商家与快递员关系较好，可以让快递员优先将快件发出。

包裹在配送过程中可能会出现超区、超时、退回等情况，一旦包裹出现这些问题，物流的整体流转时间就会延长，部分买家的包裹可能延迟十几天才能完成派送。如果这些问题包裹没有得到妥善处理，就容易引发买家的差评甚至投诉。

5. 疑难件处理流程

卖家完成发货后，要及时跟踪快递公司所提供的物流流转信息，及时发现存在隐患的物流单，并及时进行事发前处理，以防止问题进一步恶化。

微课19

通常来说，以下五种情况容易引发物流事故。①出现疑难件。②出现超区件。③商品发出后，超过常规送达时间后买家尚未签收。④交易显示已经确认收货，但买家表示尚未收到货。⑤交易显示马上到确认收货截止时间，买家尚未签收。

在物流跟踪过程中，卖家要能对出现问题的订单进行有效的判定，并及时联系买家，为其提供有效的解决方案，让买家感受到卖家一直在积极处理问题。这样做一方面能够降低买家的焦虑感，另一方面也能加深买家对店铺或品牌的印象。疑难件的跟踪处理需要遵循一定的流程，如图 7-12 所示。一般来说，店铺中每天出现问题包裹的件数不会很多，卖家可以安排客服人员每天抽出一定的时间将疑难件按照处理流程进行统一的处理。

图 7-12　疑难件处理流程

6. 常见物流事故处理

在商品运输的过程中，商品有可能出现丢失、损坏、滞留的情况。遇到这些情况时，卖家需要及时了解商品的物流情况，及时与物流公司取得联系，并提出合理的解决方案。

商品包装不当、快递运输不当等都容易造成商品破损。收到有破损的商品，买家对店铺的好感度有可能降低，更可能因此给出差评。为了尽量避免商品在运输过程中发生破损，卖家在包装商品时，要根据商品的特性选择适合商品的包装材料，包装时一定要仔细，做好包装细节方面的处理，以保证商品在运输过程中的安全。如果商品是易碎品，则要在包装箱上做出标示，并告知快递公司小心寄送。如果由于快递公司运输不当造成商品损坏，卖家可以要求快递公司负责。

技能实训

【实训题目】物流模式与公司的选择。

【实训目标】

（1）能够通过教师讲解、案例讨论掌握相应的知识点。

（2）初步学习团队合作，发挥每一个团队成员的能力，学习小组讨论、分析评价的方法，对讨论的问题进行记录并提交小结，完成案例讨论。

（3）能够形成初步的独立思考能力。

（4）能够培养初步的自主学习能力。

【实训内容与要求】

（1）由教师介绍实训的目的、方式、要求，调动学生参与实训的积极性。

（2）由教师布置模拟实训题目，题目如下：作为电商运营的重要环节，物流影响着一个企业的“生死存亡”。适当的物流模式，不但能够降低企业的运营成本，还能提高顾客的忠诚度和满意度。请查找相关资料，对比京东、当当、淘宝等电子商务企业的物流模式。

（3）对学生进行分组，确定各小组的组长和人员分工，学习小组学习方式，制订小组计划，确定团队要做什么，要达到什么目的。

（4）由教师介绍电子商务企业物流模式的相关案例以及要讨论的话题。

（5）各小组对教师布置的问题进行讨论，并记录小组成员的发言。

（6）根据小组讨论记录撰写讨论小结。

（7）各组相互评议，教师点评、总结。

【实训成果与检测】

（1）成果要求。

① 提交案例讨论记录：教学分组按 3～5 名学生一组，设组长 1 人、记录员 1 人，每组必须有讨论、工作分工的详细记录，以作为考核的依据。

② 能够在规定的时间内完成相关的讨论，学习团队合作方式，撰写小结。

（2）评价标准。

① 上课时积极与教师配合，积极思考、发言。

② 认真阅读案例，积极参加小组讨论，分析问题的思路较为开阔。案例分析基本完整，能结合理论知识解答问题。

③ 团队配合较好，积极参与小组活动，分工合作较好。

思考与练习

一、填空题

1. 为了防止由于不确定因素（如大量突发性订货、交货期突然延期等）而准备的缓冲库存叫________。

2. 为了避免因货物价格上涨造成损失或为了从商品价格上涨中获利而建立的库存叫________。

二、简答题

1. 简述物流管理的内容及特点。
2. 简述如何降低快递成本。
3. 简述如何选择商品包装材料。
4. 简述商品储存保管的方法。
5. 简述货物丢失后如何处理。

第8章 网店运营数据分析

学习目标

- 了解网店运营数据分析的意义和流程；
- 学会对网店运营中的核心数据进行分析；
- 能灵活使用数据分析工具对网店运营数据进行分析。

8.1 网店运营数据分析的意义和流程

电子商务刚兴起时，网店寥寥无几，2017 年淘宝网店 C 店数量已多达千万家，网店运营渐渐走向规模化、技术化、系统化。网店的运营从选择行业、进货，到商品上架、设定价格，再到爆款打造、库存管理等，都离不开相应的数据分析。数据分析可以帮助店主做出正确的判断，以便采取适当的行动。

8.1.1 网店运营数据分析的意义

数据分析在网店运营中扮演着多重重要的角色：它可以是预测师，帮助网店选款、预测库存周期、预测未来风险；它可以是规划师，通过数据分析，合理规划网店装修板块和样式；它可以是医师，诊断网店的状况，对“已生病”的网店找出“病源”并对症下药；它可以是行为分析师，通过对购买的物品、单价、花费、活跃时间、客服聊天反馈等分析买家的行为特性；它可以是营销师，通过对现有资源的合理分析，做出最优的销售计划，促进销量增长。

微课20

如图 8-1 所示，监控网店数据有四大作用：及时发现问题，分析多重问题，建立历史档案和自由对比分析。作为一个网店卖家，需要随时监控全店各类数据，发现异常数据应及时采取对策，从而减少网店的损失。及时发现网店的问题所在，还需要特别留意一些分散的数据点。如果分散的数据点代表的是很高的销售额，要分析出原因，汲取经验，以便用在其他商品上，为网店带来更大的效益；如果代表很差的销售情况，就需要细分情况，拟订对策。数据分析最大的作用就是可对多重问题进行分析，能从多个维度去分析数据。网上开店的成功卖家几乎都是经历了长时间的经验积累后才逐步发展起来的，而这些经验的获得都是基于对历史数据的保留与分析。对每个商品进行长时间的数据统计一定会发现规律，好好利用这些规律就会提高商品的销量。与网店有关的数据种类有很多，收集整理好这些数据就可以自由地对其进行对比分析。

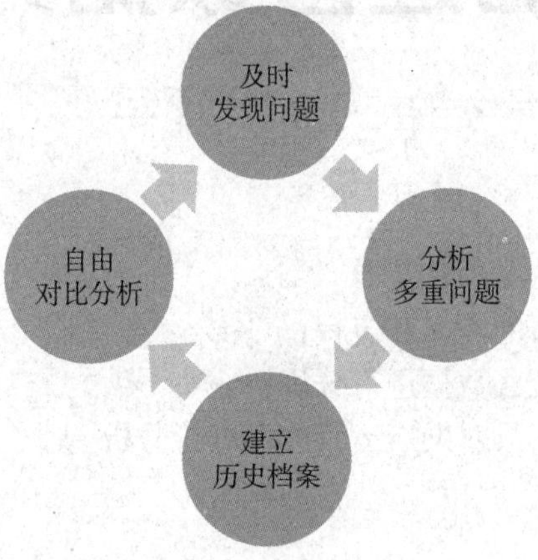

图 8-1　监控网店数据的作用

8.1.2 网店运营数据分析的流程

网店运营涉及的数据非常广泛，网店运营数据分析的流程如图 8-2 所示。

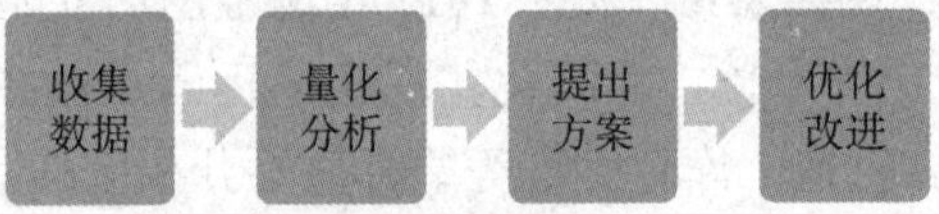

图 8-2　网店运营数据分析的流程

1. 收集数据

分析网店数据前，首先需要收集和获取数据，尽量获得完整、真实、准确的数据，做好数据的预处理工作，以便开展量化分析工作。网店数据获取主要有以下几种途径。

（1）网店后台的数据。网店后台可以获取的数据有买家数据（购买时间、用户性别、所属地域、来访次数、停留时间等）、订单数据（下单时间、订单数量、商品品类、订单金额、订购频次等）、反馈数据（客户评价、退货换货、客户投诉等）等。

（2）搜索引擎的数据。通过电商平台的搜索引擎可获取的数据有网店在“店铺”搜索中的排名及网店“宝贝”关键词在搜索中的排名情况等（利用淘宝网首页上方的搜索引擎“宝贝”和“店铺”标签进行搜索）。

（3）统计工具的数据。网店的统计工具有很多，如淘宝网的生意参谋等。在统计工具中可以获取访客来自哪些地域、访客来自哪些渠道、访客来自哪些搜索词、访客浏览了哪些页面等数据信息以及广告跟踪信息等。

（4）调查问卷收集的数据。调查问卷是最常用的数据收集方法，以问题的形式收集用户的需求信息。网店卖家可自行设计问卷进行调查。

2. 量化分析

数据分析不只是对数据的简单统计描述，而是在数据中发现问题的本质，然后针对确定的主题进行归纳和总结。常用的数据量化分析方法有以下几种。

（1）趋势分析。趋势分析是将实际达到的结果，与不同时期报表中同类指标的历史数据进行比较，从而确定变化趋势和变化规律的一种分析方法。具体的分析方法包括定基比、同比和环比三种方法。定基比是以某一时期为基数，将其他各期均与该期的基数进行比较；同比是本时期与去年同一时期进行比较；环比是分别以上一时期为基数，将下一时期与上一时期的基数进行比较。

（2）对比分析。对比分析是把两个相互联系的指标数据进行比较，从数量上展示并说明研究对象规模的大小、水平的高低、速度的快慢，以及各种关系是否协调。在对比分析中，选择合适的对比标准是关键步骤，标准合适才能做出客观的评价，反之可能得出错误的结论。

（3）关联分析。如果两个或多个事物之间存在一定的关联，那么其中一个事物就能够通过其他关联事物进行预测。关联分析的目的是挖掘隐藏在数据间的相互关系。

（4）因果分析。因果分析是为了确定引起某一现象变化的原因，主要解决“为什么”的问题。因果分析就是在研究对象的先行情况中，把作为它的原因的现象与其他非原因现象区别开来，或者是在研究对象的后行情况中，把作为它的结果的现象与其他的现象区别开来。

学而思

如何进行店铺健康诊断？怎么分析店铺问题

店铺健康诊断主要是对店铺的浏览量、访客数、流量结构、成交转化率、收藏量等数据进行的平衡对比，查看是否低于同行标准，是否需要优化、主要优化什么等。

店铺诊断一般以诊断流量结构为主，对比自主搜索进店流量、站内免费资源进店流量、站外搜索进店流量、付费进店流量的各自比例，通过结构占比来分析整个网站流量结构的合理性，从而优化店铺流量结构，提高店铺的流量质量。

店铺引入流量的根本目的是销售产品，并提高店铺的经济效益，但并不能单纯通过流量结构来评价流量质量，经营者还需对各流量结构的占比、各流量带来的收益等进行分析。网店经营受多方面因素的影响，而这些因素是持续发展和变化的。如某店铺主推款随着时间的变化，流量结构也发生了变化，由于流行元素的改变，该商品的自然搜索流量逐步下滑，不再受消费者青睐，反之其他非主推款的自然流量上升幅度快，但店铺并未对这类商品进行合理的优化，导致转化率不高，此时，店铺必须对店铺商品的流量结构重新进行评估，关注自然搜索流量上升的商品情况，对其商品详情和流量结构进行优化。店铺健康诊断需平衡把握各个方面的流量，分析出有问题的流量和流量出问题的原因，结合商品实际情况进行完善。

3. 提出方案

对数据量化分析的结果进行汇总、诊断，并提出最后的解决方案。

（1）评估描述。对评估情况进行客观描述，用数据支持自己的观点。

（2）编制统计图表。运用柱状图和条形图对基本情况进行清晰的描述；运用散点图和折线图表现数据间的因果关系。

（3）提出观点。根据对现实情况的数据分析，提出自己的观点，预判网店的发展趋势，给出具体的改进措施。

（4）制作演示文档。基于以上三点进行总结归纳，列出条目，制作一份详细的演示文档，进行演示和讲解。

4. 优化改进

随着改进措施的实施，要及时了解运营数据的变化，不断优化和改进，力争标本兼治，使同类问题不再出现。同时持续监控和反馈，不断寻找能从根本上解决问题的最优方案。

数据分析是一项长期的工作，同时也是一个循序渐进的过程，需要网店运营人员实时监测网店的运营情况，及时发现问题、分析问题并解决问题，这样才能使网店健康、持续地发展。

8.2 使用“生意参谋”分析网店数据

8.2.1 实时直播

市场瞬息万变，卖家实时洞悉网店运营情况很有必要。卖家可以通过“生意参谋”（图 8-3）观测实时数据，及时调整策略，抢占生意先机。

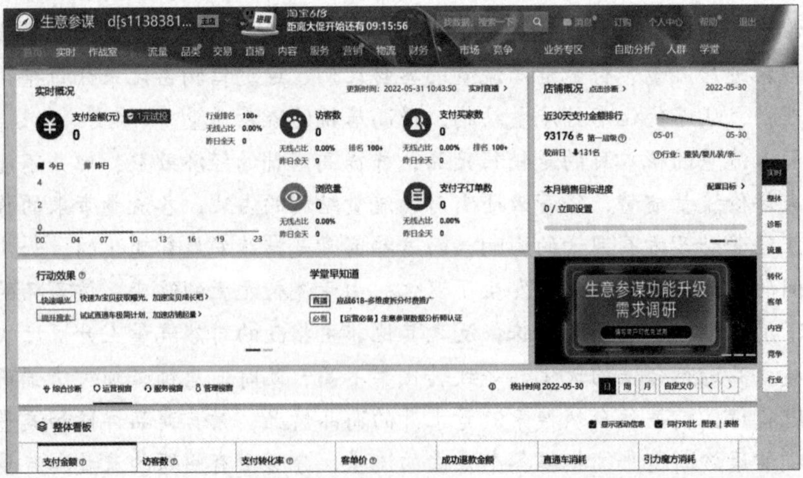

图 8-3 “生意参谋”首页

1. 实时概况

实时概况可提供网店实时的概况数据，主要包括实时访客数、实时浏览量、实时支付金额、实时支付子订单数、实时支付金额及对应的排名和行业平均值（图8-4），还提供小时粒度的实时趋势图，并提供历史数据对比功能，所有数据都可以按照所有终端、计算机端和无线端三种模式查看。

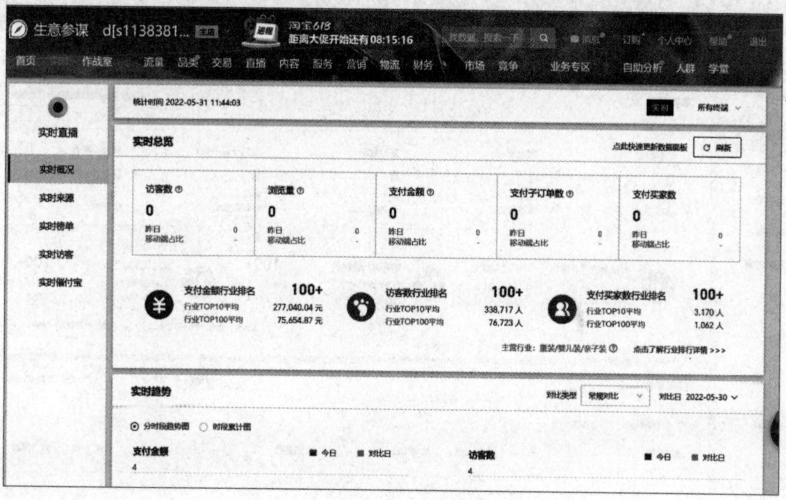

图 8-4　实时概况

2. 实时来源

实时来源提供网店计算机端来源分布、无线端来源分布及地域分布信息。

3. 实时榜单

实时榜单主要提供商品前50名榜单。商品前50名榜单主要提供根据访客数、支付金额两种方式排序的前50个商品的列表，同时提供搜索功能，支持查询商品实时效果数据。

4. 实时访客

实时访客主要提供网店的实时访客记录，能实时了解网店访客的浏览情况。

5. 实时催付宝

实时催付宝可实时更新在网店拍下而没有付款的买家。实时催付条件很苛刻，催付对象是下单未支付、未在其他网店下单且是具有购买潜力的买家，所以催付成功率很高。特别是在活动大促销的时候，可以专门安排一个客服来负责实时催付。

8.2.2 流量分析

流量分析提供了全店的流量概况、来源分析、路径分析、页面分析等，可以帮助卖家快速盘清流量的来龙去脉，在识别访客特征的同时了解访客在网店页面上的点击行为，从而评估网店的引流、装修等健康度，帮助卖家更好地进行流量管理和转化，如图 8-5 所示。网店流量主要分为计算机端流量和无线端流量，在生意参谋中可以分别查看不同端口的流量情况，并可查看与同行的对比情况。

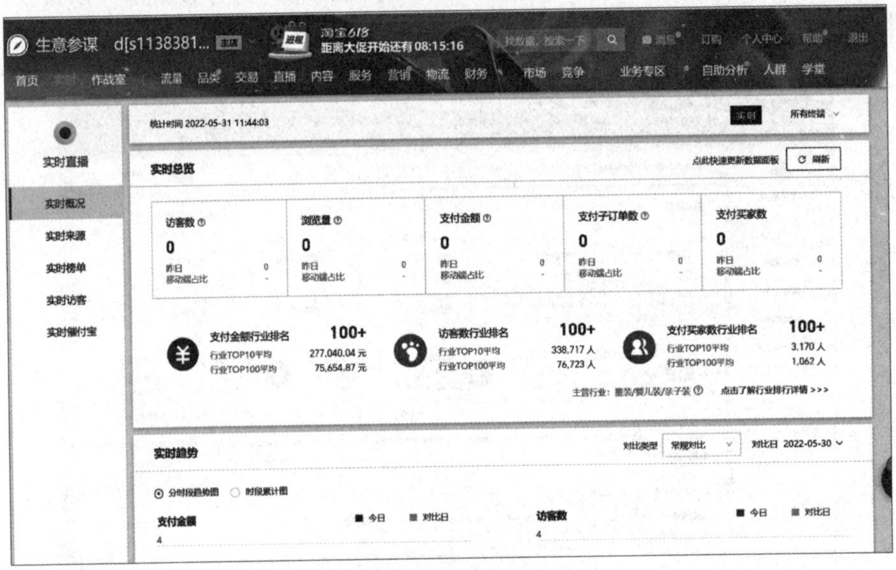

图 8-5　流量概况

1. 流量概况

流量概况提供流量看板、计划监控和访客分析三种功能。流量看板中可以查看流量总览、流量趋势、流量来源及流量来源排行前十、商品流量排行前十情况。计划监控中可以制订年度运营计划并进行监控。访客分析中可以查看访客分布的相关数据，包括访客时段分布、地域分布、特征分布、行为分布等。根据对访客的相关数据进行分析，可以方便卖家准确地开展营销推广活动、设置商品上下架时间等工作。在“访客分析”页面选择“访客对比”，在打开的页面中可以查看访客对比相关数据，包括消费层级、性别、年龄、地域、偏好和关键字等，“访客分析”“页面选择”可以帮助卖家更好地掌握客户数据，从而进行会员关系管理。

2. 来源分析

来源分析提供三种功能：网店来源、商品来源和选词助手。在“网店来源”中可查看网店流量来源的构成、流量来源的对比和同行流量来源。在“商品来源”中可查看商品的排行榜。“选词助手”是生意参谋平台中的专题工具之一，从计算机端和无线端两个终端分别提供了给网店引流的店外搜索关键词、反映用户需求的店内搜索关键词、与关键词相关的行业内搜索关键词，同时提供了这些关键词的搜索热度、引导效果等。通过选词助手，一是可以帮助卖家快速盘清搜索来源的关键词，验证和调整关键词投放策略；二是了解访客在店内的搜索行为，明确访客的精准需求；三是通过行业搜索词的拓展，帮助卖家找到更多适合网店的可拓展关键词，用于调整广告投放、标题优化或品类规划。

3. 路径分析

路径分析提供店内路径和流量去向两个功能。查询店内路径时，可以分别对网店首页、商品详情页、网店微淘页、商品分类页、搜索结果页、网店其他页的访客数和访客占比进行查看，还可查看页面访问排行，或根据需要分别以月、周、日为单位查询流量来源。通过对这些数据的查询，可以使经营者了解当前网店的流量结构，对于流量不足的情况，需要更换推广方式提高网店流量。对于转化率不高的商品，需对其商品详情页、价格、网店装修、商品展示技巧、商品形象包装、促销活动搭配等因素进行分析，找到转化率不高的原因。从流量去向中可查看离开页面排行及离开页面去向排行。

4. 页面分析

在页面分析中可对网店的不同页面进行流量分析。

5. 计划中心

在计划中心中可以创建网店的年度运营计划及配置网店重要日期的事件，方便卖家查看。

学而思

店铺动态评分低有哪些影响

销量、关键词热度、动态评分都是淘宝店铺非常直观且重要的数据，其中动态评分不仅会影响店铺商品的排名权重，还是卖家申报活动的硬性指标。若店铺动态评分过低，会对店铺的很多方面产生不良影响。

（1）影响搜索排名

淘宝网的DSR考核标准主要是为了对买家的购物体验进行统一的数据统计，再根据对店铺的统计结果给予不同的扶持。DSR评分低于同行业其他店铺，则店铺搜索排行将低于其他店铺，而店铺排名将直接影响商品流量和商品销量。

（2）影响转化率

淘宝店铺DSR评分是买家比较关注的一项数据，评分低的店铺容易给买家带来质量不好、服务不好的主观印象，即使引入了流量，转化率也会偏低，而转化率低也会影响淘宝对店铺的流量扶持，从而影响商品销量。

（3）活动受限

淘宝官方开设的活动通常是营销效果非常良好的促销活动，不仅可以提升店铺商品的曝光率和销量，还可以引入数量可观的新客户，更有利于积累更多的老客户，对店铺的持续发展十分有利。但淘宝官方的很多促销活动、U站活动等都对DSR评分有严格的限制，若店铺DSR评分偏低，则会直接影响店铺活动的报名和审核。

（4）金牌卖家

金牌卖家是淘宝 C 店一个重点优势标志，买家更喜欢选择金牌卖家的店铺购买商品，金牌卖家的服务质量、购物体验、商品性价比等一般都高于非金牌卖家店铺，同时销售额也更加可观。如果店铺的 DSR 评分不合格，则会直接影响金牌卖家的获得。

8.2.3 品类分析

品类分析展现全店所有商品的详细数据，用于帮助卖家实时掌握和监控网店商品信息，包括已发布上架的所有商品及 30 天已下架但有数据的商品信息，提供按支付金额和访客数排名的前 15 的商品数，提供最近 1 天、最近 7 天、最近 30 天及自然日的时间选项，还能对一些异常商品进行分析，如哪些商品流量下跌很严重，哪些商品支付转化率过低，哪些商品跳出率很高，哪些商品支付下跌，哪些商品没有成交量，哪些商品库存低等，如图 8-6 所示。

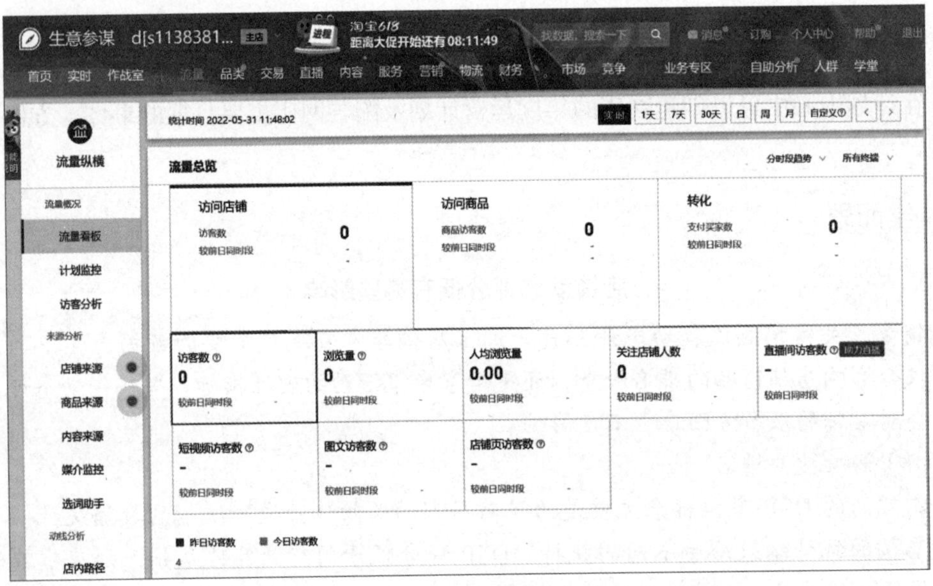

图 8-6　品类分析

（1）商品概况。在“商品概况”中可以查看商品信息概况、商品销售趋势、商品排行预览等信息。

（2）商品效果。在“商品效果”中可以查看详细的商品效果相关数据。

（3）异常商品。在“异常商品”中可以查看当前表现异常的商品，包括流量下跌、支付转化率低、高跳出率、支付下跌、零支付、低库存等情况。生意参谋会针对商品的异常情况给卖家提出大致的建议，帮助卖家优化商品。

（4）分类分析。分类分析主要是指按照类别对商品情况进行分析。分类分析可以帮助卖家更快捷地分析出同类商品的销售情况，更精准地找出同类商品的共性问题，从而进行统一的管理和整改。

（5）单品分析。在“单品分析”中可以对当前商品的来源去向、销售、访客、促销等信息进行分析。

（6）商品温度计。在“商品温度计”中可以查看当前商品的转化情况。如果当前商品存在问题，生意参谋将给出可能的建议，为卖家提供参考。

（7）销量预测。在“销量预测”中可查看系统对商品效果的预测及商品的定价参考。

（8）单品服务分析。单品服务分析可帮助卖家诊断商品描述是否相符，以及品质、纠纷、退款等方面的服务情况，以便优化商品，提高服务水平，提升客户满意度。

8.2.4 交易分析

交易分析主要提供交易概况、交易构成和交易明细三个功能（图8-7），包括从网店整体到不同粒度细分网店的交易情况，以帮助卖家及时掌控网店交易问题。

微课21

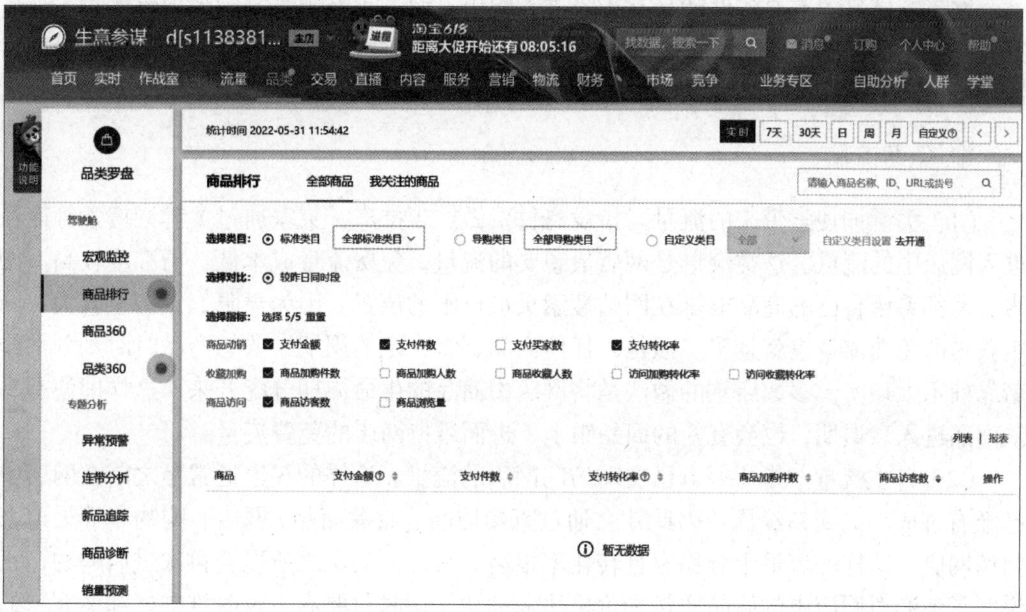

图 8-7　交易概况

1. 交易概况

交易概况可使卖家从整体上了解网店的交易情况，对交易总览和交易趋势的数据进行查看和分析。通过交易总览，卖家可以了解任意天数的网店交易额、支付买家数、客单价和转化率等数据，还可在“交易趋势”栏中查看与同行的对比情况。

2. 交易构成

交易构成从不同粒度细分了网店的交易构成情况，主要有终端构成、类目构成、品牌构成、价格带构成和资金回流构成五个方面，可以帮助卖家了解终端、类目和品牌等各方面的交易数据，以便有针对性地进行完善和优化。

3. 交易明细

交易明细中可以显示任意一天的全部订单明细或当天任意一个订单的交易明细。

8.3 店铺数据分析

涉及网店运营的数据类型有很多，但是核心、最重要的数据有流量数据、网店主要页面数据、客服数据、店铺运态数据、转化率数据等。作为网店卖家，应实时监控这些决定着网店经营好坏的数据，及时跟上市场的脚步。

8.3.1 店铺流量数据分析

网店有销量的首要条件就是有买家进入网店，而进入网店买家的多少就代表了流量的大小。流量数据是网店的重要监控对象。按照收费方式，流量可以分为免费流量和付费流量。

1. 免费流量

（1）关键词搜索带来的流量。指没有付费做广告推广，买家通过关键词搜索等途径进入网店中的流量。这类流量是网店最想要的流量，免费流量成本低，精准度较高。网店卖家都希望自己的商品能排在网站搜索页最显眼的位置。因为显眼，点击量就大，网店获得的免费流量也就越多。但是，任何商品都有一定的周期，要想商品时时刻刻都排名靠前不太现实。多数店主的做法是将网店中商品的生命周期分配开来，这样即使有一款商品进入衰退期，也会有新的商品跟上，进而维持网店的免费流量。

（2）自主流量。指买家自己主动访问网店的流量。这样的买家通常是之前在网店中已经有过成功的交易经历，因此才会通过直接访问、收藏商品 / 网店、购物车等渠道来回访网店，这样的流量十分稳定且转化率很高。另外，买家之所以会再次进店购物，正说明了他们对网店中的商品质量和价格比较满意，这时只要店主及时维护好和老客户的关系，就会产生一定的复购或转介绍订单，这无形中又增加了新的流量。

（3）站外免费流量。这类流量大多来自贴吧、论坛、社区、微博等，可以靠店主自己去发帖推广，也可以雇用别人去推广。这种流量的精准度不高，效果自然得不到保证。

2. 付费流量

付费流量是指通过投放广告，按点击率计算费用等方法引入的买家流量。这样的流量精准度高，容易得到，只要花钱就会产生。淘宝网上常见的付费流量有淘宝客、钻石展位、直通车，以及淘宝的各种活动等。付费流量会增加成本，所以卖家需要仔细斟酌，以免投入产出比失衡。

流量关系到网店的“生死存亡”，然而流量入口众多，类型各异，网店流量出现了问题要有一个清晰的解决思路，如图 8-8 所示。当卖家发现流量在下降时，就要查看各类型流量数据，分析不同类型流量的数据趋势，找出问题，弄清导致这类流量出现波动的因素，找到关键点所在，最后对症下药。

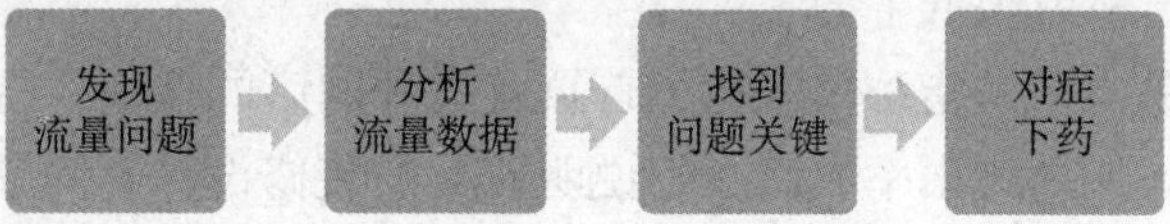

图 8-8　解决流量问题的思路

例如，某网店主要出售果园现摘的时令水果，主打原生态品牌，能够迎合消费者的喜好。起初网店有一些流量，但是好景不长，网店几天之内流量忽然掉了一半。店主很奇怪，自己既没有改过主图和标题，也没有编辑过页面，流量怎么忽然掉了这么多？没有流量就没有销量，果园里的果子马上就要成熟了，正是销售的最好时节，这个时候没有流量，对网店的打击是非常大的。

不得已，店主开始仔细查看网店的经营数据。经过分析，发现网店的付费流量和自然流量都下滑得非常厉害，并且一两个星期前就有了这种趋势。付费流量点击较少，可能是商品主图、价格、销量、选款或关键词出了问题。自然搜索流量下滑，可能是行情有变、关键词有问题，也可能是某个引流商品的流量出了问题。店主依次对每个可能的因素进行分析与排除，查询了当前行业的热搜词，查看了同类目网店的销售情况，发现原来换季之后，买家纷纷开始搜索应季鲜果，之前网店主打的水果成了换季的“淘汰品”，搜索人数因此下降了一大截。市场行情变了，但自己网店的主推商品依然是上个季节的水果，不仅主推商品的流量损失了很多，还影响了网店的整体排名。找出问题之后，店主立刻着手整改网店，重新优化当季鲜果的商品标题、主图、详情和价格等，又设置好商品上下架时间，通过数据分析工具密切关注优化后的流量动向，并慢慢进行调整，最终扭转了网店流量的劣势。

8.3.2 网店主要页面数据

一个完整的网店是由多个页面组成的，每个页面的指标对网店的业绩都有很大的影响。但是不同页面的衡量标准是不一样的，只有对症下药，关注各个页面的指标，才能找出提高业绩的方法。

1. 首页数据

首页是一个网店的门面，买家进入首页后，会根据首页的导航进入其他不同的页面。网店首页需要监控以下几项数据。

（1）流量（page view，PV）。首页的流量大约占全店总流量的 15%，如果网店在做促销之类的活动，流量就会再增大一些。

（2）独立访客数（unique visitor，UV）。独立访客数是指一个客户进店访问，不论重复访问了多少次都计为一次。

（3）停留时间。停留时间即访客访问首页的停留时间。停留时间越长，代表访客对网店越感兴趣，购买商品的可能性也就越大。

（4）访问深度。访问深度是指访客进店访问的页面数量的多少。访问的页面越多，就证明访客对网店的商品越感兴趣，访问深度也就越高。如果访客只是访问了首页就离开了，那访问深度自然就很低了。

（5）跳出率。跳出率是指访客浏览了首页就离开网店的概率。首页的跳出率在50%左右属于正常水平。如果跳出率太高，则说明首页的装修设计有问题，导致很多访客进入首页后就失去兴趣而离开。

2. 商品页数据

商品页是网店最重要的页面，也是交易达成的页面。商品页数据是进行网店数据分析需要实时关注的重点，这些数据会直接影响网店商品的销量。商品页需要注意的数据主要有以下几个。

（1）页面浏览量。页面浏览量是指网店的商品页面被查看的次数。访客多次打开或刷新一个商品页面，该指标值累加。想让访客购买网店中的商品，毫无疑问，首先要做的就是让访客看到该商品，商品的浏览量越大，才越有可能提高销量。

（2）独立访客数。在所选定的时间段内，同一访客多次访问商品页会进行去重计算。

（3）咨询人数。咨询人数指的是浏览了商品页面后进行咨询的人数。

（4）跳出率。访客进入商品页后，就要看跳出率这个指标了。跳出率越高，说明商品页问题越大，卖家就要从商品页的图片、描述、价格等方面去改进。

（5）收藏类数据。关于网店的收藏类数据，主要需要关注的是单品的收藏数据和网店的收藏数据。访客进入网店即使没有下单购物，但只要他收藏了商品或者是网店，就证明他对网店或网店中的商品是感兴趣的，有购买意向。当他从自己的收藏中再次进入网店时，达成交易的可能性就很高了。无论是收藏商品还是收藏网店，收藏数据都是越大越好，这可以为网店带来自主访问流量，而自主访问流量的转化率往往是比较高的。

学而思

可以提高 DSR 评分又不会花费较多成本的小技巧

提高DSR评分的方法有很多，有一些技巧既容易赢得买家好感，又不会花费太多成本，卖家可以根据实际情况酌情选择。

（1）短信提示。买家在网店中购买商品后，都比较关注卖家的发货时间和自己收到商品的时间，针对买家这一心理，卖家可以短信营销的方式投其所好提供短信提醒服务，发货时提醒买家商品已发出，物流到达买家所在城市时发送物流同城提醒，从而提升买家的购物体验。如“禀报××大人，您在××购买的××已由××镖局快马加鞭押送至××城市，预计一日内即可到达，请大人注意接镖验镖哟！”

（2）引导好评。买家收到商品后，如果未在规定时间对店铺作出评价，系统会自动给予好评，但不计入店铺评分中，因此对于收到货物却未及时评论的买家，可以适当通过短信、小卡片、小提示等形式进行引导。

（3）感谢信。当商品性价比不高，难以获得买家的主动好评时，卖家可以通过制作手写感谢信、个性感谢信等方式来获得买家的感情分，表明店铺会一直努力为买家服务，以亲切活泼的语言请求买家给予好评高分，从而提升店铺 DSR 评分。

（4）贴心包裹。包装效果是买家收到商品的第一印象，切忌包装盒破旧损坏、包装不严密等，为方便买家拆开包裹，可以提供一些小巧简易的开箱工具，同时还可以在外包装上打印一些贴心提示，以赢得买家好感。此外，在包装盒内可以给出一些无线端关注提示，如扫二维码关注、搜索公众号关注等，引导买家通过无线端进行评价，不仅可以提升店铺的无线端流量，还可以提升店铺的转化率，扩大无线端推广的影响力。

8.3.3 客服数据

客服可以说是网店运营好坏的重要因素，并且网店做得越大就需要越多的客服，因此必须重视对客服的培养与激励。想检验网店每个客服的工作态度如何、业绩如何，就需要监控客服数据。监控客服数据，不是简单了解每个客服每天的业绩是多少，而是需要精准统计客服数据，主要有以下要点。

微课22

（1）对客服个人、客服团队、静默销售、网店整体数据进行全方位的统计分析。

（2）统计客服的销售额、销售量和销售人数。

（3）统计客服客单价、客件数和件均价，分析客服关联销售的能力。

（4）多维度统计客服的转化成功率，包括询单到最终下单的成功率，下单到最终付款的成功率，以及询单到最终付款的成功率。

通常情况下淘宝卖家会选择订购一些客服管理工具来实时管理客服，如“赤兔实时绩效”等。

为了公平、有效地评价客服人员的工作业绩、工作能力和工作态度，及时纠正偏差，改进工作方法，激励争先创优，优化整体客服团队，从而全面提升客服质量和企业效益，许多网店都会制订客服 KPI 考核方案。淘宝客服 KPI 考核是指淘宝卖家通过对客服人员进行目标式的量化考核，使网店的总体运营目标可以分解成可操作性强、分工明确的个体目标。同时，淘宝客服 KPI 考核明确规定了客服人员的任务和业绩衡量指标。

8.3.4 店铺数据

店铺动态评分是指买家在淘宝上购物成功后，针对本次购物给出的评价分数。当前的淘宝网和天猫商城的店铺动态评分系统包括“宝贝与描述相符”“卖家的服务态度”“物流服务的质量”三个方面，如图 8-9 所示。

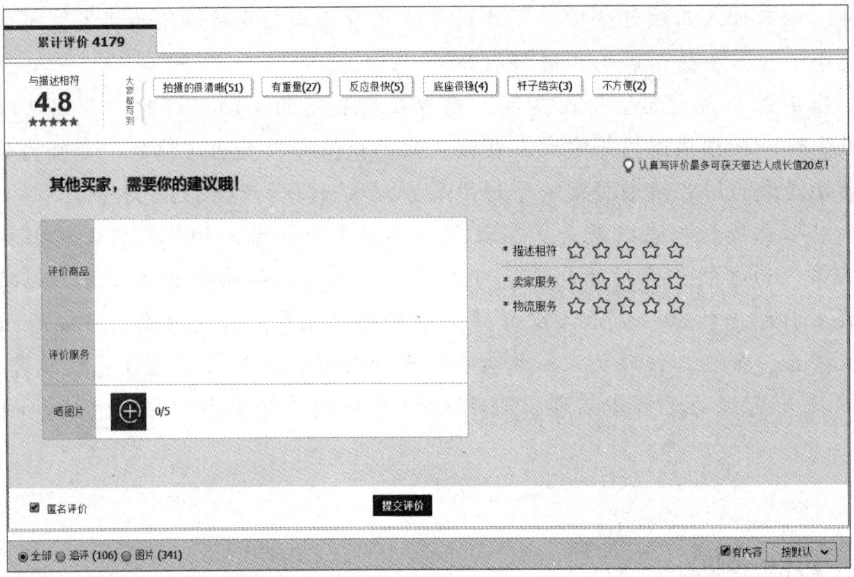

图 8-9　店铺动态评分

店铺动态评分是影响商品搜索权重的因素之一。随着淘宝网越来越注重商品的质量，卖家的销量权重开始下降。过去卖家的排名主要与销量有关，而现在淘宝网的搜索排名中，权重已经开始向店铺动态评分倾斜了。这样一来，就会让卖家将注意力从销量的提升转向商品的质量，从而让消费者的利益得到更好的保障。同时店铺动态评分也是淘宝网官方活动要求的指标之一，代表了网店的服务质量和实力，可以让买家判断网店的可信度。网店的动态评分是需要引起卖家重视的网店运营的根本指标。

卖家可在卖家中心后台中选择“评价管理”，查看网店的动态评分，如图 8-10 所示。在淘宝网搜索页的商品展示页面中，将鼠标指针放到商品图片下方的网店名称上，同样会显示与网店相关的店铺动态评分，如图 8-11 所示。随着买家的购物心理越来越成熟，买家也开始关注网店的动态评分了。

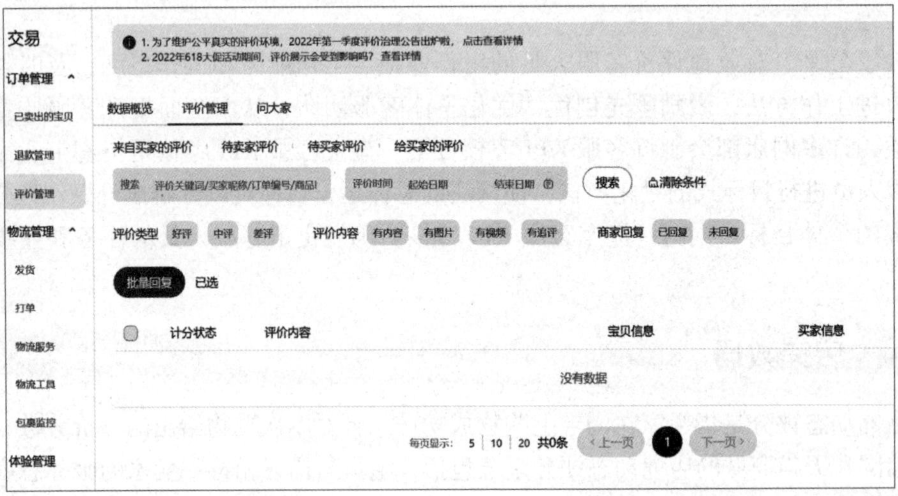

图 8-10　在卖家中心的“评价管理”查看店铺动态评分

图 8-11　在店铺首页查看店铺动态评分

店铺动态评分与网店商品的搜索排名关系密切，因此，提高店铺动态评分是每一个卖家的愿望。只要卖家认真做好销售服务，保证商品质量，站在买家的角度考虑问题，提高店铺动态评分并不难，具体来说卖家可以从以下几个方面做起。

1. 商品详情页的准确描述

买家之所以下单购买商品，一个重要的原因就是被商品详情页打动。买家在付款后都会在心中描绘商品的样子，而这个样子与商品详情页传递给买家的信息关系重大，这也就是为什么很多买家收到货后会以“与详情页不符”为由给出差评。所以卖家在设计商品详情页时要注意，商品详情页不仅要足够吸引买家，还要从事实出发，不能给买家太多的许诺和品质上的吹嘘。实事求是的商品详情页可以给买家一个比较贴近事实的想象空间，不会让买家在收货后产生心理上的落差，这时买家给出 5 分好评也就不难了。

2. 发货后第一时间通知买家

在商品销售的过程中，卖家的服务和商品的质量占据了同样重要的位置。网上购物与实体店购物不同，实体店购物可以让买家在第一时间拿到商品，而网上购物需要等待快递送达，所以当买家付款成功后，会希望尽快收到商品。因此，从买家的心理出发，卖家应该在发货后第一时间通过旺旺消息或手机短信通知买家，好让买家心中有数，这样一个小小的举动也会让买家感受到卖家的用心服务。

3. 跟踪物流并提醒买家收货

如今卖家给买家发送发货通知已经是很普遍的做法了，要想在众多卖家中脱颖而出，就要别出心裁，更加用心地服务。因此，卖家发送发货通知后，可以进行物流跟踪，在商品运送到买家所在城市时发送信息提醒买家准备收货。这样做的目的有两个：一是让买家感受到卖家的服务质量；二是提醒买家给出 5 分好评。

4. 使用质量好的商品包装

商品包装从表面上看无关紧要，但是如果包装不当或包装质量不好，会让买家对卖家的服务质量产生不好的印象。图 8-12 和图 8-13 所示分别是优质的商品包装和劣质的商品包装。试想一下，买家如果收到图 8-13 所示的商品，心情一定不好，在这种情况下，买家很难高高兴兴地给出 5 分好评。所以卖家在包装商品时要尽量使用材质较好的包装材料，并且包装整齐，让高品质的包裹彰显出商品的质量及卖家的用心。

图 8-12　优质的商品包装

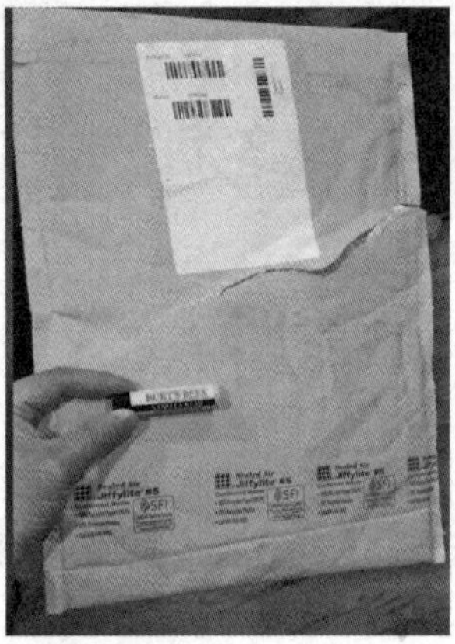

图 8-13　劣质的商品包装

5. 转化率数据

网店转化率数据是指进店的所有买家中成功交易的人数比例。要想网店有销量，就要让进店的买家下单购买商品，提高转化率才能有业绩。网店的转化率是衡量网店运营健康与否的重要指标。与转化率有关的网店数据主要有全店转化率、单品转化率、转化的金额、转化的笔数和退款数量。如卖家监控网店的转化率数据，发现全店转化率下降，那么接下来就要先分析网店的内因，因为网店的内因是最可能导致网店转化率下降的因素，也是最重要的因素。卖家只有找到网店的内因，才能进一步去思考外因，如图 8-14 所示。

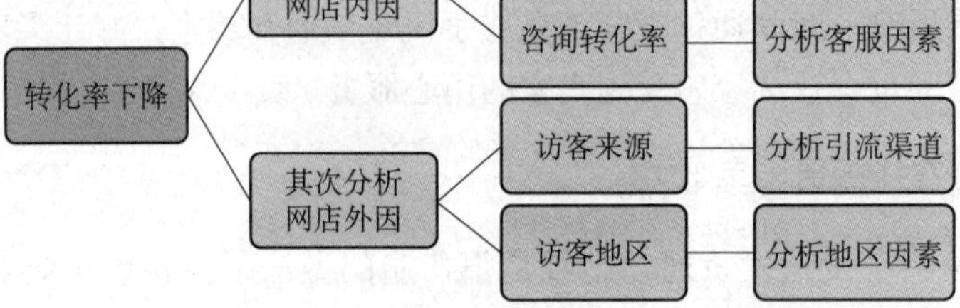

图 8-14　解决转化率下降问题的思路

技能实训

【实训题目】使用生意参谋。

【实训目标】

（1）能够通过教师讲解、案例讨论掌握相应的知识点。

（2）初步学习团队合作，发挥每一个团队成员的能力，学习小组讨论、分析评价的方法，对讨论的问题进行记录并提交小结，完成案例讨论。

（3）能够形成初步的独立思考能力。

（4）能够培养初步的自主学习能力。

【实训内容与要求】

（1）由教师介绍实训的目的、方式、要求，调动学生参与实训的积极性。

（2）由教师布置模拟实训题目，题目如下：①使用生意参谋分析店铺的客户数据，查看访客地域、访问时间段、新客户比例、老客户比例和新老客户对比等信息。②使用生意参谋分析店铺的销售数据，查看交易金额、交易笔数、客单价、下单转化率、支付转化率等信息。

（3）对学生进行分组，确定各小组的组长和人员分工，学习小组学习方式，制订小组计划，确定团队要做什么，要达到什么目的。

（4）由教师介绍网店数据分析相关案例以及要讨论的话题。

（5）各小组对教师布置的问题进行讨论，并记录小组成员的发言。

（6）根据小组讨论记录撰写讨论小结。

（7）各组相互评议，教师点评、总结。

【实训成果与检测】

（1）成果要求。

① 提交案例讨论记录：教学分组按 3～5 名学生一组，设组长 1 人、记录员 1 人，每组必须有讨论、工作分工的详细记录，以作为考核的依据。

② 能够在规定的时间内完成相关的讨论，学习团队合作方式，撰写小结。

（2）评价标准。

①上课时积极与教师配合，积极思考、发言。

② 认真阅读案例，积极参加小组讨论，分析问题的思路较为开阔。案例分析基本完整，能结合理论知识解答问题。

③ 团队配合较好，积极参与小组活动，分工合作较好。

思考与练习

一、填空题

1. 淘宝的 DSR 是指________。

2. ________________可以使得商品的转化率获得提升。

3. 无法挖掘出客户需求的数据指标有________。

4. 如果店铺平均访问深度较低，可以考虑采用________方式进行优化。

5. UV 指________。

二、简答题

1. 简述什么是退出率。

2. 简述什么是跳出率。

3. 简述什么是转化率。

参 考 文 献

[1] 张志，陆亚明，孙健 . 新媒体广告 [M]. 北京：人民邮电出版社，2021.

[2] 尤可可，沈阳 . 出版机构私域流量用户连接与构建策略研究 [J]. 出版广角，2021（15）：6-10.

[3] 乔晓娜，莫黎 . 网络与新媒体广告 [M]. 北京：人民邮电出版社，2021.

[4] 阿里巴巴商学院 . 网店推广 [M]. 北京：电子工业出版社，2019.

[5] 罗维佳 . 职业院校电子商务专业网店客服岗位实训教学管理经验总结 [J]. 商业观察，2021（3）：65-67.

[6] 董继荣 . 探究大学生网店的运营与物流 [J]. 物流科技，2019（5）：66-67.

[7] 朱和平 . 论商品包装的审美维度与价值追求 [J]. 湖南工业大学学报（社会科学版），2022（2）：89-95.

[8] 纪向宏，张文慧，陈蕴智 ."商品包装设计"混合式课程教学改革与实践 [J]. 设计艺术研究，2022（2）：110-114.

[9] 王亦舒 . 数字技术对商品包装设计的视觉效果影响 [J]. 绿色包装，2022（5）：50-53.

[10] 白东蕊 . 网店运营与管理（视频指导版）[M].2 版 . 北京：人民邮电出版社，2021.

[11] 雷莉，黄睿 . 网店运营与推广：从入门到精通（微课版）[M]. 北京：人民邮电出版社，2021.

[12] 王顺民，宋巍 . 电商数据分析（微课版）[M]. 北京：人民邮电出版社，2021.